潘纪平自选集

雪泥鸿爪

潘纪平 著

中国社会科学出版社

图书在版编目（CIP）数据

雪泥鸿爪：潘纪平自选集／潘纪平著．—北京：中国社会科学出版社，2015.12

ISBN 978-7-5161-7148-6

Ⅰ.①雪… Ⅱ.①潘… Ⅲ.①语文教学—教学改革—文集 Ⅳ.①H19-53

中国版本图书馆 CIP 数据核字（2015）第 283364 号

出 版 人	赵剑英
责任编辑	刘志兵
责任校对	朱妍洁
责任印制	李寡寡
出　　版	中国社会科学出版社
社　　址	北京鼓楼西大街甲 158 号
邮　　编	100720
网　　址	http://www.csspw.cn
发 行 部	010-84083685
门 市 部	010-84029450
经　　销	新华书店及其他书店
印　　刷	北京君升印刷有限公司
装　　订	廊坊市广阳区广增装订厂
版　　次	2015 年 12 月第 1 版
印　　次	2015 年 12 月第 1 次印刷
开　　本	710×1000　1/16
印　　张	21.25
插　　页	2
字　　数	358 千字
定　　价	76.00 元

凡购买中国社会科学出版社图书，如有质量问题请与本社营销中心联系调换
电话：010-84083683
版权所有　侵权必究

目 录

自序 ··· (1)

第一编 语文教改研究

面向 21 世纪的语文素质教育 ··································· (3)
构建应用性与审美性并重的语文课程 ····························· (9)
语文课程实践性的多层面理解 ···································· (16)
课程改革理论的继承与创新 ······································ (21)
试论语文教学中理论研究的发展趋向 ····························· (27)
语文教学在前进 ·· (34)
语文思维论 ··· (38)
中学语文教材改革的思考 ··· (59)
语文教学与优秀文化传统教育 ···································· (63)
阅读先结构与阅读教学 ··· (68)
语文课程理念与语文教学改革 ···································· (76)
语文教学要培养学生的现代意识 ·································· (81)

第二编 审美教育求索

语文审美教育与人的发展 ··· (89)
语文审美教育原理略论 ··· (95)
中国传统美育思想述评 ··· (104)
简论近现代美育思想的历史嬗变 ·································· (111)

文艺学与语文审美教育 …………………………………（119）
语言学与语文审美教育 …………………………………（148）
文化学与语文审美教育 …………………………………（170）
语言幽默在语文教学中的运用 …………………………（194）

第三编　语感教学探讨

试论语感的性质要素和语文能力的培养 ………………（201）
语感教学的心理机制探讨 ………………………………（209）
浅释"移觉" ………………………………………………（215）
《最后一次讲演》教学实录及评点 ………………………（218）
《为学》教学实录及评点 …………………………………（231）

第四编　教学艺术纵横

教学风格本质探微 ………………………………………（243）
谈语文教学风格类型的把握 ……………………………（247）
论语文教学风格的辩证法则 ……………………………（252）
孔子与苏格拉底谈话式教学同异 ………………………（259）
试论语文教学方法的整体性 ……………………………（264）
语文教学方法的组合运用 ………………………………（269）
速读法训练举隅 …………………………………………（273）
听知能力说略 ……………………………………………（277）
浅谈语文课堂教学节奏的把握 …………………………（282）

第五编　语文名师评介

语文学科教学论建设的开拓者与实践者
　　——缅怀罗大同先生 ………………………………（287）
老而弥坚　风范长存
　　——深切缅怀朱绍禹先生 …………………………（291）

继承创新　与时俱进
　　——顾黄初语文与生活观评析 ……………………………（296）
爬梳剔抉　探微求新
　　——王松泉语文教育观试析 ………………………………（301）
思维敏锐　高瞻远瞩
　　——记邹贤敏先生与《中学语文》 …………………………（307）
在整合优化中突出重围 ……………………………………………（312）
刘永康《简笔与繁笔》课例评介 …………………………………（315）

自　　序

　　白云苍狗，过眼云烟。我没想过会把自己已发表的文章编成一个集子，因此，也不太注意整理这方面的材料。以为文章发表了，就实现了交流与传递，因而大多数文章都没有保留电子版材料。选编这本集子，从查找文章出处，到复印、打印、校对，花了不少的时间与精力，但从另一个角度来看，这也是对自己教学研究的一次回顾与检讨。

　　1982年从武汉师范学院毕业后，就留校任教，教授"中学语文教学法"这门课程（后又改为语文学科教学论，语文课程与教学论）。学科教学法在师范院校是一门不可缺少的课程，但又是一个不被重视的"小学科"。这个学科有句行话，"好汉不愿教，懒汉教不了"，我大概就是介于"好汉"与"懒汉"之间的"教书汉"了。从毕业至今已逾三十年，这三十多年，我坚持做了两方面的工作，一是教书，二是做编辑。先哲说过，"一个人不能同时骑两匹马，骑了这一匹，而丢了另一匹"。对这句话，我感受颇深。我时常徘徊于两者之间，工作重心无规律地变换，常常使我对相关问题的思考中断，缺乏深入的探究。尽管对教学与编辑工作都有些想法，但两方面的工作都做得不尽如人意，乏善可陈。应该说两者之间也有联系，可以相互为补，相辅相成，不管是教书，还是编辑《中学语文》杂志，都与语文基础教育密切相关。许多语文名师对语文教育的深入思考及教学案例，又成为我的教学资源，可促进教学研究工作。

　　这30多年，语文教育改革起伏跌宕，步履维艰。从语文教学大纲的修订到语文课程标准的颁布，从"文道之争""知识与能力之争"到"科学性""人文性"的讨论，从语感问题的思辨到教学效率的实践，从"泛人文"到"真语文"，语文教学在波峰浪谷中蹒跚前行。设置"语文教改研究"这一编，主要是我对这些问题的所思所感。20世纪90年代初期，由于应试教育的不断强化，语文教育已偏离了正确的轨道。这一时期，语文教育界的许多有识之士发表了不少正本清源、返璞归真、回归本体的力作，而语感问题就成为这一阶段的热门话题。实践语感的代表人物洪镇涛于 1993 年在《中学语文》上发表了他的代表性论文《是学习语文，还是研究语文——试论语文教学的一个误区》，并编辑出版了以语感训练为主体的《语文单元教案》丛书六册，我亲历并参与了审稿与编辑工作。在学习过程中，我对此也有肤浅的思考，雪泥鸿爪，聊备一格。"审美教育求索"一编是我在世纪之交新课程改革之时对这一问题的学习感悟，曾发表过几篇论文，并在此基础上撰写了《语文审美教育概论》一书，本编选了几篇发表过的论文以及专著的相关章节。

30 多年的语文教改造就了一大批语文教学名师。1995—2005 年十年间，《中学语文》先后举办了 5 场名师演示报告会，我也参与了策划、组织工作。于漪、钱梦龙、魏书生、欧阳代娜、宁鸿彬、张富、洪镇涛、余映潮、胡明道、程翔、李镇西等三十余位来自全国各地的语文名师莅临武汉，宣传教改并作示范演示课，这成为当时语文教育界的一道亮丽的风景。这些名师娴熟精到的教学技艺以及独特的人格魅力深深地震撼了我，使我产生了语文素质教育的关键是提升教师素质的思考，并开始关注名师教育。对于名师我有一种发自内心的崇敬。早在 1975 年，我曾在武钢四中上过一次公开课。经过数月的备课、编写教案、试教、研讨、修改教案、再行试教，使我感受到要上好一堂语文课的确不是一件容易的事情。"学然后知不足，教然后知其困"，经过自己的切身体验，我对此深有感悟。原拟写一本名师研究的专论，也收集了不少相关材料，却因种种原因未能了却心愿，后见到语文名师研究的专论相继出版，甚至有一种嫉羡、遗憾的感觉。

我始终有这样一种看法：基础语文课程要进行深入的改革，大学教育学、心理学的教师不能缺席，尤其是语文教学论的教师不能缺席。基础语文学科要发展，汉语言文学专业的教师不能缺席，尤其是师范院校的学科青年教师不能缺席。因为语文学科教学论主要依附汉语言文学各学科的发展，与学科的发展同步而进。新语文课程改革虽然有孙绍振、钱理群、童庆炳等大学名师的加入，带来了许多新的理念、新的视角，但人数实在太少，研究的范围毕竟有限，而学科的一些优秀的青年教师基本上没有去考虑基础语文教育的问题，这也是语文课程教学论难以发展的重要原因。本书设置语感、审美教育等专题，是尽量想从学科知识层面去贴近中学语文的教学实际。

本书主要依据文章的内容进行大致分类，有些发表过的文章不属于其中便没有归入。这种类似于专题又不像专题的分类，也许不尽妥帖，但也只能差强人意了。为保持历史真实的面貌，有些文章的提法与现行的提法有不一致的地方，这次并未做大的修订。又由于这些文章在不同时间、不同的刊物上发表，因此内容多少有些重复，收入本书时，虽然注意了力避重复之嫌，但还是很难完全避免，敬请读者诸君谅解。

严格地说，这个集子很难说是"自选集"，我所理解的"自选集"应该是名家从他们大量高水准的文章中选出自己认为比较满意的，我不能做到这一点。一则我不是名家也少有高质量的论文，二则是文章数量本来就不多，挑得严了，更会所剩无几。我的选文就有一点"敝帚自珍"的意思。

本书的出版，首先要感谢湖北大学文学院的领导、同人给予了这样一次让我整理与反思以往教学研究经验的机会，同时还要感谢中学语文界的师长与语文教师朋友，他们为本书提供了大量的第一手材料，没有他们的相关研究，就不会有本书的出版。最后还要感谢我的学生，他们积极参与本书的复印、整理、校对等具体的工作，有几篇文章他们还参与了撰写。他们是柯华桥、谢先莉、黄妮妮、赵海燕、何斯婕、高燕、王影、胡从阳、柯莉、张睿、陈克燕等。

苏轼诗曰："人生到处知何似？应似飞鸿踏雪泥。泥上偶然留指爪，鸿飞那复计东西！"我对人生、对本书也作如是观。

第一编

语文教改研究

面向 21 世纪的语文素质教育

素质教育是以提高全民族的素质为根本宗旨、以培养人的基本素质为出发点的面向未来的教育，由于它具有突出的针对性和时代感，因而已在广大教育工作者及关心教育的各界人士中引起共鸣，达成共识。语文是基础教育的主要学科，它在素质教育中占有举足轻重的地位，但对于语文素质教育还有许多问题有待我们进一步明确和认识。比如，语文素质教育包括哪些内容？有何特点？如何在语文教学中实施素质教育？这些问题是每一位处于世纪之交的语文教育工作者都必须认真思考和深入探讨的。

一

依据培养和发展人的素质的基本要求与语文大纲基本精神，语文素质教育的内容应涵盖如下方面：一是语言素质，包括语文知识、语言习得、文化传承等。二是思想素质，包括政治、道德以及优秀传统文化、现代意识等。三是智能素质，包括听说读写能力，观察、想象、思维、创造等能力。四是审美素质，包括初步的鉴赏能力、审美能力。语文素质是一个多层面的概念，每一种素质都包含不同层面的内容，它们之间互相依存，互相为用，互相促进，其中语言素质是人的素质结构中最基本的要素，也是语文素质结构中最核心的要素。

语文素质教育有其显著的特点，认识这些特点将有助于我们更好地把握语文素质教育的内涵。

1. 基础性。语文素质教育的基础性可以从两个方面来理解。一方面是指它在人的发展中的地位和作用。语文素质是人的素质的基础构成，是人的素质的发展前提和条件。语文素质的培养可以为学生将来走向社会打好坚实的基础。叶老在批判旧式教育时尖锐地指出，它"不能养成善于运用国文这一工具来应付生活的普通公民"①，从而提出培养"普通公民"的教育主张。越是基础性，就越具有广泛性和适应性。另一方面从语文学科和其他学科的关系来看，语文基础性这一特征也是最为突出的。语文学习的好坏，直接影响到对其他学科内容的理解和学习。基础教育是提高民族素质的奠基工程，而语文学科可以说是这一奠基工程的基石，是"基础的基础"。

2. 训练性。语文学科不是一种知识体系，而是一种能力构建，能力的提高必须通过科学的训练，语文素质的获得与形成也必须依靠训练这种方法。什么叫训练？训练是人为了改变自身的自然素质而进行的有目的的活动和实践。教育，就是对人施加影响，通过一定的训练使人成为合乎一定目的的人。但对"训练"的理解，有些教师在认识上还存在偏误，把训练理解为知识训练，用大量以掌握知识为目的的训练取代读写能力的训练，这实际是一种急功近利的思想在作祟。这种以"应试"为目的的"训练"与讲求素质教育的语文训练在内容和方法上是大相径庭的。语文素质教育的训练主要表现在：（1）训练语感。语感，简而言之，就是对语言的敏感，是把握语言文学的一种能力。叶圣陶先生指出："关于文字语言的训练，最要紧的是训练语感。"敏锐的语感是基于丰富的语言知识的积累，在大量的语言实践的基础上形成的。语感是听、说、读、写能力的基础，离开了语感，听、说、读、写就无法进行。人的语文素质从根本上说是个实践问题，是一种语言行为方式的习得。语文教育就是通过训练，促使这种语言行为方式的习得而形成语文能力。除此之外，别无他途。（2）训练思维。语言是进行思维的工具，"思维是语言的直接现实"。语言不仅仅是思维的表现形式，它还是思维的产生方式，构成思维的操作手段。但是由语言到思维，不是自然形成的，仍需要经过一系列的训练过程。人们用语言表达思维时，静态的语言就成了动态的言语，这时的思维处于主导方面，支配和制约语言，但语言对思维的表达，不是被动、消极的，而是具有能动和积极的特点。语言具有概括性，思维的抽象只有借助语言才能在反映客观事物的过程中形成概念，进行判断、推理，产生思想。此外，语言表达思维的过程，也是对思维进行加工、整理、改造，使

---

① 叶圣陶：《叶圣陶语文教育论集》上册，教育科学出版社1980年版，第88页。

之趋于完善的过程。因此，我们可以这样认为：培养学生理解和运用语言的能力，实际上就是培养学生运用语言表达自己思维（输出思想）和通过语言理解别人的思维（汲取思想）的能力。（3）训练习惯。语文习惯问题实质是运用文明行为规范问题。良好的语文习惯是需要经过严格训练才能形成的，吕叔湘说："通观圣陶先生的语文教育思想，最主要的有两点。其一是语文学科的性质：语文是工具，是人生日用不可缺少的工具。其二是关于语文教学的任务：教语文是帮助学生养成使用语文的良好习惯。过去语文教学的成绩不好，主要是由于这两点认识不清。"① 可见，语文素质教育应着力训练学生学习语文的良好习惯。习惯一经养成，则终生受用无穷。义务教学大纲第一次把"养成学习语文的良好习惯"作为目的提出，在教学要求和教学内容中列举不少语文学习的习惯，这是对学习语文规律认识的深化，每一位语文教师都应自觉地把习惯的培养纳入训练轨道。

3. 发展性。素质教育是一种重视个性发展的教育。个性是人的综合素质的体现。培养学生全面兼顾、协调发展的个性，这对提高学生的整体素质是极为关键的。个性可包括心理活动特征、完成某种活动潜在可能性的特征、对现实环境和行为习惯方式的特征，以及在社会环境中的态度和行为的积极性特征等心理与智力要素。这些要素构成了整体人格的动态进程，可融会于语文教学的各个环节与步骤中，可同语文教学相互配合，相辅相成，从而使学生的个性得到充分的发展。在语文教学中，只有协调学生各种心理因素的参与，才有可能最大限度地发掘学生的潜能资源，才有可能在培养学生的全面素质方面迈出坚实的步伐。个性发展的核心是创造力的发展。"应试教育"是以传授知识为主要目的的静态式学习，而创造性学习则是在动态中学习语言，注意理解和寻求意义，从而提高人的发现、吸收、创造能力。教师要把培养学生的创造意识、创造思维、创造能力看作培养未来人才的基本素质，要从这个高度来认识并在教学中作整体思考。如果我们把充分发挥每个学生的潜能作为进行教育活动的目标，那么，我们就能自觉抵制"应试教育"所带来的负面影响，从而真正实现教育的价值功能。

4. 开放性。语言是随着社会的产生而产生，社会的发展而发展的。

---

① 吕叔湘：《吕叔湘语文论集》，商务印书馆1983年版，第309页。

因此，与语言相应，语文素质教育的内容也总是随着社会的发展而丰富。换句话说，就是社会的发展、进步会不断对语文学科的素质教育提出新的要求。从语言教学大纲中教学内容和要求的多次修订中，我们可以看到语文学科这一特征。学生是社会的组成部分，它不可能不保持同社会环境、社会生活、社会实践进行信息传递和交流，不可能不保持与社会现实的沟通和联系。正因为如此，语文素质教育将会有效地改变以往"应试教育"那种单一、僵化的封闭教育的格局，而代之以开放的教育内容、过程、结构、方法和教育形式。

二

语文教学要实现从应试教育到素质教育的转变，关键是突破陈旧的教育观念的束缚，树立正确的教育观，增强素质教育意识。

1. 树立正确的人才观。作为中学基础教育，肩负为高等学校输送合格的人才、为社会主义建设事业培养合格的劳动大军的双重任务。人才应该是能适应未来形势发展的需要，在不同的岗位上为社会作出贡献的人。因此，语文教育要考虑大多数学生，考虑他们素质的培养、能力的提高，考虑他们今后走上社会实践工作的需要，从而为他们今后的发展打好基础。具体来说就是培养学生热爱祖国的语言文字，并在日常的生活和工作中能自觉而正确地使用语言文字，自觉维护语言文字的纯洁和健康。

2. 树立正确的语文观。学语文就是学习语言，这是语文学科的本体属性。对此，叶圣陶、吕叔湘、张志公先生曾多次反复强调过。这也是"五四"以来语文教学实践的科学总结。只有牢实地树立这种语文观，才能在语文教学实践中目标坚定，不会因这样或那样的原因，失去了自己的思考、盲信盲崇，在教学中左右摇摆、漂浮不定。语文课堂教学是实施素质教育的重要渠道。语文课堂教学从宏观上说应是学生学习语言过程的一种"进行顺序"，而只有当教学活动符合学生学习语言的规律，学生才能得到实际的效益，有效地形成语文能力。在这一过程中，教师主要是启发、诱导、点拨，总结规律，启示方法，使规律和方法内化为学生的能力，真正做到课内搭桥，课外走路，课内举"一"，课外反"三"，从课内迁移到课外。

语文能力的提高，仅靠课堂教学是远远不够的，在有限的时间与范围内，面对各种类型的学生，语文教师即使使出浑身解数，也难以让学生个个张口，人人动笔。单靠课堂这一教学形式，要大幅度提高学生实际运用语言的能力，是不可能办到的。因此，要树立大语文观，即以课堂教学为轴心，向学生生活的各个领域开拓、延伸、迁移，把学生的语言学习同他们的学校生活、家庭生活、社会生活有机联系起来，把语言、思维、人文有机联系起来，使学生接受全面的而不是片面的、整体的而不是局部的、网络式的而不是单线式的强而有力的培养和训练。

3. 树立正确的学生观。学生是学习的主体，而不是填塞知识的"容器"。要做到以学生为主体就需要培养学生的主体意识，重视学生的个性心理发展以及自我意识的特点。自我意识是人的个性心理结构的核心部分，它能制约个性的发展方向并对个性发展进行适当的调节。我们对学生的自我意识进行正确的引导，不仅能使自我意识的内容进一步丰富和深刻，而且能促进学生主体意识的生发，增强学生的主人翁责任感。在语文教育中，如果学生缺乏主体意识，那么在教学过程中以学生为主体的教学思想就不可能真正落实。只要我们稍加注意，就不难发现：凡是语文教学改革取得丰硕成果的教师，其教育理论的构建都具有强烈的民主意识，如于漪一再强调教师要"目中有人"的"学生是主人"说，钱梦龙老师的"主体主导说"，以及魏书生明确提出的"语文教学的民主化"口号，都为当代语文教坛树立了新型的师生关系的丰碑。教师的民主化教学是培养学生主体意识最为有效的教学形式。也只有当学生的主体意识在教学过程中得到充分展示时，语文教学才会冲破传统语文教学的樊篱，走向新的天地。

4. 树立正确的教材观。"应试教育"把教材看作学生学习的唯一教本。各级各类考试均以此为据，在教材中挖空心思地设计一些测试题，教师围绕教材转，学生死记硬背教材的知识内容，这种做法对提高学生的语文能力作用不大。于漪老师尖锐地指出："形成了一个怪圈，拽着许多师生往里钻，令人触目惊心。不从中解脱出来，中小学生素质教育的目的就难以实现，语文教学不可能有勃勃生机。"教本既包括教科书，也包括其他各种读物，甚至包括社会生活和自然界。仅仅靠课堂上的几百篇文章是断然学不好语文的。"教材无非是个例子"，其深刻性就在于此。实施素质教育就必须从知识体系中走出来，建立教本与生活、教本与现实相联系的动态体系，以便与社会生活实际、与瞬息万变的信息社会同步，使学生的心理发展与现代社会同步。这是语文教材改革的发展趋势之一。从教学内容上看，有些教师花大量时间讲各类知识，而很少考虑对学生的语言习惯、语言素质的培养，很少考虑加强语言实践活动，这种做法无异于本末倒置、缘木求鱼。这是对教学内容认识不清的表现，也是语文教学效率不高的一个很重要原因。要提高学生的语文素质，必须加强实践环节，开展各种语文活动。单纯的课堂教学和知识学习无法完成素质教育的重任，语文素质是在实践活动中逐步形成的。知识的学习只是素质形成的一种条件，而语文实践才是素质形成的必由之路。

要全面贯彻、实施语文素质教育，还必须建立和完善教学评估体系，否则，素质教育是很难形成一种相应的运行机制的，到头来，还是不能落到实处。虽然这些问题主要靠上级主管部门、领导改变观念，采取有力的措施，但作为教师也应从对国家、民族未来负责的高度，树立正确的语文评估观，做到真实而全面地衡量学生的语言、人文素质。

综上所述，语文素质教育的内涵可作如下界定：学习语言（热爱祖国的语言文字，能正确理解和运用祖国的语言文字），培养能力（听、说、读、写能力以及思维能力），塑造语文人格（具有良好的学习心理、适应心理、创造心理等品质，具有正确的世界观、人生观、价值观、审美观），以适应未来社会的教育。时代在发展，社会在前进，站在新旧世纪的交轨处，极目前瞻，我们可以预测面向21世纪以及21世纪初语文素质教育的发展趋向：(1) 重视语文人格的塑造，发展学生的个性；(2) 重视语文本体的研究，加强对学生语言素质的培养；(3) 重视语文科学实验，探寻言语习得的规律和新的模式体系；(4) 重视语文整体改革，教学观念、教材内容、教学方法、教学评估将实现多元化、多层次、全方位突破。我们相信：只要全面实施素质教育，21世纪的语文教改大潮定会波涛汹涌、蔚然壮观，语文教学将不负历史和时代的重托，去迎接新世纪的挑战。

原载《中学语文》1997年第7期

构建应用性与审美性并重的语文课程

全日制义务教育和普通高中的语文课程标准，都以其凸显自身个性活力的崭新理念而走在课程改革的前沿，其丰富的内涵与前瞻性的思考，值得语文教育工作者反复解读，深入研究。

一 语文课程的应用性

培养学生语文应用能力是语文独立设科的目标，也是一个世纪以来一直为教育家们所密切关注的问题。1904年颁布并推行的《奏定学堂章程》对语文课程目标的规定是："其中国文学一科，并宜随时试课论说文字，及教以浅显书信、词、文法，以资官私实用。""其要义在使通四民（即士、农、工、商）常用之理，解四民常用之词句，以备应世达意之用。"[①] 嗣后颁发的《中学校令施行细则》（1912年）、《中学校课程标准》（1913年）、《新学制初级中学国语课程纲要》（1923年）、《初级中学国文课程标准》（1932年）等课程标准及大纲，大都明确了发展学生应用能力是语文教育的基本目标。新中国成立后，教育部先后推出的多部语文教学大纲，其目标也是在培养读、写、听、说能力这既定的界域内进行的。

语文能力指个体与他人交往时能顺利完成某种语文活动所具备的心理特征的总和。语文能力是一种专业能力，是用语言文字进行理解和表达的双向交流的能力。从语文能力的交际功能来看，语文能力由阅读能力、写作能力和口语交际能力组成。这几种能力都着重于语言的应用性，它形成了语文课程区别于其他课程能力的独特结构。

---

① 舒新城主编：《中国近代教育史资料》，人民教育出版社1961年版，第205页。

为明确语文课程的应用性，区分开语言与言语是必要的。它们二者的区分，指向语文课程设置本源意义。对这一问题的理论探讨，不仅具有重要的语言学价值，也具有重要的语文教育学价值。语言与言语在理论上的区分，为正确认识语文和语文教育的内涵与规律，提供了科学的语文学基础。

语言是用来表情达意的具有一定规则的完整符号系统，是一种社会现象，是一种交际工具，而言语是人们对语文符号系统的掌握和运用的过程及其形成的结果。语言是社会性的，而言语是个人性的；语言是潜在性的，而言语是显在性的；语言是重规则的，而言语是重运用的。语言和言语虽有质的区别，但又有着十分密切的联系，并且互为前提，互为因果。首先，语言离不开言语，任何一种语言都须通过人们的言语活动发挥其交际工具的作用，都须从言语中汲取新的要素不断发展。同时，言语也离不开语言。任何个体只有借助语言中的语音、词汇和语法结构，才能正确表达自己的思想感情，并由此接受别人言语活动的影响。在语文教育中，语言和言语都重要，但重点却在言语能力，语言教学要为言语能力服务。在这个意义上，这种认识无疑为语文课程是一门应用学科提供了理论依据。

"课标"借鉴近百年来语文教育的得失，并融入现代教育的元素，指出语文课程对学生语文运用能力培养的重要性，显现出自己的个性与创新。

第一，知识与能力的整合。学习语文知识的目的就是为运用，也只有在运用的过程中才能更好地掌握知识，形成能力。在"课标"中，知识与能力目标大都是整合在一起提出的。例如，第三学段（5—6年级）"阅读"部分的目标："在阅读中揣摩文章的表达顺序，体会作者的思想感情，初步领悟文章的基本的表达方式。阅读说明性文章，能抓住要点，了解文章的基本说明方法。"在阅读中，领悟、了解知识又能加深理解，提高阅读水平，而"领悟""了解"既是学习的过程，也能体现掌握知识的能力。在"阅读"与"写作"中相互照应，也将知识与能力整合在一起，有利于知识的理解、掌握和运用，避免出现知识与能力脱节的状况。

第二，层次大体明晰。阶段目标根据儿童心理和语言发展不同阶段的特点与要求安排，每项目标之间保持一定的梯度，循序渐进。例如，默读的目标要求大致为：第一学段（1—2年级）学习默读，做到不出声，不指读。第二学段（3—4年级）初步学会默读，能对课文中不理解的地方提出疑问。第三学段（5—6年级）默读有一定的速度，默读一般读物每分钟不少于300字。第四学段（7—9年级）养成默读习惯，有一定的速度，默读一般的现代文每分钟不少于500字。这种安排，虽还需要实践的检验，但目标内容较之以往更为具体、清晰，便于教师的操作。

第三，能从学习语文的规律及特点入手，探求培养应用能力的途径。"课标"多处谈到语文学习的体验、感悟以及语感问题。培养语感的过程，可以说就是培养对语言的理解、运用能力的过程。心理学家曹日昌认为："言语是人运用语言材料和语言规律所进行的交际活动的过程。"这一表达实际上就是"言语即语言运用"的延伸。因此，语感是语文应用能力的核心内容之一。

第四，鲜明的时代特征。不同的时代，语文应用能力有着不同的要求，"课标"能适应时代发展的需要，在不同的板块提出了应用能力的具体要求。如"档案处理信息"，"电脑输入汉字"，"提出阅读、书写、写作的速度要求，并有量化指标"，"提倡独立阅读、自主阅读、探索性阅读、创造性阅读"，"鼓励自主写作、自由表达、有创意的表达"，等等，所有这些目标要求均体现了一种现代意识与时代要求，适应了现实生活和学生自我发展的需要。

总之，语文课程不是一种知识构建，而是一种能力体系，语文应用能力是语文课程设立之根、语文教育之本，纵观百年语文教育发展历程，也可以更清楚地看到这一点。

二　语文课程的审美性

语文审美教育是以美学和审美教育理论为指导，以培养受教育者的审美创造能力和审美心理结构为直接目的，以塑造全面发展的完美个性为最终指向的形象化的情感教育。语文应用能力是语文教学的本体目标，这里主要指的是知识目标与能力目标，但要塑造全面发展的人还应有德育目标、审美目标。爱因斯坦曾说过："用专业知识来教育人是不够的。通过专业知识，他可以成为一种有用的机器，但不能成为一个和谐发展的人。"

语文审美教育的目的是提高生命的质量，培养和发展人的感性能力，对人性进行塑造和改造，去除人性中卑劣污浊、肮脏丑恶的一面，弘扬人性中健康高尚、美好光明的一面，使人变得更加完美，使世界变得更加美好。换言之，既培养健全高尚的人格，塑造完美理想的人性，又创造合理美好的人生。应该说，所有教育的最终目的都是如此，但语文课程具有其他学科无法比拟的强大的感染力和对心灵的冲击力，因而，它理所当然地成为达到这一目标的最直接、最有效的途径。

"课标"在论及语文审美教育的问题时具有以下显著特征。

第一，审美教育得到高度重视。"课标"在总目标中提出"提高文化品位和审美情趣"，在各学段也提出具体要求。如第一学段，在阅读教学中引导学生"向往美好的情境"；第二学段要求学生"初步感受作品中生动的形象和优美的语言，关心作品中人物的命运和喜怒哀乐"；第三学段要求使学生"受到优秀作品的感染和激励，向往和追求美好的理想"；第四学段要求"提高学生的欣赏品位和审美情趣"。高中语文"课标"则更为明确地指出"语文具有重要的审美教育功能"，"课程的基本理念"中还指明语文应"让学生受到美的熏陶，培养自觉的审美意识和高尚的审美情趣，培养审美感知和审美创造的能力"。这对于帮助教师认识审美功能、强化教师的审美教育意识都具有极为深刻的意义。

第二，强调加强审美实践。"课标"多处提到体验性目标，如"获得审美体验""享受审美乐趣"。作为审美活动的过程，始终要把人作为自己的对象，学生的审美能力也只有在审美实践活动中才能得到提升。重视教学中的情意因素和审美过程是"课标"的又一亮点。

第三，注重多要素的协调发展。认知因素与情意因素是学习系统不可或缺的要素。语文教学如果只重视认知发展，不重视情意因素的培养，不仅是不完善的，而且也有悖于学生学习的客观规律。情意因素不仅能促进认知的发展，同时它本身就是教学、教育的目标。高中"课标"明确提出"审美教育有助于促进人的知、情、意的全面发展"，也只有知、情、意等方面相互促进，协调发展，审美教育才可能真正落到实处。

语文课程蕴含着丰富的审美因素、审美资源。通过语言来发展学生的形象思维是语文课程与其他学科的重要区别。形象思维以表象、意象组合为基础，想象、联想、感悟是形象思维的主要运作方式，情感性是形象思维的显著特征。语文教材中大量优秀的文学作品蕴含着丰富的意象资源，具有独特的想象与丰富的联想，具有真挚的情感，是培育形象思维的沃土。例如"忽如一夜春风来，千树万树梨花开"的神奇景观，"孤帆远影碧空尽，惟见长江天际流"的辽阔图画与悠深意味，"雄关漫道真如铁，而今迈步从头越"的激越情怀，是文学留在人们心中永不消逝的印迹。作家把握世界的独特方式，作品所流露的情绪、情怀，以及对人生的理解与感悟都能直接或间接地启发心灵，以动情为手段引导人对自己的存在和生命意义作出思考和探索。

语文课程资源的利用与开发，也为实施审美教育提供了便利的条件。如自然资源、社会资源、网络资源、媒体资源等都包含大量的审美因素，这是语文教育得天独厚的资源，也是语文课程区别于其他学科的地方。

学生具有审美的需求。美国心理学家马斯洛把人的需要分为生理的需要、安全的需要、社交的需要、尊重的需要和自我实现的需要五个方面。所谓"自我实现的需要"，就是自己的情感能得到充分的表现，自己的潜能得到充分的发挥，这也是一种审美的需要、创造的需要。这种需要与基本需要相比，急切程度上可能弱一点，过程需长一些，也不像基本需要那样容易得到满足。然而一旦得到满足，便会产生一种更深刻的丰富性和幸福感，对学生一生都会产生巨大的影响。因此，高明的教育就是以情感人，以情动人，善于引导和启发学生独立思考，热爱一切美好的事物，勇于探索，敢于坚持真理，使学生的物质、精神需要上升到审美的高度，真正实现感性与理性、情感与理智的统一。

三 应用性与审美性并重

人的心理结构主要是由知、意、情三种因素组成的，这三个方面在实践中分别表现为三种关系，即认识关系、伦理关系和审美关系，也就是我们通常所说的智育、德育和美育。智育主要指的是知识、能力，是一种实用功能，德育包括思想、道德，而美育即审美教育。它们有各自不同的对象范畴与作用，如果说，智育以知启人，德育以理服人，那么，美育则是以情感人。正如有人指出的："美育的实质是情感教育，美育中内在包含着智育与德育，而且是将智育与德育联系在一起的桥梁。情感作为人类把握世界的一种独特方式与认识相伴随，情感又作为人类美好行为的内化与升华同道德相依存。情感融化在知识与道德之中，但情感教育又有比智育与德育更为复杂的特殊规律。总之，智育、德育、美育三者是互相渗透的，就各自特点而言，德育是各育的灵魂与方向，智育是各育的前提与基础，美育是前两者的桥梁及各育的内在动力。"①

　　语文的应用功能与审美功能必须并重，不能偏废。"课标"将语文课程的属性表述为："语文是重要的交际工具，是人类文化的重要组成部分。"作为交际工具，语文必须注重实际运用，密切联系生活。叶圣陶十分强调语文教育的生活实用性，强调学以致用，强调"学习"与"做人"两者之间的联系。他认为："阅读和写作两项是生活上必要的知能，知要真知，能要真能"，并提出要培养"善于运用国文这一工具来应付生活的普通公民"。语文是学习其他一切学科的基础，无论是知识的接受，还是思维成果的传达，都必须借助听、说、读、写这四种基本的语言能力才能顺利完成。因此，应用功能也是现代语文教育必须认真对待的问题。作为人类文化的重要组成部分，语文又具有丰富的人文内涵。文化通常包括三个层面："第一个层面，文化指的是人类全部的创造物，即人们通常所说的物质文明和精神文明的总和；第二个层面，文化指的是人类精神领域的创造物，其中主要包括人文科学、社会科学、自然科学和艺术等；第三个层面，文化表征的是人的主体精神世界，在此层面，文化作为匡正人类行为的内在整合力量，它是人的自由追求、创造能力和超越意识的集中体现。"② 从语文教学的内容和过程看，语文课程涉及了文化的所有内涵。虽然作为承载文化的载体形式还有音乐、舞蹈、美术、建筑、雕塑等，但语言是最重要的文化载体，各民族的语言在其发展的历史中包容、蕴含并塑造着各民族的独特心理特征、思维方式和文化精神。母语的学习必然承载着这些历史的、人文的因素，深刻地影响着学生的精神世界。而要实现学生的精神的拓展就必须发挥语文的审美功能，从而帮助学生感悟语文所包蕴的丰富内涵。

　　语文的应用功能与审美功能不是矛盾的关系，而是并重的关系，在许多情况下，它们也可以互相统一、互相促进。片面地强调某一方面而忽视另一方面的做法都将给语文教学的效果带来减损，这一点已为历史所证明。应用功能不能代替审美功能，同样审美功能也不能代替应用功能。只重视应用功能，达不到培养"全人"的目标，只重视审美功能，又体现

---

　　① 桑新民：《对"五育"地位及其相互关系的哲学思考》，《中国社会科学》1991年第6期。

　　② 邹广文：《人文精神及其当代价值定位》，《哲学研究》1996年第4期。

不出语文作为基础学科的目标要求。只有二者的内在统一，才能共同构成语文课程重要的教育理论基础。

原载朱绍禹主编《中学语文课程与教学论》，高等教育出版社2005年版

语文课程实践性的多层面理解

在教育领域中,"课程"这一概念的含义最为复杂。"课程"一词,在我国最早出现于唐代孔颖达为《诗经·小雅·巧言》所做的注疏中。其中有"维护课程,必君子监之,乃依法制"的句子,这里的"课程"指的是礼仪的活动程式。宋代朱熹曾多次使用"课程"一词,如"宽着期限,紧着课程""小立课程,大做功夫"等。朱熹的"课程"主要指"功课及其进程",这与今天一般意义中"课程"已较为相近。在西方,"课程"最早是由美国著名哲学家、教育家斯宾塞在1859年首先提出的,意指"教学内容的系统组织"。该词源于拉丁语,原意为"跑马道"。根据这个词源,"课程"有"规则"与"过程"的含义。目前,西方最常见的课程定义"学习的进程""学习的经验"都是据此而来。一般而言,课程概念的内涵主要包括两个方面,一是课程作为学科,这是最为普及、最为常识化的课程定义。在多数情况下,课程与学科是一致的,但以往的学科有过分强调学科内容,而忽视学科过程的缺陷,这与现代意义上的课程在视野上有着不小的区别。二是课程作为经验或体验。这种课程定义把课程视为学生在教师指导下所获得的经验或体验,以及学生自发获得的经验或体验。这种课程观把学生置于课程的核心,有其进步的意义,但忽视课程内容的系统知识结构是其明显的不足。在晚近的课程理论与实践发展中,课程这个概念的内涵发生了重要变化,出现了新的趋势,主要包括:"从只强调学科内容到强调学习者的经验和体验,从只强调目标、计划到强调过程本身的价值,从只强调教材的因素到强调教师、学生、教材、环境四因素的整合,从只强调显性课程到强调显性课程与隐性课程并重等等。"① 由此可见，现代课程既包括学科课程，也包括活动课程，是多种课程因素的整合。

语文课程是以语文的内容与形式的关系及意义为对象，以培养学生语文素养为目标的教育、教学活动，是具有实践性特征的学科课程。语文课程的实践性特征，我们可以从以下三个方面来把握。

一　对话与理解的实践

语文是与社会历史文化紧密相关的，是与人的具体生活活动相联系的。语文正是在历史与逻辑、理想与现实、个体与种属相互关系的基础上形成的。语文实践活动其实就是一种生命活动，正因如此，才使得语言及语言文化像今天这样多姿多彩。因此，从这一角度来看，语文教育必须通过语言文字，与生活、生存、生命进行多元对话。语文教育由传授型向对话型的转变，不仅反映出人们观念的变化，同时也反映出人们对语文教育实践性的深刻认识。

语文能力主要由主体的言语实践转化而来，语文素养的形成主要在主体的言语实践中积淀而成。所谓言语实践，就是听、说、读、写的实践、对话的实践。语文教育不仅仅是输入与输出，接受与表达，而且是主体与主体之间在沟通与交流中生成新的意义，达到视界融合的过程。语文教学的对话活动，是由多个对话者（教师、学生、课本、编者）的多重对话相互交织而成的。对话是思想碰撞，它能最大限度地整合自我与世界的关系，最大限度地冲破个体发展的局限，在客观上为个体提供更多的可能性，从而更完整地塑造自我。

对话的本质是达到理解。语文教育绝不仅仅是一种知识、技能性的培养活动，它首先是一种以语言"理解"为核心的生活教育、世界观教育。语文教育就是要教会学生理解生活、理解人生、理解幸福、理解苦难。我们常说，学语文就是学生活，学语文就是学做人，这一命题只有在"理解存在"这一本质规定下才能显示其真正的内涵。正如加达默尔所言："能够理解的存在就是语言。"② 对话主要是通过语言来进行的，对话中每

---

① 张华：《课程与教学论》，上海教育出版社2001年版，第71页。
② 加达默尔：《真理与方法》，上海译文出版社1992年版，第606页。

个人思想的转换、精神的扩展与丰富，都需要以理解语言所表达的意义为前提。受教育者主要通过多重对话，理解并掌握自己所属的历史文化所蕴含的智慧，把握生活的环境、目的及意义，形成自己的价值观念体系。正是在对话这种富有生成性的开放空间中，个体才有可能不断展示自我、丰富自我、发展自我、超越自我。

二　体验与感悟的实践

体验与感悟是个体心灵在对话中碰撞出来的火花，它不是通过传授获得的，而是由此及彼、由表及里的认识与发现。体验与感悟是学生自己学习、自己思考的结果。语文学习既是认知发展的过程，又是情感体验的过程。语文教育要遵循学生语言发展的心理规律，尊重学生富有个性的情感体验和思维方式，关注学生自身的体验和经验，使每一个学生在语文学习实践过程中学会学习、学会发现、学会理解。感悟是在感觉、体验的基础上，对客观事物产生的一种情感活动。用古人的话来说就是"感之于外，受之于心"。也就是说，原本外在的客观对象，通过感知而引起主体内心的情感波澜，在情感上获得认同。《高中语文课程标准》指出："阅读文学作品的过程，是发现和建构作品意义的过程。作品的文学价值，是由读者在阅读鉴赏过程中得以实现的。文学作品的阅读鉴赏，往往带有更多的主观性和个人色彩。应引导学生设身处地去感受体验，重视对作品中形象和情感的整体感知与把握，注重作品内涵的多义性和模糊性，鼓励学生积极地、富有创意地建构文本意义。"体验和感悟是学习者自身的心理活动的产物，是学生主动探求的结果。学生语文学习中体验和感悟的生成，是学生自我意识的唤醒，是学生主体意识的展现，是教师对学生自主意识的引导、激发与尊重，也是学生进行多角度、有创意阅读的前提。

三　训练与养成的实践

语文与语文课程是两个不同范畴的概念，前者泛指社会语文学习，它是指学习者在生活的自然状态下，通过直观的、直接的甚至是无意识的感知而获得自然状态知识经验的过程，它是一种没有一定模式和顺序的潜移默化的传承活动。而"语文课程"是有明确目的、有组织、按一定结构连续不断有序进行的自觉状态下的教育活动。前者存在于广大社会，它涵盖社会一切社会语文现象；后者则仅限于学校，专指语文课堂上进行的语文教学。两者不仅外在形态不同，其研究的指向也不尽相同：前者着意于个体语言的"习得"，后者致力于个体语言的"学得"。语文课程不是一种知识体系，而是一种能力构建，能力的有效提高必须通过科学的训练，语文素质的获得与形成也必须依靠这种方法。所谓训练，就是人为了改变自身的自然素质而进行的有目的的活动与实践。语文课程以培养学生言语能力为目标，那么，其训练就应遵循学生语文学习的心理规律，按预定的范式从低到高、从简单到复杂逐一有序地进行技术性的实践活动。这种实践性活动不应以静态的陈述性知识为主，而应以加强动态的程序性知识的训练为主，尤其应加强对于学生语感能力的培养。语感，简而言之，就是对语言的敏感，是把握语言文字的一种能力。敏锐的语感是基于丰富的语言知识的积累，在大量的语言实践的基础上形成的。语感是听、说、读、写的基础，离开了语感，听、说、读、写就无法有效进行。人的语文素质从根本上说是个实践问题，是一种语言行为方式的内化。语文教育就是通过训练，促使这种语言行为方式的内化而形成语文能力。语言是进行思维的工具，思维是语言的直接现实。语言不仅仅是思维的表现形式，它还是思维的产生方式，构成思维的操作手段。但是由语言到思维不是自然形成的，仍需要经过一系列训练过程。人们用语言表达思维时，静态的语言就成为动态的言语，这时的思维处于主导方面，支配和制约语言，但语言对思维的表达，不是被动、消极的，而是具有能动和积极的特点。语言具有概括性，思维的抽象只有借助语言才能在反映客观事物的过程中形成概念，进行判断、推理，产生思想。此外，语言表达思维的过程，也是对思维进行加工、整理、改造，使之趋于完善的过程。因此，我们可以这样认为：培养学生理解和运用语言的能力，实际上就是培养学生运用语言表达自己思维和通过语言理解别人的思维能力的过程。

养成教育是培养学生语言运用能力的方法。较之于"训练"，"养成"更强调主体的"内省"与自觉性。叶圣陶先生认为："语言文字的学习，就理解方面说，是得到一种知识；就应用方面说，是养成一种习惯。这两方面必须连成一贯：就是说，理解是必要的，但是理解之后必须能够应用；知识是必要的，但是这种知识必须成为习惯。语言文字的学习，出发点是在'知'，而终极点在'行'，到能够'行'的地步，才算具有了这种生活的能力。"习惯的养成，必须靠自身的力量，要通过自身意志的努力，自觉地实践，开始时多少要用点强制功夫，自己随时警觉，直到"习惯成自然"，不用强制和警觉，也能自然而然地去做，这就成了终身受用的习惯。这就是说，良好习惯养成的过程，是一个从自觉、自控到自动、自然的实践过程。

训练与养成是两种不同的增进学生能力的方法，前者强调目标性、计划性、有序性，后者更注重主体性、自觉性、自然性。语文教育中这两者往往交互为用，相辅相成，而且都必须以实践作为基础。

原载《中学语文》2006年第9期

课程改革理论的继承与创新

从改革开放至今，语文教育走过了一条艰难而又曲折的求索之路。怎样评价过去近二十年来的语文教学，这是解读新课程标准不能回避的问题。我们认为，要对讨论的问题作出准确、客观的评述，就需要以近二十年来语文教育的发展作为依据。方兴未艾的中小学语文教育改革能否健康、持续、深入地进行下去的关键，在于能否把教育改革真正建立在对语文教育的过去、现在与未来的实事求是分析的基础上，而脱离客观实际的理论往往是缺乏生命力的。这20年来对于百年语文教育不过是一个短暂的历史时期，而这一时期具有承前启后、开拓发展的自身规律性，其理论的探讨显得尤为活跃。恩格斯说过，一个民族要站在时代的前列，就一刻也不能没有理论思维。他还指出："无论对一切理论思维多么轻视，可是没有理论思维，就会连两件自然的事实也联系不起来，或者连二者之间所存在的联系都无法了解。"[1] 回顾近二十年的语文教育的发展线索，我们可大致分为三个阶段：复苏发展阶段、沉寂反思阶段、探索创新阶段。这三个阶段有着内在的联系，是语文教育发展的必然逻辑。

一 复苏发展阶段（1977—1987）

这一时期政治上的拨乱反正、改革开放，使语文教育得以摆脱外部干扰，关注学科自身的发展。教育领域曾经是"文化大革命"期间的重灾区，这时也从困境中复苏，开始探索新生之路。语文界长期受到压抑的教改积极性也空前高涨起来。叶圣陶先生于1977年底在给《中学语文》题

---

[1] 《马克思恩格斯选集》第3卷，人民出版社1972年版，第482页。

词中说："教任何功课，最终目的都在于达到不需要教。假如学生进入这样一种境界，能够自己去探索，自己去辨析，自己去历练，从而获得正确的知识和熟练的能力，岂不是就不需要教了吗？"这是叶老对语文学科的应用功能所作的深层次思考，他把学生的自主学习与实用能力联系起来，体现了一种新思路。因此，这种教育思想在百废待兴的特定历史时期，具有极大的理论指导意义。1978年，吕叔湘先生在《人民日报》上发表了产生广泛影响的《语文教学中两个迫切问题》的文章，提出了语文教学"用较少的时间取得较好的成绩"的观点，得到了广泛的响应。可以说在注重学生能力培养的同时，理论界也将目光投向了语文教育的"科学化"问题上。此后，各种教改实验蓬勃展开，教学流派异常活跃，出现了人教社和中央教科所的"阅读""写作"分科教材的教学实验，北京景山学校的"以写作为中心"的教改实验，上海育才中学的"读读、讲讲、议议、练练"的八字教学法，陆继椿的"分类集中分阶段进行语言训练"的实验，张孝纯的"大语文教育"改革理论及实验，钱梦龙的"三主四式"导读法，于漪的以"情感为中心、追求综合效应"的教学实践，魏书生的"课堂教学六步法"，高原、刘朏朏的"作文三级训练体系"，等等。这些教改实验及教学理论，都为语文教学的改革积累了有益的经验，取得了显著的实绩。

二 沉寂反思阶段（1988—1996）

这一时期，语文教育从总体上看，缺乏一种创新的思路，因承袭的东西太多，背负的东西太重，以致语文教学改革停滞不前。随着来自外部政治上"左"的思想影响的逐步消除，教育体制本身的矛盾开始上升为主要矛盾。统得过死的教材、教学参考书和高考等，严重制约着语文教改的进一步深化和有价值的语文教改成果的推广。追求语文学科"科学化"的本意是为了解决语文"低率"的问题，但由于我们急于求成，不加消化地引进了西方的教育理论和检测手段，在对中国教育特性缺乏最基本的体认的情况下，追求所谓的"知识体系""训练体系""检测体系"，使语文的学习和运用转向于外部形式规律的探求，又由于高考竞争的日趋激烈以及"高考"指挥棒的误导，使这种所谓的"科学化"变本加厉，达到了登峰造极的地步，最终，事与愿违地将语文教育推上一条尴尬之路。

面对困境，许多语文教育工作者仍在不断地探索语文教育的本源，希冀找到快捷高效的语文教育之途。1987年，陈钟梁在《语文学习》上发表的《是人文主义，还是科学主义？——语文教育的哲学思考》，从哲学的层面重新对语文学科性质进行了审视，表示了语文理论界对人文主义教育的呼唤。如果说陈钟梁的提法比较含蓄的话，那么1993年韩军的文章《限制科学主义 弘扬人文精神——关于中国现代语文教学的思考》则将批判的锋芒直指"科学主义"。他认为："几十年语文教育的失误就在于科学主义的泛滥，人文精神的消遁"，"科学主义总试图寻找一套纯逻辑的语文教学秩序，而我们也似乎找到了这样一种秩序。可是我们仔细审视这些'秩序'就会发现，当这些'秩序'越精密，越清晰，就越觉得不像语文教学，而更像数学、物理学。也就是说，科学理性的剖解越深入，就越背离语文教学的本质"。应该说，这种认识是相当深刻的，因为"秩序"的建立是追求知识结构体系，而不是着眼于学生能力的发展。返璞归真、回归本源是当时语文理论界讨论较多的问题之一，这其中尤以语感问题最为人们所关注，并对语文教学改革产生了较大的影响。1993年，洪镇涛先生在《中学语文》上发表了《是研究语言，还是学习语言》，文章从本体层面阐述了对语文的认识，他认为：中学语文教学长期以来存在一个误区，即用研究语言，代替了学习语言，"学生听说读写能力的形成，主要不是靠掌握语言知识，而是靠语言实践，在听说读写的实践中，感受—领悟—积累—运用"。这里的语言实践，是指言语实践，即学生的语文运用能力。洪镇涛的以"语感"为中心的课堂教学改革实践，给相对沉寂的语文教育改革增添了亮点，使人们看到了改革的希望。

与此同时，对人文性的讨论也更加深入。"文化大革命"之前，尽管语文教育也提出过思想教育的问题（也包含人文的内涵），但从总体上讲，随着国家上层建筑一系列的政治革命、文化变革，语文教育的思想性逐步变成单纯的"主流意识形态教育"，最后发展到极端，竟沦为"政治教育"乃至"阶级斗争"的附庸。在复苏发展时期，虽然对极"左"思潮进行了批判，并对"思想性"的内涵进行了重新界定，但许多人还是心有余悸。20世纪80年代末，申小龙发表《汉语的人文性与中国文化语言学》，提出了汉语应具有人文性的观点，这一观点得到语文教育界的热情回应。语文学科具有人文性的内质已经在理论界达成了共识，语文教育提倡人文性，有利于发挥语文的文化价值，有利于提高学生的审美能力，有利于学生的情感陶冶、悟性发展和人格完善。

这一时期，理论的反思较为深刻，它的视点不是局限于某一方面、某一阶段，而是把它放在语文教育发展的历史长河中去审视，讨论的许多问题都涉及语文学科的本源。这为后一时期的探索创新打下了坚实的理论基础。

三　探索创新阶段（1996—　）

20世纪80年代末，国家在一系列文件中明确提出了素质教育的观念。1998年，教育部发出《关于印发〈关于深化教学改革，培养21世纪需要的高质量人才的意见〉等文件的通知》。此《通知》指出："当前，要加强素质教育，注重学生思想道德素质、文化素质、业务素质和身心素质的全面综合发展。"进一步明确了素质教育的内涵和目的。至此，关于素质教育的国家观念已经逐步确立。素质教育是依据人的发展和社会发展的实际需要，以全面提高学生的基本素质为根本目的的教育。但是，在实践中，推进素质教育的道路却十分曲折、坎坷。1997年末，《北京文学》刊发了王丽的《中学语文教育手记》、邹静之的《女儿的作业》、薛毅的《文学教育的悲哀》从而引发了一场全国性的语文教育大讨论。这场讨论的意义在于促进我们更深刻地认识语文教育存在的问题以及问题存在的原因，但也有些文章观点偏激、片面，缺乏一种辩证、客观的实事求是的精神与态度。人们在探索、反思推进素质教育的路在何方。然而在现有的选拔机制、现有的课程框架内，是不可能实行真正意义上的素质教育的，教学改革也难以有实质性的突破。就这样，认识的深化和实践的逼近终于把课程改革推向了前台，课程改革成为推进素质教育的历史性必然选择。语文教学也由培养双基到培养能力，进而由发展智力到塑造学生健康人格，实现知识、能力、人格的和谐统一。每一次认识发展不是简单地抛弃过去的认识，而是对过去认识的超越、升华，是语文教学改革发展的一种逻辑必然。

巢宗祺先生认为："'工具性'着眼于语文课程培养学生语文运用能力的实用功能和课程实践性的特点；'人文性'着眼于语文课程对于学生

的思想感情的熏陶感染的文化功能和课程所具有的人文学科的特点。"[①]这种认识是近二十年来语文教育的经验总结,是符合客观事实,也是符合语文学科的特点的。

语文课程标准多处谈到语文与生活的关系,谈到遵循母语教育的规律,谈到把握语文学科的特点等问题,可以说是对近二十年理论探讨的梳理与总结。继承是为了发展,返璞归真不等于走老路,而是要继承精华,探索创新,与时俱进。

如果说从传统中吸取营养是一种纵向的继承,那么借鉴相关学科成果,借鉴国外先进教育理论,则是一种横向的借鉴。如建构主义理论、对话学习理论、后现代主义课程、终身教育理论等,在新课程标准中均有所体现。总的来看,新课程标准的探索创新主要表现在如下几点:

1. 立足于促进人的发展。语文课程标准每一部分的字里行间都处处表现出对人的尊重,对学生的关爱,把人从技术主义的桎梏中解救出来,让学生和教师都能按照人的发展规律和语文教育规律去学语文、教语文,给学生、教师自我发展的空间。

2. 追求真善美的统一。语文课程标准重视知识与能力、过程与方法、情感态度与价值观三个维度的有机融合,尤其是"过程与方法"具有创新意义的维度。这都为学生语文素养的整体提高提供了途径,使语文课程对真善美的追求进入了新的层次,有利于学生全面和谐的发展。

3. 呈现了多维立体的结构形态。新课程标准突破了传统语文教学大纲的结构框架,因此,在语文课程标准中课程改革的理念、学习方式的变革、教师的角色定位、课程评价体系以及语文课程的开发等方面都有较为充分的陈述,骨骼清晰而又血肉丰满,呈现了立体化的结构形态。

语文教学理论近二十年来的发展,是课程改革的逻辑起点,它们之间是一个有机联系的整体,不能将其割断,否则,我们就认识不清历史发展的必然。要发展,就会有问题存在,有问题就需要反思,而这种反思又是进行新的探索与创新的前提。新课程、新课标不是从天上掉下来的,也不是从地下冒出来的,而是时代发展的产物,是语文教育发展的逻辑必然。割断其中任何一个阶段的做法,都是十分可笑的。卡西尔指出:"人类生

[①] 巢宗祺:《关于语文课程性质与基本理念的对话》,《语文建设》2002年第7期,第11页。

活乃是一个有机体,在它之中所有的成分都是互相包含互相理解的。因此对过去有新的理解同时也就给予我们对未来的新的展望,而这种展望反过来成了推动理智生活和社会生活的一种动力。"[①] 对于过去的近二十年来语文教育以及目前所进行的语文课程改革探索,我们都应作如是观。

该文为湖北教育出版社2004年出版《近20年来语文教育理论与新课程标准》一书所写序言,有删改

[①] [德]恩斯特·卡西尔:《人论》,甘阳译,上海译文出版社1985—1997年版,第226页。

试论语文教学中理论研究的发展趋向

学科教育学在学科教育领域中属于理论层次的学科，它与各学科密切结合，并以现代教育思想为指导，把从教育实践中抽象出来的教育原理，还原到各个学科中去，以实现学科特点和教育学原理的有机结合，成为研究学科教育现象及其规律的一门科学。

语文教育学是一门在语文教学法学科基础上形成，以教育学和语文学的边缘学科为核心的综合性的新兴应用理论学科。

语文教育学科经历了语文教授法—国文教学法、国语教学法—语文教材教法—语文教学法—语文教育学这一演进过程。"教授"一词最初见于《史记·仲尼弟子列传》，它在注重学有渊源与"传道""授业""说本师授"的时代是主要的教学方法。1904年新学制颁行，语文得以独立设科，师范教育首次开设教学法。"五四"以后，高师院校国文系相继开设国文教学法、国语教学法。新中国成立后，遂改为语文教材教法。语文教材教法课程侧重于运用教材一端，也涉及了语文课堂教学方法的传授及其经验的积累和总结，但偏重于经验的实用性，而相对地忽视理论的系统性。20世纪70年代末期又改为语文教学法。虽然人们认识到"教学法"的"法"不再单纯指"实施方法"，它应涵盖语文学科教学理论、教学过程、原则、方法等方面的内容，但基本上还停留在主观经验型和客观描述型水平上。宏观不宽、理论不强、微观不细、指导不力是语文教育理论存在的现实问题。跟相关学科诸如语言学理论、文学理论等比较，则更是相形见绌。这样也就导致人们对语文教学法的学术性与应用性产生了怀疑，从而降低了学科的学术地位，而学术地位的降低又反过来影响了本学科的自身建设与发展，形成一种恶性循环。当然，语文教学法学科地位的低下，跟一部分师范院校办学思想不无关系。然而从学科本身自省，加强系统性、理论性、指导性以改变学科自身的形象似乎显得更为紧迫和必要。

语文教学改革十余年来，语文教学研究得到了空前蓬勃的发展，广大语文教育工作者先后编著了教学法著作四十余本。此外语文心理学、写作心理学、语文能力论、语文教学论、语文方法论、语文美育、语文板书学、语文测试学、汉语口语教程、语文教学艺术论、语文教师语言等著作相继出版，填补了语文教学的许多空白，出现了空前繁荣的景象。新技术革命的发展，现代化建设的发展都对人才提出了更高的要求，语文教育观念也由知识型人才逐步向智能型人才转变，语文教育学的诞生适应了学科自身的发展，以及社会生活现代化和科学技术发展对素质教育的需求。

在当代，一些教育发达国家的教育科研正向各个领域深入，由美国各大学的教育学院院长和主要学术领导人组成的霍姆斯协会于1986年提出的关于师范教育改革的报告《明天的教育》中谈到新型的教育系课程时说："第一项重要工作的重点应放在专门的学科的教育学。要用专门学科的教与学的研究来代替本学科的一般教学法'课程'。"由此可见，构建和完善语文教育学不仅是本国教育科研现代化的必然趋势，而且也符合国际教育科学发展的潮流。

学科理论的发展过程一般都经历经验型—客观描述型—科学解释型三个阶段，这种发展反映了学科理论水平的提高，同时也昭示学科理论愈益体现出"科学化"的趋势。然而到目前为止，语文教育学这门学科除了具有不少科学解释型的因素之外，它还存留有前两个阶段的明显痕迹。语文教学理论方面的专著虽然出版了几十种，但具有独立的体系、科学的理论、严密的概念、自成一家的专著还不多，大多数著作，名异实同，缺乏独创性，其主要表现如下：

第一，起点不高，视野狭窄。语文作为中学教育的一门重要学科，应把培养人放在首位。只有明确语文教学培养什么人的问题，才能解决如何培养人的问题。面对当代社会和未来世界，尤其是面对新技术革命的挑战，培养素质型人才是社会的需要和时代的要求。语文教学要培养学生的语文素质，但什么是语文素质？它包括哪些要素？培养学生什么样的素质？怎样培养学生的语文素质？如何在语文教学实践中加以体现和落实？对于这样一些重要理论问题，一般教学理论专著中没有专章论述或者是论述得很不充分。魏书生老师在总结他的教学经验时曾精辟地指出："我认为语文是工具，是做人的工具，生活的工具，发展智力的工具，而把学生学会语文当作语文教学的终极目的,势必使语文教育走上歧途。"[1] 他看语文的工具性,是从教书育人的全局上,站在教学目标的高度认识问题的,立足点高,视野开阔,眼光远大。作为一个行为教育家,既要牢牢地着眼于所从事的学科的具体特点,又要紧紧把握教育本质,这样在教育实践中才能纳学科目标于教育总目标中,施雄才于大略,自然能立于不败之地。

第二,缺乏理论的阐述。语文教育理论对许多重大问题往往只作客观的描述、归纳,而没有进行深入的理论探讨,因此,对有些重大理论问题的认识模糊不清,缺乏辩证的观点。中学语文学科性质是一个纵横全局、举足轻重的根本性问题。然而,从新中国成立之初到现在的四十余年里,关于学科性质的争论时起时伏。经过几次大的讨论后,虽然在某些方面取得了接近或一致的看法,但仍存在着许多分歧,有的甚至是原则性的。也正因为对学科性质没有明确的认识,教学思想左右摇摆,才致使中学语文教学经历了一段艰难曲折而又进展缓慢的历程。50年代初期,语文教学强调思想教育,忽视学科的工具性、知识性。1956年文学、汉语分科教学,文学课突出文学性,汉语课则偏重知识性。十年动乱时期,片面强调语文学科的思想性而忽视甚至否认语文学科的工具性质及其他性质,致使语文课变成了政治课乃至阶级斗争课。粉碎"四人帮"以后,人们对语文教学现状进行了深刻的反思,又重新认识到语文学科的工具性并予以强调,这应该说是一种进步。然而后来又出现了忽视思想性的倾向,有把语文课引向纯工具课或单纯知识技能课的危险。当又重新提出德育渗透问题时,许多教师就无所适从,不知语文到底该怎样教。这既反映出人们在认识语文学科性质上的片面性和绝对化,同时也与语文教育理论界对于性质问题没有进行深入的理论探讨有关。如"语文是工具"这一观点,是叶圣陶先生针对当时语文教学中存在的种种弊端提出来的,对于纠正把语文课上成"政治课"或"文学课"的倾向具有重要的理论意义和实践意义。提出这一论题的主要依据是马克思主义经典作家关于"语言是工具"这一观点。但我们语文理论工作者在把"语文是工具"这一观点上升到语文学科性质时,却是采用了一种简单化的做法,只进行理论的概括而没有进行理论的阐述,缺乏说服力。首先,语言是工具只是语言本质属性的一

---

[1] 王林溪等编:《魏书生语文教育改革探索》,辽宁人民出版社1986年版,第15页。

个重要方面,是针对社会交际功能而言。其次,语文等于语言之说也值得商榷。语言和言语是不同的,最早区分语言和言语的瑞士语言学家费尔迪·德·索绪尔指出:"语言和言语是互相依存的;语言既是言语的工具,又是言语的产物。但是这一切并不妨碍它们是两种绝对不同的东西。"① 语文当然要教给学生语言,但人们往往忽视了语文课主要是通过言语学习语言的这一事实。对于这样的一些问题由于没有作深入的理论探讨,没有作出科学的界定,所以对于学科性质见仁见智,莫衷一是。诸如此类问题可以说是不胜枚举,语文教育理论的贫乏和指导性的缺乏由此可见一斑。

第三,基本概念的定义含糊,缺乏科学的界定。理论是概括地反映现实的概念和原理的体系,是系统化了的理性认识的判断表述。一般教学法专著很不注意概念定义的表述,没有从理论高度阐述概念的内涵与外延,没有区分事物的属和种差,没有反映出事物的本质。而大都采用直陈式、转述式,给人以朦胧、肤浅的印象,有些专著干脆连基本概念也不要,就事论事。

第四,理论缺乏预见性和指导性。应该说语文教育理论工作是比较注重实践的,在大多数专著中,都能联系教学实际,或分析个案,或引证实例,或就具体教学内容和方法阐述生发,或从客观教学表象概括抽象,这是语文教育研究中实事求是、不尚空谈的优良传统。但语文教育研究不太注重纵向研究和横向比较,只是对实践经验的总结,而没有上升到理论的高度。由于理论没有高于实践,因此就会缺乏预见性和指导性。如"精讲多练"这一原则是从实践中总结出来的,当回到实践中去验证时,就发现学习语文仅靠"多练"还不够,还得有方法的指导,遂改为"精讲巧练"。然而这一语文教学原则没有体现语文学科的特点,于是干脆不提。这一方面反映了人们对语文教学规律认识的不断加深,另一方面也反映出语文教学理论层次不高。

语文教育学是一门综合性的应用理论学科,它必须在生动的教学实践中不断吸取相关学科的研究成果,并把它们的基本理论作为形成自己科学体系的基石。它的理论基础包括:哲学理论,教育学和心理学理论,语文专业基本理论(语言学、文章学、文学、美学等),交叉学科的理论。语文教育学理论不是把基础理论的结论毫无改变地抄搬过来作简单的对应翻

---

① [瑞士]费尔迪南·德·索绪尔:《普通语言学教程》,商务印书馆1980年版,第41页。

版，而是从宏观的角度、独特的维度来研究这些基础理论与语文教学之间的联系。一般语文教育理论工作者都较为重视语文专业基础理论，而对哲学理论认识不够，忽视了哲学理论对语文教学的指导意义。近代教育学成为独立学科的标志就是教育理论从哲学中分离出来的，或者确切地讲，它是建立在哲学基础之上的。不同的哲学理论基础提供不同的理论思维指导。赫尔巴特的包括教学阶段论在内的教育思想体系，其哲学理论基础是德国古典唯心主义；杜威的儿童中心论与杜威的主观唯心主义的经验论的哲学观相联系。哲学的理论形式具有鲜明的社会意识形态性，因此，要建立具有中国特色的学科教育学体系，就必须依据我国的国家性质、社会制度确立理论思维形式——马克思主义哲学的指导地位。事实上，我们在语文教学中对许多问题认识不清，看问题片面化、绝对化，这都和缺乏哲学理论方法指导有关。如只有对立，缺乏统一；只有孤立，缺乏联系；只有绝对，缺乏相对；只有静止，缺乏变化；只有局部，缺乏整体；等等，这的确应引起语文教育理论工作者的高度重视。当代教育早已不再局限于学校教育，它与社会的发展紧密相关，作为基础工具的语文学科，向青少年进行教育，就应该多方位、多渠道地发挥其教育与教学的作用，从整体上去把握语文教育的功能。基于此，现代语文教育观就应该是开放的、全面的、立体的适应今天信息社会的大语文教育观。所谓大语文教育就是把语文教育看作一个开放性的大系统：它包括学校语文教育系统、社会语文教育系统和家庭语文教育系统，这种全方位地把学生各方面都有机联系起来，把学语文和学做人密切联系起来，有意识地以语文课堂教学为轴心向学生生活的各个领域扩展，使语文教育形成一个"辐射型"的整体网络结构。这既反映了语文教育的时代意义，也决定了我们所建构的语文教育学理论的时代特征。王松泉认为语文教育学有十大分支学科：（1）一般语文教育学系统；（2）语言教育学系统；（3）文学教育学系统；（4）文章教育学系统；（5）语文教育心理学系统；（6）语文教育哲学系统；（7）语文教育美学系统；（8）语文教育社会学系统；（9）语文教育方法学系统；（10）语文教育技术学系统。[①] 这种语文教育学大系的构想，说明了语文教育学这门学科有着极其广阔的研究领域，也给我们语文教育研究工作者提出了一个相当艰巨的任务。

---

① 参见王松泉《语文教学探步》，辽宁大学出版社1991年版，第27页。

学科教育的发展具有相对的独立性，社会向学科教育提出具体任务只是学科发展的外因，学科发展只有通过自身的内在逻辑发展才能起相应的变化。语文教育学要形成自己的理论特色，必须深入研究汉语文教育的规律。汉语不仅是汉族固有的语言，而且是我国各民族之间共同的交际语，不仅是我国的主要语言，而且是联合国规定的工作语言。它历史最悠久，使用人数最多。汉语文是包括我国各民族在内的中华民族共同使用的交际工具和共同拥有的精神财富，是中华民族灿烂文化的重要组成部分。汉语文教育是中国语文教育的集中体现。国外曾有语言学家和未来学家预言：汉语将成为21世纪世界性第一语言，汉字将成为21世纪世界性第一文字。对于这种发展趋势，我们自己尚缺乏一种敏感。语文教育学要以汉语文教育作为一个特定对象，放在中国语文教育长期发展的特定时空中，采取历史唯物主义和辩证唯物主义的科学态度，进行深入细致的考察，应当紧扣汉语文教育本身的特点，发掘汉语文教育的历史积淀，剖析汉语文教育的外部渗透，审视汉语文教育理论研究的发展轨迹，展望汉语文教育的未来走向，以学科自身的特点为轴，以纵向发展的时间为经，以横向比较的空间为纬，在纵横交错的相互联系中对汉语文教育的实践和理论作一番认真深入的剖析和研究，这样才能形成语文教育学的理论特色。

中国传统教育源远流长，从春秋时代的孔夫子到清末的梁启超他们都有不少闪耀着朴素唯物主义思想光辉的教学理论。例如，"文道统一""学思结合"实际上就是语文教育的两条规律。"文道统一"反映了对语文教育和品德教育辩证关系的科学认识。"文以载道"，"文以明道"，"文以显道"，"文辞艺也，道德实也"，"道者文之根本，文者道之枝叶"，"道非文不著，文非道不生"，等等，都是对文道关系的形象表述。"学思结合"则体现了语文学习和思维训练相互关系的理性思考。"学而不思则罔，思而不学则殆""熟读精思""口诵心惟"等便是对学思关系的具体阐发。古代文言文教育理论往往散见于一些古代教育家、思想家的言谈和著作中，需要我们去发掘、整理。张志公先生的《传统语文教育初探》在这方面做了开创性的工作。发掘传统语文教育理论，不仅是研究汉语文教育特色的基础，而且是建立具有中国特色的语文教育学的基础。

"他山之石，可以攻玉"，引进、吸取、借鉴国外先进的教育理论，能促进语文教育学的内在建构，使之在奔涌不停的时代新潮中进行整合，形成新的特色。这在语文教育理论的历史发展过程中可以找到它们之间互相渗透、融合的轨迹。随着经济改革的深入发展，教育科学研究的最新成果也如雨后春笋般不断涌现。翻译、介绍、评介国外先进教育理论蔚然成风，形成了一种良好的理论氛围。如苏联赞可夫的教学与发展理论、美国布鲁纳的课程结构理论、德国瓦根舍因的范例教学理论、巴班斯基的教学过程最优化理论，这些也都是国际上共同关注的教学理论。对此，我们应大胆而又审慎地进行吸取，予以借鉴，为我所用，丰富和发展中国语文教育理论。

教育理论领域中交叉学科的出现是当代社会大教育发展的必然结果，这些交叉学科的理论能回答传统教育理论所不能回答的诸多理论问题。如教育心理学、应用语言学、语言心理学、控制论、信息论、系统论、脑科学、思维科学等相邻学科涌现出一系列新的研究成果，极大地发展了传统教学论。很多在历史上不可想象、不可解决的难题，随着科学技术的进步和科学方法的更新都一个个被解决了，教育科学的许多理论上的疑难也必将随着教育领域交叉学科的发展而不断被破解。学习和吸取相邻学科、交叉学科的研究成果，可以开阔视野，改变传统的思维方式和知识结构，拓展语文教育研究的范围和深度，实现语文教育理论的科学化和现代化。

理论来源于实践又要接受实践的检验，只有那些从实践中产生又被实践证明为正确地反映了客观事物发展规律的理论才是科学的理论，只有科学的理论才能对实践发挥指导作用。为此，语文教育理论工作者必须深入教学第一线，走出"象牙塔"，走出教育理论与教育实践相分离这一误区，要在教学实践中去发现新的课题，开拓新的领域。要善于发现、总结、提炼、深化、推广基层教师的好经验，丰富语文教学理论。一种教学理论要在实践中发挥效用，实施操作化是它的生命力所在。所谓操作化，就是建立理论与实践之间的桥梁。如何通过理论探索、调查研究和教育实验，以科学的形态建立操作化的具体方法论，是今后教育理论与实践结合所要研究的课题。

未来的语文教育学体系的建构，必须坚持以马克思主义为指导，以三个面向为指针，紧密结合我国国情，既纵向继承，又横向借鉴，把民族性和现代化结合起来，既具体细微又博大恢宏，把微观研究和宏观研究结合起来，既丰富实践经验又增强理论色彩，把科学描述和科学阐述结合起来。承前启后，继往开来，拓建具有中国特色的语文教育学理论体系。

原载《教育科学研究》1992年第1期

语文教学在前进

国家教育委员会最近颁布的《全日制中学语文教学大纲》是在1980年中学语文教学大纲的基础上修订的。它总结了20世纪80年代以来语文教学改革的成果，体现了语文教学"要面向现代化，面向世界，面向未来"，培养现代化建设人才的时代要求。如果把它和1980年的大纲进行比较，我们认为其进步主要表现在如下几个方面。

一　突出了爱国主义思想教育

语文学科是一门思想性很强的工具性学科，新大纲指出：在语文教学的过程中要"培养学生的社会主义道德情操，健康高尚的审美观和爱国主义精神"。

爱国主义教育是思想道德品质的具体内容，爱国主义教育是培养"有理想、有道德、有文化、有纪律"社会主义新人的关键。对外开放以来，我们在引进国外先进的科学技术的同时，形形色色的资产阶级思想也无孔不入地渗透到各个思想领域。因此，培养学生爱国主义精神，激发他们为国家富强和人民富裕而艰苦奋斗的献身精神，是当前思想战线的一项重要任务。爱国主义教育要贯穿到各门课程和各个教学环节中去，而语文教学是培养学生爱国主义精神的重要阵地。在语文教学中进行爱国主义教育，是每一个语文教师义不容辞的历史责任。

美育是社会主义精神文明建设的组成部分，它在精神文明的建设中起着重要的作用。中学语文教材选入的大都是古今中外的名家名篇，这些作品无不通过生动的艺术形象来反映社会生活，具有强烈的感染力和熏陶作用。实践证明：在语文教学中进行思想教育，是不可能撇开美育的，如果说德育对人主要是晓之以理，那么美育对人则是动之以情。加强美育，对提高语文教学质量和培养学生的思想道德品质都具有积极的意义。语文教学中的美育就是通过对作品所表现的自然美、艺术美、社会美来对学生进行美的启迪、美的感染、美的熏陶，使之树立正确的人生观、道德观，具有丰富健康的精神生活，从而激发学生去追求美、创造美。美育可以发展学生的观察力，丰富学生的想象力，加深学生的理解力，这对于促进学生的思维能力、发展学生的智力都是大有裨益的。结合美育对学生进行思想教育，既符合语文学科的特点，也适应新的历史发展时期的需要。

二 提出了发展智力的要求

重视智力的发展，这是世界各国语文教学改革中的一个共同趋势。人才的智力素质，已被公认为是最主要的生产力。当今世界科学技术迅猛发展，各种知识正以难以想象的速度增长和更新。学科之间相互渗透，种种新兴学科、边缘学科、交叉学科应运而生，推动着人类认识的突飞猛进，因此，发展智力是时代的要求。智力属于认识论的范畴，是一个人在认识活动中各种认识能力的综合，它包括观察力、想象力、记忆力、思维力，其中思维力是智力的核心。知识是发展智力的前提和基础，智力可以促进知识的掌握和迁移，没有足够的知识，就不能引起丰富的联想和进行各种比较，对问题就不能举一反三，触类旁通。反之，智力的潜力挖掘得越深，掌握的知识就会越扎实、越牢固。我们是在为未来培养人才，更应该重视知识的广博、视野的开拓，使学生具有细致的观察力、严密的思维能力、丰富的想象能力、独立的自学能力。

语文教学要从宏观上把握知识结构的内在联系，传授给学生以规律性的知识，要积极开辟第二课堂这个广阔的"智力背景"，从高层次上来发展学生的智力。

智力和知识有区别，也有联系，不能混同，但也并非截然对立，因此，大纲中明确提出要在语文教学过程中"开拓学生的视野，发展学生的智力"。

智力是指认识、理解客观事物并运用知识经验等解决问题的能力。创造性思维能力的培养和智力的发展更是紧密相连。缺少创造性思维的训练，要培养出具有进取创造和开拓精神的人才是不可能的。

三　全面培养听、说、读、写的能力

传统语文教学重视读、写的训练，而忽视听、说能力的培养。从信息论的观点来看，听、读是输入，而说、写是输出；就能力来讲，听、读属于理解能力，说、写属于表达能力。它们之间是相互联系、相互迁移、相互促进的。随着现代传声技术和其他科学技术的迅速发展，听、说能力变得更加重要。全面培养学生的听、说、读、写能力，是一项具有战略意义的任务。

叶圣陶先生说："接受和发表，表现在口头是听（听人说）和说（自己说），表现在书面是读和写。在接受方面，听和读同等重要，在发表方面，说和写同样重要。所以听、说、读、写四项缺一不可，学生都得学好。"这一段话精辟地说明了听、说、读、写之间的辩证关系。忽视对听说能力的培养，实际上反映了对语文的含义理解的片面性。新大纲指出："口头表达和书面表达在现代生活具有同等重要的意义。"大纲在第六章中对各年级提出了听、说能力的具体要求，这是符合学生对祖国语言的基本能力的实际需要的，对听、说、读、写的全面发展有推动和指导作用。

四　培养学生的自学能力

培养学生的自学能力，越来越受到人们的重视，它已成为教学改革的发展趋势。新大纲对指导学生自学提出了明确的要求："反对注入式，提倡启发式，通过各种方法，引导学生积极思考，鼓励他们进行创造性的思维活动，让他们自己动脑，动口，动手，在学习语文的实践中，自觉获取知识，提高能力，发展智力。"传统的教学重视知识的传授，因此在教法上大都是"满堂灌""注入式"，学生仅仅是接受知识的容器，思维能力得不到发展。用"注入式"教法培养出来的学生，大都是知识学得死，思维展不开，缺乏创造才能，很难满足现代社会的需要。

要培养学生的自学能力，就要启发引导，让学生"掌握科学的学习方法，培养良好的读书习惯"，让学生在学习的过程中去发现，去探究，由他们自己得出结论，学会独立地解决疑难问题。新大纲还提出了"要有计划地培养学生自己修改作文习惯和能力"。长期以来，学生作文老师改，天经地义，有些教师精批细改，满篇见红，甚至代替了学生的作文，这种越俎代庖的做法，往往事倍功半，收效甚微。如果教师给学生指出毛病来，该怎么改让学生自己去历练、去决定，学生就能变被动为主动，这对于提高学生作文能力是大有益处的。

语文教材的改革是语文教学改革的重要内容。我国幅员辽阔，人口众多，采用全国通用唯一的教材，存在着许多弊端。新大纲在教学内容上作了重大的变更，删去原大纲教材编排一章，规定了190篇基本篇目。新大纲中说："除基本篇目以外，各省、市、自治区教育部门根据实际情况，可以对通用教材中的其他篇目进行抽换，也可以自编补充教材。"这就给各地区以灵活处理教材的自由，为各种不同体系不同风格教材的改革和实验提供了条件。

新大纲比原大纲更具有科学性，目的明确，要求具体，符合语文教学实际。它对推动语文教学改革、大面积提高语文教学质量、培养全面发展的人才将起着积极的指导作用。

原载《中学语文》1987年第5期

语文思维论

语文科作为一门语言和思维相统一的学科，正是在语言和思维的结合上既发展着学生的语言，又发展着学生的思维，这也是语文科区别于其他学科的特征所在。语文思维论，就是研究语文科思维培养的规律和方法，探求培养学生思维能力的正确途径。

一　思维的有关概念及特征

（一）思维的概念

思维是人的认识的理性阶段，是人脑对客观事物间接且概括的反映。人的认识可以分为感性认识和理性认识。感性认识是认识的初级阶段，是对客观事物的现象、部分和外部联系的反映。其形态是感觉、知觉和表象。经过对感性材料的加工整理，产生认识的飞跃，形成概念、命题和推理，把握事物的本质和规律。这既是理性认识的阶段，也是思维的阶段。

思维的研究，原属于哲学的范畴，后来又成为逻辑学、心理学、语言学等学科研究的内容。由于各学科研究的重点不同，因此人们也就从不同的角度和不同的意义来理解与使用思维的概念。哲学上所讲的思维，是指意识或精神，相对于存在（物质）而言的。思维和存在的关系，构成哲学的基本问题。哲学讲思维时通常指抽象思维。抽象思维以社会实践为基础，借助于语言，运用概念、判断、推理等思维形式反映事物内部的本质和发展规律。思维（意识）是反映客观现实的能动过程，既能动地反映客观世界，又能动地反作用于客观世界。心理学认为：感觉和知觉是事物在人头脑中的直接的映象，表象是感知过的事物在人脑中留下的印象。感觉、知觉和表象是感性认识过程中由直接的认识逐渐趋向间接的认识的三种不同层次的认识形式。思维则是通过对表象材料的加工达到对事物的一般特征和规律的认识，它属于理性认识的范畴。心理学讲思维一般指的也是抽象思维或逻辑思维。随着学科之间的渗透和心理学的发展，一些心理学家认为形象思维应该是思维的一个类型。思维科学将思维分为有意识思维和下意识思维。思维科学只研究有意识思维，即人自己能加以控制的思维。这种思维除抽象（逻辑）思维外，还有形象（直感）思维和灵感（顿悟）思维。

（二）思维的特征

思维最基本的特征是它的概括性和间接性，这是思维区别于其他心理现象的特殊性及其表现。思维的概括性是思维最显著的特征，这是因为思维之所以能揭示事物的本质和规律，主要来自思维抽象和概括的过程，即思维是概括的反映。人的知觉已包括了初步的概括，但这只是感性阶段的知觉概括，还不是思维。思维的概括是以比较和抽象为前提，以舍弃某种事物非本质的东西，抽取其本质的属性或特征，然后将个别事物抽取出来的一般的、共同的属性或特征联结起来，进而推广为同类事物的本质属性或特征。在思维活动中，感性的材料只有通过抽象和概括的环节，才能形成概念和理性认识。思维的间接性是相对于感知的直接性而言的。思维不像感觉、知觉那样，须某种事物直接作用于人的感官，它是以已有的知识经验为基础去反映未曾直接作用于感官的一般事物及其本质和规律。思维的间接性，一方面在于理性认识来源于感性认识，必须借助于感性材料，另一方面，在于思维能够根据旧知推导出新知。正因为如此，人们才有可能理解那些不能亲自感知的东西。所谓"秀才不出门，便知天下事"就是这个意思。正是靠着思维的间接性，人们的认识才能纵横数万里，上下几千年。

（三）思维主体和思维对象

思维主体与认识主体是两个既有联系又有区别的概念。在哲学（认识论）上，认识主体是指实践和认识着的人。人的认识主要是通过人脑这一重要器官实现的，但是作为人的整个认识过程，感性认识离不开眼、耳、鼻、舌、身等器官的参与。人的认识离不开实践，而实践则更是整体的人的活动，思维作为一种理性的认识过程，它只是整个认识活动的一部分。因而，在狭义的理解上，思维主体有别于认识主体，它仅指思维着的人脑。思维对象是指主体所思维着的客观事物。思维对象与认识对象的所指是一致的，思维的目的在于认识客观事物，当某一事物成为人们认识对象的时候，这一事物也就成为主体的思维对象。思维对象和客观事物是两个既有联系又有区别的概念。思维对象是客观存在着的事物，但客观事物不一定就是思维的对象。客观事物是独立于思维主体之外而客观存在着的"自在之物"。当思维主体对某一事物尚未产生思维动机的时候，这一事物并非思维对象；而只有思维主体对它产生思维动机并进行思维活动的时候，这一事物才会成为思维的对象。思维对象的不断形成、扩展和深化，是思维主体能力不断发展的客观标志之一。为了促进学生思维对象的自觉形成，加强学生的实践环节、丰富学生的知识经验、培养良好的主观意向，是教师应该注意的几个方面的工作。[1]

（四）思维的类型

由于人的思维活动的复杂性和多样性，以及人们对思维研究的侧重点不同，因而对思维的种类也有着不同的划分。从思维品质的角度看，思维可以分为再现性思维和创造性思维。再现性思维，即人们一般的思维活动。所谓"再现"，是说这种思维是自己或他人以往的思维课题、思维过程和思维结果的重复。再现性思维是人们日常学习、工作和生活中常见的一种思维类型。创造性思维则往往与创造性活动联系在一起，它最突出的标志是具有较高的社会价值和新颖而独特的特点。创造性思维是人类思维非常复杂的高级思维过程。从思维程序的角度，可以把思维分为分析思维和直觉思维。分析思维包括归纳、演绎、证明等方式及过程，也叫逻辑思维。直觉思维是直接领悟的思维或认知，它是人脑对于突然出现在面前的新事物或新问题及其关系的一种迅速的识别、敏锐而深入的洞察、直接的本质理解和综合的整体判断。从思维规律的角度，可以把思维分为抽象（逻辑）思维、形象（直感）思维和灵感（顿悟）思维三种。形象（直感）思维是凭借表象或形象进行的思维。抽象（逻辑）思维是凭借概念进行的思维，它是人类思维的核心形态。抽象思维以分析、综合、抽象、概括等为基本的思维过程，以概念、判断和推理为思维的基本形式。抽象

---

[1] 参见卫灿金《语文思维培育学》，语文出版社1995年版，第20页。

思维又分为形式逻辑思维和辩证逻辑思维。形式逻辑思维是抽象思维的初级形态，辩证逻辑思维是抽象思维发展的高级形态。灵感（顿悟）思维是指通过潜意识对问题的酝酿使结果突然涌现于显意识而产生顿时领悟的一种思维，它是大脑显意识和潜意识相互作用的结果。从儿童、青少年思维发展和思维的抽象性来划分，思维又可以分为直觉行动思维、具体形象思维和抽象（逻辑）思维。直觉行动思维是指直接与物质活动相联系的思维，又称感知运动（动作）思维。直觉行动思维是思维的最低级形式。具体形象思维是以具体表象为材料的思维，它是形象思维的初级形态。抽象（逻辑）思维是以概念为基本材料的思维，它是具体形象思维向着抽象方向的高级发展。

二　语文与思维的关系

语文科对于学生思维的发展有着特殊的意义，这主要是由于语言与思维的密切联系所决定的。语言与思维的关系可以从以下几个方面来认识。

（一）语言学习可以使学生获得思维的工具

语文科的目标就是要学生学会理解和运用祖国的语言文字。学生对语言理解和运用的过程，也就是获得思维的工具并使思维得到发展的过程。为了说明语言和思维的关系，首先要明确语言、思维、思想这几个相关概念。什么是语言？从属性看，语言是一种特殊的社会现象，不属于上层建筑，没有阶级性；从构成看，语言是语音、词汇、语法构成的系统，语音是口头语言的物质形态，文字是书面语言的物质形态；从功能看，语言是思维和交际的工具，交际以思维为前提，思维与交际是统一的。什么是思维？思维是人脑的一种机能，是一种心理活动。思维是在感觉、知觉、表象的基础上，运用概念、判断、推理等逻辑形式，对客观事物间接地、概括地、能动地反映。它是宇宙物质运动的高级形式，也是一种特殊的社会现象。什么是思想？思想是对客观事物的理性认识，包括知识、理论、观念、看法、见解等。思想是思维的内容和产物，思维离开了思想，思维活动就会停止；思想离开了思维，就不可能产生和被人接受。语言是表示一定意义的语音或文字符号，它是思想的直接现实，是思想的物化形态。思想离不开语言，思维也必须借助语言来表达概念，进行判断、推理，使之

"转化"为思想。所以说,语言是思维的物质外壳,是思维的工具。

(二) 思维的发展决定语言的发展

从人类社会发展看,正是由于原始人类的劳动促进了大脑机能的发展,人类对客观世界的认识不断扩大和不断深化,彼此交流思想感情的愿望越来越强烈,于是人类用代表一定意义的声音和点线符号进行交际,语言文字才相继应运而生。随着劳动生产的进一步发展,人的思维越来越精细、复杂,交际活动也越来越活跃纷繁,语言也随之日益丰富地发展起来。从人的个体发展看,思维发展对语言的发展也表现出这种决定作用。一个婴儿来到人世,一睁开眼便开始认识周围的事物。随着身体的发展、脑机能的发展,这种认识的范围不断扩大,程度也不断加深。由认识个别事物到认识同类的事物,由认识事物的现象到认识事物的本质和联系。他的思维在发展,也逐步由形象思维发展到抽象思维,由简单粗疏发展到复杂精细,由幼稚发展到成熟。语言的发展也与之相应,从婴儿的牙牙学语开始,语言随着认识和思维的发展逐步发展起来。由掌握表示个别事物的单词到表示复杂事物的短语;由掌握、判断事物的单句到掌握复杂推理活动的复句和语段,直至表示复杂思想内容的语言篇章。从一般交际活动看,思维的品质也决定着语言的品质。比如,语言的准确性受制于思维的明晰性,语言的周密性受制于思维的逻辑性,语言的连贯性受制于思维的条理性,语言的生动性受制于思维的形象性,语言的新颖性受制于思维的创造性,等等。由此可见,只有思维能力提高了,语言能力才能相应提高。

(三) 语言的发展能促进思维的发展

思维的发展对语言的发展虽然具有决定性的作用,但语言并非完全被动地受制于思维。由于思维也离不开语言,因此语言的发展可以能动地反作用于思维,促进思维的发展。这种促进作用主要表现在三个方面:(1) 语言在思维活动中的主要职能是帮助思维形成思想。语言具有概括性,思维的抽象只有借助语言的词和句才能在反映客观事物的过程中形成概念,进行判断、推理,产生思想。语言越精确越丰富,思维就越活跃,反映客观事物就越准确、越深刻。因此语言的发展能促进思维的发展。(2) 思维的成果必须用语言表达出来,使交流思想成为可能。语言越发展,语言表达思维成果的效果越好,思想交流的成效就越高,思维的价值就越大。（3）语言帮助听者、读者接受思维者的思维成果，使听者、读者参与思维，从而促进思维的发展。

语文科的能力目标就是要培养学生的读、写、听、说的能力。读、写、听、说，是学生语言水平的思维操练，是语文科实现学生思想能力转换最基本的实践形式。读、写、听、说的过程，是以理解他人思想为核心的思维过程。从对语言的感知到对文章内容的本质理解，再到对文章内容及形式作出评判，其间要经过一系列的、多层次的分析、综合等思维过程。写与说的过程，是以表达自己的思想为核心的思维过程。从对生活的感知到形成自己的认识，再到以语言的形式把这种认识表达出来，其间也要经过一系列的、多层次的分析、综合等思维过程。在这一过程中，学生的各项思维能力受到具体的训练，思维结构得到不断完善，从而推动他们的思维不断向前发展。

三 学生思维的发展及对策

（一）中学生思维发展的特点

中学生处于青春发育期，他们的身心都在迅速地、茁壮地成长。随着他们生活实践的范围不断扩大、经验进一步丰富，促使他们的思维进入了一个急剧地发展、变化和成熟的新阶段。初中学生的思维特点，主要表现为具体形象思维向抽象逻辑思维发展。刚进初中的学生，尽管已经踏进了中学，可是还带有许多孩提时代的稚气，他们敢于向教师、家长敞开自己的心胸，想说什么就说什么，显得大胆、热情，仍属于"开放期"。为此，教师的教学，不管是阅读还是写作，都不要成人化，要保护他们的童心，使他们始终保持轻松愉快的学习情绪。从初中二年级开始，学生渐渐从活跃的"开放期"转入"闭锁期"。他们直观的经验思维正向抽象的逻辑思维发展；观察事物、分析问题的表面化正向深刻化方面发展；学习兴趣的相对稳定性正向分化发展；学习的依赖性正向自主性发展。初中学生的思维的独立性和批判性有了一定的发展，但容易产生片面性和表面性。随着独立思考能力的提高，他们对周围现实常抱批判态度。他们很自信，但往往自我估计不足，有时固执己见，看问题绝对化、片面化。教师在教学中，应针对学生的新的变化，尊重理解他们，在作文和阅读教学中，不要规定得太死，限制得太多，应给他们适当的自由空间，并教育他们辩证地看待问题。

高中学生的思维逐渐形成辩证逻辑思维，创造性形象思维获得较快发展。他们基本上完成了心理上的"断乳期"，开始以自己特有的观点、态度体验生活，学习知识，探索人生的道路。随着理论思维的发展，他们对各种事物的因果关系的解释越来越感兴趣，特别希望得到思考的享受。他们喜欢探求事物的根源，爱好争论，喜欢独立思考。如果他们的想法或意见受到否定，他们也会分析主观原因，考虑为什么会产生这样一些错误。这种自我批判的态度，正是他们思维逐渐成熟的表现。然而，他们由于思维独立性的发展，往往不太容易接受那些虽然正确，但还没有经过他们自己证明的论点。高中学生的思维独创性之所以能够得到长足的发展，是由于他们积累了一定的知识经验，可以进行理论思维。又加上他们富于想象，较少保守，所以他们常常提出一些新的设想、新的见解，或者乐于去尝试一些新的方法，在思维方面表现出更多的创造性成分。

中学阶段，学生思维结构的诸多因素及其相互联系都发生着深刻的变化。从总体上看，经过不断的量变过程，到高中二、三年级时学生的思维结构基本成熟，形成了以形象思维和抽象思维为基本形式的完善的思维结构。

（二）语文科思维培育任务

1. 抽象思维的培育

语文科的抽象思维，主要表现在对各类文章的阅读分析和说明文、议论文的写作过程中。应该结合各类文体的阅读教学和说明文、议论文的写作教学，重点从思维方法、思维形式和思维规律等几个方面使学生的形式逻辑思维和辩证逻辑思维得到发展。（1）形式逻辑思维的培育。在思维方法上，要让学生具有对客观事物的分析、综合、比较、分类、抽象、概括、系统化、具体化等能力。在语文科，这些抽象思维的运用是多方面的。例如，阅读中的划分段落层次、概括段意、人物分析、情节分析、概括中心思想等，都贯穿着分析、综合、抽象、概括等过程。教师应结合教学实际，使学生的这些能力接受全面的训练。在思维形式上，要让学生具有对抽象概念的理解和运用能力、抽象判断和推理能力。要结合词语教学让学生掌握概念的内涵和外延，并使他们逐步达到接近本质定义和切合本质定义的水平。要结合单句和复句的教学教给学生一些抽象的判断的知识，让他们能够掌握判断的基本结构，并学会恰当运用直言、假言、选言等判断形式来准确、严密地表达自己的思想。要结合议论文论证方法的教学教给学生推理的方法，学会运用归纳推理、演绎推理和类比推理来论证自己的观点。在整个思维过程中，要教给学生能够遵守形式逻辑思维的基本规律，即同一律、矛盾律、排中律和充足理由律。（2）辩证逻辑思维的培育。辩证思维的培育，首先要抓好辩证思维基本规律和基本范畴的教育。辩证思维的基本规律，包括对立统一思维律、量变质变思维律、否定之否定思维律和辩证的充分理由律，其中对立统一思维律是最根本的规律，也是培养学生辩证思维基本规律运用能力的基本出发点。辩证思维的方法，主要有辩证分析和综合的方法、逻辑和历史相统一的方法和从抽象上升到具体的方法，其中辩证分析和综合的方法是最根本的方法，也是要学生掌握的重点。辩证分析和综合的方法，也就是矛盾分析的方法，要教学生能够将事物内在的矛盾分解为多个方面来认识，然后将这些认识综合起来，形成对这一事物的整体认识。在矛盾分析的过程中，要教学生客观地、全面地、历史地看问题。

2. 形象思维的培育

形象思维，主要运用于记叙文和文学作品的阅读与写作。形象思维的过程是在人们头脑中，通过分析、综合和抽象、概括产生形象或创造新形象的过程。但形象思维不是形象加思维，也不是思维加形象，而是形象化了的思维，思维化了的形象，是用具体事物或表象来进行思考的过程。心理学家认为：人的左半脑是抽象思维中枢，右半脑是形象思维中枢。左半脑思维材料侧重语言、数学、符号、逻辑推理等，右半脑思维材料侧重形象、想象、音乐、绘画等。如果对两半脑中"未开垦处"给予刺激，激发它积极配合另一半脑的作用，那么大脑的总能力和效率会成倍提高。怎样在语文教学中开发学生的右脑，发展学生的形象思维呢？主要应抓住以下几个形象思维的组成要素。（1）联想。这是人脑对客观现实的一种反映。由于客观事物是互相联系的，因此它们反映到头脑中也能互相联系起来。要让学生通过联想为想象提供表象材料，并使之有机组织，掌握接近联想、类比联想、对比联想、关系联想等方式。（2）表象。它是人们头脑里所保持的关于客观事物的映象。过去感知过的事物多数是以表象的形式出现的。不论是成熟的作家，还是稚气的学生，当他执笔为文时，过去生活中长期积累下来的材料或者经由有计划的观察和调查收集起来的素材，都是以回忆中的再现表象而出现的。寄寓着作者主观情思的表象，可以称为意象。表象和意象还可以综合为更大单位的意境或完整的形象。形象思维就是由这些连续不断的表象、意象、意境、画面组接成的思维过程。教师应注重培养学生观察、回想、记忆的能力。（3）想象。这是人在头脑中把记忆表象经过加工改造从而形成新形象的心理过程。在心理学上，想象分为再造性想象和创造性想象两种。再造性想象是根据语言的描述，或是根据实物的描绘，在人们头脑里产生或再选出某种事物的形象过程。在学生理解教材时，再造性想象具有极为重要的作用。而创造性想象是不依据他人现成的描述而独立地创造出关于某一新事物形象的心理过程。创造性想象也必须以表象材料做基础，但又不是对过去记忆的简单重现，而必须经过加工改造，才能创造新的形象。想象作为形象思维的一个重要成分，不仅依赖于过去的感知，依靠记忆表象，同时还需要抽象思维的参与。如"踏花归去马蹄香"的诗句，用一幅画如何表述呢？作者画的是一匹奔跑的骏马，几对翩翩飞舞的蝴蝶，紧紧追逐于马后。这幅画之所以高明，正是在于作者巧妙地把形象思维与抽象思维紧密结合在一起。这里作为间接思维的推论是依赖于形象的帮助，很自然地把无形的花香有形地跃然于纸上了。（4）情感。情感是形象思维不可分割的重要组成部分。这主要是情感与形象是密切联系在一起的，形象渗透着情感，而情感则推动着形象由此及彼地转换。要培养学生高尚的审美情感，并用这种情感去统摄整个思维过程，能够在情感与理性的结合上达到对作品形象和意蕴的情感性把握与创造，使学生的创造性的形象思维得到充分的发展。

3. 创造性思维的培育

学生在学校学习虽然是以接受知识和技能为目标，以再现性思维为主要方式，但是，学生从不知到知，从不会到会的过程，绝不是被动的接受、简单的重复，其间也充满了积极主动的心理建构活动，充满了不同水平和层次的创造性活动。因而，教师绝不可忽视对学生创造性思维的培育。创造性思维的培养，应重视直觉思维、灵感思维和发散思维的培育，重视学生知识经验的积累，重视让学生参与各种不同类型的活动，增强他们发现问题的意识，并让他们养成多思善想的思维习惯。发散思维的培养，主要是教学生善于多角度地思考问题，要让学生善于通过联想、想象、猜想和推理开拓思路，并教给他们一些多向思维的方法。创造性思维的培育，还应重视对学生思维品质的培养，如思维的独立性、灵活性、深刻性、批判性和敏捷性等。

四　教学过程中的思维能力培育

阅读是以理解为核心的认识活动，即以阅读的方式去领会和把握文章的内容实质与表达形式的思维过程。写作过程，从广义上讲，是指从观察、体验生活，积累素材，一直到动手写作和修改成文的整个过程。在阅读写作过程中的各个环节均涉及对学生思维能力的培养，下面着重谈以下三个方面的问题。

（一）观察能力的培育

观察，是人主动知觉客观事物的一种活动方式，是人类认识活动的开端，是思维活动的基础。学生观察能力的强弱，往往是智力水平的一个标志。

1. 观察的意义

观察是人们进行学习和工作的一种技能。俄国生理学家巴甫洛夫说："观察、观察、再观察。"英国生物学家达尔文说："我没有突出的理解力，也没有过人的机智。只是在觉察那些稍纵即逝的事物并对其进行精细观察的能力上，我可能更为突出。"牛顿从苹果落地发现万有引力定律；傅里叶受到一只苹果价格的启示，去研究当时的社会制度；威尔逊为五彩缤纷的云霞所吸引，设计了研究核物理的"云雾室"。所有这些，莫不受惠于敏锐的观察力。观察是人们在实践活动中认识世界、增长知识的重要途径。尤其是儿童青少年正处于知识和智力迅速发展的时期，观察对促进他们的思维发展更有重要的意义。苏联卓越的教育家苏霍姆林斯基曾说："在学校工作的36年使我深信，在小学里对儿童进行教学，这首先就是教给他们观察和发现世界。"他深刻地指出："教师劳动的文明，在很大程度上取决于观察在学生的智力发展中占有何种地位。"作为一名教师，应该对学生观察的意义有充分的认识，切实把观察能力的培育放在重要的位置。观察对儿童青少年发展的重要性主要表现在三个方面：（1）观察是思维赖以发展的基础；（2）观察是审美能力赖以发展的基础；（3）观察是语言赖以发展的基础。正因为如此，所以我们必须把观察能力的培养放在十分重要的位置。

2. 观察中的思维能力的培养

由于思维是观察这种特殊知觉的一个实质性因素，离开了思维，观察也就无异于一般的知觉，因而对学生观察能力的培育，除了应教学生学会一些观察的方法外，更重要的是应重视观察中思维能力的培育。从语文课来讲，学生写作记叙文或事物性的说明文，都需要把事物的具体形态写出来；而要做到这一点，就得在观察时很好地把握事物的形态特征。任何事物都有自己独特的存在方式和形态特征。所谓形态特征，即事物类与类、种与种之间，或某事物发展的各个阶段，其差异性的外在表现。在观察过程中，对这种外在差异性或特征的把握，是通过感知和思维的共同作用来实现的。尤其是要在语言的水平上形成一种清晰的认识，在感知的同时，还必须经过分析、综合、比较等一系列的思维过程。在阅读教学中尤其要体察作者观察事物的角度、方法并从中积累经验、知识。观察不仅要能够把握事物外在的形态特征，而且更重要的还要能够尽量地去考察事物之间的内在联系，去认识事物的本质。这就需要在感知的基础上，通过思维的分析，由此及彼去揭示事物之间的依存方式和因果关系，由表及里从外在表现看到事物的本质。在观察中，只有在这种抽象思维的引导下，才可能全面地、深入地考察和分析事物，达到对事物的本质的理解。观察也是提高写作能力的有效方法之一。古人写诗作文重在缘情体物，也都得有观察的功夫。杜甫诗"细雨鱼儿出，微风燕子斜"，正是观察细致所得。细雨落在水面，鱼儿常上浮。如是大雨，鱼儿就沉伏而不出了；燕体轻弱，风猛不能胜，只是微风才能乘势翻飞，故有"轻燕受风斜"之语。学生对所要叙述或描写的对象观察得越细，印象越清晰，文章就有可能写得越具体生动，越有真情实感。这是观察的结果，也是一个思维的过程。

3. 观察的方法

要有效地进行观察，掌握良好的观察方法十分重要。观察的主要方法有：（1）全面观察和重点观察。前者是对某一事物的所有方面都要进行观察，既要注意到事物比较明显的特征，又要观察到它们比较隐蔽的特征；既要观察到事物发展的全过程，又要了解到事物发展的某一阶段的特点；既要把握住事物的整体，又要考察事物的各个组成部分，从而对该事物有一个全面彻底的了解。后者是按照某种特殊的目的要求，只对事物的某一个或某几个方面作特别深入细致的观察。比如，教师指导学生观察时注意抓重点、抓特点。在复杂的人物、事件面前，学生往往不善于抓重点和特点，结果材料抓了不少，但精彩的却一点也没有。观察时要抓重点，要把工夫花在注意事物的特点上。只有在此基础上写出的作文才能不落窠白。(2) 直接观察与间接观察。前者是学生亲自进行观察，以取得可靠的第一手资料。后者是学生利用别人观察所得的材料或结论，进行验证、分析和概括，作出相应的结论。(3) 顺序观察与侧面观察。前者是按照事物的一定顺序进行观察。事物从空间上讲，有远近、里外、上下、左右、前后之分；从时间上讲，也有一个发展过程。所以，指导学生观察时应有一定的顺序，如由远及近、由内到外、由整体到局部或由局部到整体等。这样，有系统、有条理地去进行观察，便于智力活动对输入的信息进行加工编码，从而提高智力活动的速度和正确性。后者是根据事物或对象的某一侧面进行观察。如特写镜头，观察一个人物在特定场合下的活动等。

观察力在中学生的学习活动中是一种重要的智力表现，那么，如何培养中学生的观察力呢？首先，必须经常不断地向他们明确地提出观察目的、任务，加强观察的计划性。只有这样，才能正确地集中他们的注意，使之指向于必须知觉的方面。其次，必须激发他们的学习兴趣。在现实生活中，观察的领域是无限广阔的：大至天地日月，小至虫蚁草木。我们仰以观天文，俯以察地理。观察细心时，可以辨秋毫之末；观察粗心时，则不见舆薪。观察能否深入，关键在于观察者的兴趣。再次，要发展学生的言语能力。人的知觉形象，通常是用词来表示的，是和词密切联系的。在有第二信号系统参加知觉和观察活动时，就能更好地对事物进行分析和概括。因此在观察时，应引导他们的言语活动参与，作必要的观察记录、观察笔记，这样可以提高知觉和观察的质量。最后，要培养学生观察事物的良好习惯。叶圣陶说："平时心粗气浮，对于外界的事物，见如不见，闻如不闻，也就说不清所见所闻是什么。有一天忽然为了要写文章，才有意去精密观察一下，仔细认识一下，这样的观察和认识，成就必然有限，必然比不上平时精密观察仔细认识的人。写成一篇观察得好认识得好的文章，那根源还在于平时有好习惯。"良好的习惯主要有：随时留意生活的习惯，认真、细致的观察习惯，动脑思考和语言表述的习惯，等等。

(二) 阅读理解中的思维能力

阅读，是以理解为核心的认知活动，即以阅读的方式去领会和把握文章的内容实质和表达形式的思维过程。阅读理解与思维密切相关。它可以是抽象的理解，也可以是形象的理解；可以是分析性理解，也可以是直觉性理解。阅读理解能力包括语言理解，对作品内容与形式的理解，对作品鉴赏、评判性理解等方面。下面我们重点谈谈对作者思路的理解。

要理解文章的思想内容，就必须理清作者的思路。叶圣陶说："阅读首先要求达到真正的理解。而达到真正的理解，自觉地注意思路的开展是重要方法之一。"（《读和写》）又说："看整篇文章，要看明白作者的思路。思想是有一条路的，一句一句，一段一段，都是有路的，这条路，好文章的作者是决不乱走的。看一篇文章，要看它怎样开头的，怎样写下去的，跟着它走，并且要理解它为什么这样走。"[1] 所谓"作者思有路，遵路识斯真"就是这个意思。他甚至强调说："能够引导学生把一篇文章的思路摸清楚，就是最好的语文老师。"[2] 文章的思路，是作者思考问题的途径。写作时，作者每思考一步，就有一步的具体内容。思路一步一步地向前推进，思想内容也就一层一层地显现出来。当一个完整的思维过程完成的时候，思维所反映的思想内容也就完整地被显现出来。所以，作者的思路，正是体现着通篇思想内容的内部联系，它是文章思想内容得以表现的一种内在的逻辑结构。

1. 文章思路的常见类型

思路是客观事物反映在文章中的思想路线，有规律可循，我们可以从中归纳出一些常见的类型。依据不同的标准，可以划分出不同的文章思路类型。

以作者的思维形式分类，可分为下面几种类别：

第一，分析与综合。"分析"与"综合"是一组相对的概念。"分析"，是把一件事物、一种现象、一个概念分成较简单的组成部分，找出这些部分的本质属性和彼此之间的关系。"综合"，是把分析过的对象或现象的各个部分、各种属性联合成一个统一的整体。分析与综合，思路的方向是互逆的，在文章中又常常是相互配合、一起使用的。具体表现为：记叙文中的综述与分述，总写与分写；说明文中的总说与分说；议论文中的总论与分论。在阅读文章时，不仅要注意作者对客观事物是如何条分缕析的，还要注意分列的各个部分是如何组成为一个统一的整体的。如魏巍的《谁是最可爱的人》，从革命英雄主义、国际主义和爱国主义三个方面来表现志愿军的"最可爱"，三者各有作用，缺一不可。

---

[1] 叶圣陶：《叶圣陶语文教育论集》，教育科学出版社1980年版，第144页。
[2] 同上书，第692页。

第二，归纳与演绎。"归纳"与"演绎"也是一组相对的概念。"归纳"，是由一系列具体的事实概括出原理的推理方法。"演绎"，是由一般原理推出关于特殊情况下的结论的推理方法。归纳与演绎，思路的方向也是相反的，但在文章中也是互相依存、相互转化的。归纳与演绎作为一种文章思路，在议论文中表现得较为典型。

第三，形象与抽象。"形象"与"抽象"也可看成一组相对的概念。"形象"是具体的可感的个别事物，而"抽象"是从许多事物中舍弃个别、非本质的属性而抽出的共同的、本质的属性。记叙文、说明文中的描写，议论文中的事实与数据，各种文章中的比喻、拟人，等等，都是化抽象为形象的常用手法。

以作者的认知方式分类，作者认识的顺序可大致分为以下三种主要形式。

第一，纵向。纵向即文章思路沿纵的方向发展、深入。遵照事物发展的自然规律，或依次交代事件的起因、经过、结果，或顺序说明事物形成的过程或生产的流程，使文章条理清楚，层次分明。纵向思路有如通幽曲径，移步换景；又如山水长卷，次第展开，给人以"纵深"感。

第二，横向。横向即文章思路朝横的方向铺展、排列。按事物的性质，将人物事迹、说明对象或论述的问题等分成若干方面，再按其重要程度先主后次或先次后主排列顺序。横向思路有如双管齐下，左右开弓，或一石三鸟，多向出击，可以比较全面地展示对象方方面面的情况，给人以"广阔"之感。

第三，立向。立向即文章的思路从多层次、多角度构建纵向与横向之间的有机联系，既有纵向的深入，又有横向的拓展，形成一个有机的立向结构。立向思路如纵横交错、起伏有致的立交桥，给人以"深邃"之感。

以作者的认知结构分类，大致可分为时空、事理、心理三种类型。

第一，时空。时空即以时间的推移为序，或以空间交换为序，或二者兼而有之。这是记叙、说明类文章常见的思路。

第二，事理。说明事物的文章，常按由一般到个别（或由个别到一般）、由简单到复杂、由浅入深的顺序安排文章思路。

第三，心理。以作者的感情变化为线索安排思路。如杨朔的《荔枝蜜》，"我"对蜜蜂由讨厌到喜欢，又由喜欢到赞叹，再由赞叹到"梦见自己变成一只小蜜蜂"，思想感情逐渐升华。

2. 理清思路与思维的关系

理清思路就是理清作者的思维发展的过程,在这一过程中不仅能学习作者遣词造句、布局谋篇等写作技巧,而且还能锻炼自己的思维能力,提高自己认识事物、发现问题、表达思想的能力。

第一,理清思路与理解词句的含义。刘勰说:"夫人之立言,因字而生句,积句而成章,积章而成篇。"现代文章学也认为:段意是句意的流衍,章意是段意的串联,篇意是章意的贯注,书意是篇意的总合。文章作为一连串的意思演进过程,必须环环相扣,即字与字、句与句、段与段、章与章、篇与篇要彼此衔接,首尾一贯,前后一致,所谓"词不离句,句不离段,段不离篇"就是说的这个意思。例如《荷塘月色》在四、五两段集中描写荷塘月景,以较浓郁的笔致表达了作者获得"自由"后的适意之情后,在第六段的末尾,突然出现这样一句与四、五两段表达的感情不相合的感叹:

> 这时候最热闹的,要数树上的蝉声和水里的蛙声;但热闹是它们的,我什么也没有。

从语言表面意义来看,根本没有必要特别声明这热闹不是我的,但作者用一个分句说了不够,还用一个分句从反面再说一遍。从字面看该句也没有传达什么有用的信息。要理解这一句,就必须结合文章的思路。实际上,这句是作者情感发展过程中的一个关键句。它非常隐蔽地表露了作者的心迹:世事累人,那就暂且从荷香月色中找点解脱吧,但这种暂时的逃遁终究是解决不了问题的,我还是要回到现实世界中来。这一句,就是通过与蝉鸣蛙鼓的对比,传达出这种灰心、失望、悲凉和黯然神伤的心情。

第二,理解思想与理解中心意思。思路是围绕中心意思展开的,所以思路弄清楚了,中心意思也就凸显出来了。对中心意思的概括,是一个比较复杂而又对学生的阅读理解极为重要的思维过程。但是,在实际教学中,有的教师却忽视了学生这一有价值的思维过程的训练,他们往往把每一课段落大意或中心思想的现成结论轻易地告诉学生,要他们去记忆、背诵,这就使学生只能生吞活剥地记住一些教条的东西而失去了思维锻炼的机会。对文章中心意思的准确概括,是建立在对文章内容进行多方面、多层次的分析、综合、抽象、概括的基础上的。要了解一篇文章的中心意思，首先需要把文章分解为若干部分或若干方面进行考察，然后再把各部分、各方面考察的结果结合起来，找出各部分或各方面之间的内在联系，从而获得对文章整体内容的理解和认识。可见，对文章中心意思的概括过程，必须摸清作者的思路，必须经历一个由分到合的"分析—综合"的过程。在这一过程中，同时也在进行着抽象和概括。如张洁的《挖荠菜》这篇散文，时间跨度大，涉及的事情较多，但如果把握了作者的思路，抓住作者的情感线索："特殊感情"—"总是怀念"—"深感遗憾"—"我真希望"，就不难概括出文章的中心意思。这就是：从教育年轻一代树立正确人生观的高度，发出了"我真希望"缩短两代人之间的距离的心声。

3. 文章思路的基本特点

一篇文章，可以看作一个相对独立的系统，其系统中的要素按不同的方式可以组成不同的结构。

第一，层次性。系统是有层次的。一篇文章，从标题到结尾，像一段路程，要一步一步地走。层次就是文章内容与形式的顺序，是作者思考和表达的步骤。层次性讲划分，讲秩序，讲布局。它是客观事物发展的阶段性与作者思维条理性在文章结构上的反映。理清思路与分析文章的段落和层次尽管有联系，但也有一些区别。理清思路要多问几个"为什么"，要弄清作者是"怎样写"的、"为什么这样去写"等问题。

第二，连贯性。连贯是语言表达的要求之一，也是文章思路的基本特点。连贯即文章的内容衔接紧密，文章各部分间的"缝合"严密，显示出作者思想和表达的缜密。连贯性讲组合，讲衔接，讲谋篇。因此，在教学中，要引导学生多注意作者思路发展的变化之处。如场面的转换、情节的起伏、论证角度的转移等。抓住这些地方，就可以理清作者思维前后阶段或层次之间的关系或联系。

第三，统一性。一篇文章必须讲究内容和形式的统一。文章的统一是多层次、多侧面的，整体的统一以局部的统一为前提。在教学中，要从局部到总体，从总体到局部，循环往复。理清了总体思路，也有助于深入细致地理清局部思路。可采用理清段落层次，抓住文章线索，设计教学板书等多种方法。[1]

---

[1] 参见王相文、韩雪屏、佟士凡主编《中学语文教材研究导论》，东北师范大学出版社1997年版，第59页。

（三）写作过程中的思维能力

写作过程思维包括观察、积累、拟题、立意、选材、结构、文字表达及修改加工中的各项思维活动及能力。下面我们着重谈在这一过程中辩证思维和创造性思维的培养问题。

一篇文章要做到见解深刻并富有新意，就必须注意运用辩证思维和创造性思维。写文章，都是为了解决现实生活中的某一问题或者面对某一事物有感而发的。而所要解决的问题或者对象，它本身就是矛盾的对立统一，所以，在思考这一问题时也必须用矛盾的、联系的、发展的观点去看问题。在由抽象思维上升到思维具体的认识过程中，辩证思维应当成为形成中心意思的主要思维形式。一般说来，学生由于年龄关系，看问题容易只看事物的表面现象，而不习惯作深入一层的思考。对事物的认识容易作简单的肯定或否定，而不善于多角度地展开辩证思维。反映在作文中，就是泛泛而谈，无边无际，不会展开辩证分析，缺乏深度，缺乏说服的力量。为了培养学生辩证思维的能力，要对学生进行哲学常识的教育，使学生具有一定的理论认识，并运用于观察问题、认识问题、分析问题中。学会具体情况具体分析，全面地看问题，能透过现象看本质。如像"树木·森林·气候""文凭与水平"这样一类作文题，题目所涉及的两种或两种以上的事物之间都体现着辩证的关系。学生只有运用辩证思维去思考，才能形成比较深刻的见解，否则就会出现认识上的表面性和片面性。

创造性思维是人类思维的高级表现，但不应该理解为仅仅局限于少数创造发明者身上所具有的思想形态。对青少年学生而言，在学习过程中体现出来的新思想、新观点都应视为创造性思想的表现形态，它更值得我们去重视、去培育。美国心理学家吉尔福特认为，发散思维和聚合思维是思维的两种典型。前者，主要是从横向引导学生打破常规，从多方面寻求变异，发现新的现象，提出新的见解，解决思维的广度问题；后者，主要是从纵向引导学生认识事物的本质，使见解深刻，解决思维的深度问题。可见，发散思维和聚合思维如同创造性思维的两翼，缺一不可。只是两者所处的地位和所起的作用不同而已。离开发散思维，就不可能得到可供比较、选择的多种假设和途径，思维就只能沿着一个方向去思考，因思路狭窄而答案缺乏创造性；离开聚合思维，思维便只会漫无边际地发散，尽管其中有正确的、新颖的答案，也会因为不能集中而寻找不到最佳的解决方案。所以，发散思维和聚合思维是创造性思维过程中相互促进、彼此沟通、互为前提、相互转化的辩证统一的两个方面。如教师可提供一则材料让学生从不同角度提炼论点。这主要是从横向训练思维的广度，为学生从多方面思考问题，多层次、多角度展开发散思维创造条件；在此基础上，还要求学生为不同论点分别设想若干论据，再从中选择最佳论点和论据。这类训练，既要求学生从横向多方思考，训练思维的广度，又要求学生对几个论点和论据进行选择取舍，促进发散思维向聚合思维转化，从纵向训练思维的深度。只有经过这样的反复训练，写作的立意才能脱俗、新颖，避免老调重弹和一般化。当然这只是就思维形式而言，人们之所以会对同一事物产生不同的看法，从根本上说还取决于各自的立场和世界观，而单从思维方面来说，文章的中心、立意是否富有新意，的确与思考问题的角度有很大的关系。

五 发展思维能力的目标

充分调动思维的主观能动性，培养良好的思维品质，是发展学生思维能力的目标。人的思维品质不是天赋的，而是在教育的影响下，通过实践活动逐渐形成和发展起来的。

（一）培养思维的批判性

思维的批判性是指在人的思维过程中，善于严格地估计所依据的材料和精细地验证假设的能力。批判性思维所要达到的目标，是追求思维活动的深刻，即善于辨析正误，分清是非，对事物的认识不是仅满足于表面现象，而要透过现象把握事物的本质及事物相互间的关系，能够预见事物发展的结果。批判性思维是一种有约束的、实事求是的、严密的思维。也正因如此，它能在头脑中把符合现实的与不符合现实的暂时神经联系加以分化，达到正确、精细、深入地反映现实的目的。

为了使思维具有批判性，必须善于独立思考。独立思考包含着若干起着重要作用的因素，如敢于质疑问难的探索性因素、坚持一切从实际出发的求实性因素、主动打破自我框框束缚的应变性因素等。独立思考表现为凡事能够自己开动脑筋寻找解决问题的途径和方法，从而得出解决问题的答案。这就要求教师所设计的教学措施应具有思维向深层发展的导向性。

宁鸿彬老师在培养学生思维的深刻性方面采取两种训练方式：一是对事物追根寻源，刨根问底；二是据理析事，深究原因。如在教学《狼》这篇课文时，他提出这样一个问题："课文中的屠户在遇到狼之后，开始是很被动的，后来他主动行事，杀死了狼，取得了斗争的胜利。这说明了一个道理：任何事物都是在一定的条件下发展变化的。那么，屠户由被动变为主动这样的发展变化，是在怎样的条件下实现的呢？"学生踊跃发言，最后得出的结论是：当屠户对狼抱有幻想而采取妥协的做法时，他处于被动地位；当屠户拿起刀而采取斗争的做法时，他就由被动地位转到了主动地位。这就告诉人们，对待像狼这样的恶人，不能存有幻想，不能妥协让步，只有与之坚持斗争，才是应有的态度和做法。这个教例说明，教师从教材实际出发，针对学生的思维特点，可以逐步将其思维引向深入。

（二）培养思维的敏捷性

思维的敏捷性是指在人的思维过程中，善于当机立断从而及时解决问题的能力。敏捷性的思维是一种善思多谋、富有机智的思维，一个思维敏捷的人，面对客观事物的突然变化，能够积极地、迅速地作出理智的判断，既合情又合理。这种思维的特点在于能做到舍弃烦琐的思维过程，压缩思维的中间环节，使思维活动简约化。思维的敏捷性离不开观察、记忆、想象等智力因素。如果一个人的观察、记忆和想象处于停滞状态，他的思维活动自然也就无法进行，更谈不上思维的敏捷性。在教学中，教师可设置教学情境，使学生如身临其境，促使其积极思考问题。许多有经验的教师在这方面都作了一些探索性的研究。此外，进行快速阅读、快速作文、快速答问竞赛，都是训练学生思维敏捷性极为有效的形式。

（三）培养思维的广阔性

思维的广阔性是指在人的思维过程中，善于抓住问题的全局，思考问题时想得宽，想得远。这里有两个要素，一是思路通畅，一是思维面广。思路通畅是思维广阔性的必要条件。如果思路不通或思路阻塞，那么是不可能想得宽和想得远的。思维面广指的是思考问题的范围，范围越大，思维的质量就越高。在教学中，教师要引导学生进行多角度联想能力的训练，由某一事物联想到另一事物，拓展学生的思维空间。如有位教师，让学生以"月亮"为例，进行联想，学生思维十分活跃。从月光上联想就提出如下的角度：（1）由月光皎洁、柔和想到圣洁的母爱、纯真的友情；（2）由月光晶莹、洁白想到品格高洁的人；（3）由月光总是在人们最需要光的时候出现，想到在最困难的时候热忱关心别人的人；（4）由月亮不在白天出来与太阳争辉，而在人们最需要光亮的黑夜出来为人们照明，想到踏踏实实地工作不与别人争名夺利的人；（5）由月光的柔和朦胧，想到文艺作品、人物性格阴柔之美，进一步联想到在改革开放、竞争激烈的时代更需要阳刚之美。除此之外，教师还引导学生从"月"形上联想、从光的来源联想、从月亮的运转联想，学生提出二十多种联想角度，这就极大地激活了学生的思维。这样去联想、思考就可以培养思维的多向性、广阔性，有利于克服思维的单一性和封闭性。

（四） 培养思维的周密性

思维的周密性，指思考问题时，要做到精细、周到、全面，没有漏洞，不疏忽大意。如果遇到问题只是粗略地草草一想，所得到的认识很可能是片面的或存有漏洞的。这样就影响了思维的质量，得不到应有的认识。宁鸿彬老师教《七根火柴》这篇课文时，在指导学生读懂全文以后，提出了这样一个问题："这篇课文是一篇小说。小说中的人物是作者依据现实生活塑造的。既然如此，为什么文中的次要人物作者给他起名叫'卢进勇'，而文中的重要人物反而无名呢？"

一学生回答："作者不给无名战士起名，可以使读者想到那些为中国革命光荣牺牲而没有留下姓名的人。就是说，无名战士是为革命牺牲了生命而没有留下姓名的革命烈士的代表。"

教师说："很好。大家再想想，无名战士的思想、言行，还代表了什么？"

又一学生回答："还代表为革命献出了生命又留下姓名的革命先烈。"

教师说："很好。这样认识问题就全面多了。无名战士具有崇高的思想和高尚的行为，确实是为革命献出了宝贵生命的所有革命先烈的代表。大家再想一下，无名战士还代表什么人？"

另一学生回答："我认为，无名战士是全体红军将士的化身。因为全体红军将士都是忠于党的，都具有无名战士这样崇高的思想和高尚的品质，如果他们遇到了同样的情况，也会这样做。"

上述教例中，宁鸿彬老师一再追问，其目的就是引导学生对该问题获得全面、周到的认识，在使学生正确理解课文的同时，也培养了他们思维的周密性。

（五）培养思维的创造性

创造性思维是一种在解决问题时不受常规、经验的束缚和影响而独辟蹊径的思维方式，其重要特点是求异性、变通性、灵活性和独特性。

对于创造性思维来说，并非专指在创造活动中发明新技术、形成新观念、创建新理论时的那种思维过程。从广义上去理解，在思考的方法和技巧上，在某个局部的结论和见解上，有独到之处的思维活动，也是创造性思维。创造思维不是单一的思维形式，而是多种思维形式的协调活动和综合运用。它可以借助逻辑思维方法通过概念、判断、推理来认识事物，也可以借助直觉思维直接从事实材料中来认识事物，它是思维中诸多要素的优化组合，是在其他智力结构的基础上发展起来的一种思维能力。在解决问题的思维过程中，可以采用已知的最佳方法，运用求同思维，有方向、有范围地去思考；一旦发现依据原有的思路不可能达到预期目的，就必须从多种角度着眼，搜寻多种可能性和从多方面探求答案，运用求异思维，开辟新的有效途径，在山重水复中达到柳暗花明。

在教学中，教师要让学生积极参加各种创造性实践活动，注重培养学生多向思维、变向思维、直觉思维的能力，让学生在实践活动中诞生灵性与感悟，使创造性思维成为他们的一种自觉追求与行为。

中学语文教材改革的思考

随着语文教学改革的深入发展，人们越来越认识到教材改革的重要性。十余年来，语文教材改革取得了很大的成绩，各种不同类型的教材纷纷问世，冲破了教材编写独此一家、别无分店的局面。但总的说来，教材的改革还没有突破性的进展，还处于探索阶段，正如有的人指出的那样：教材改革是"戴着镣铐跳舞"。教材改革难度大，周期长，涉及大量的理论问题，而对于这些问题，我们并没有作出科学的解答。因此，在语文教材的编写过程中有很大的盲目性和随意性。

长期以来，中学语文教材沿袭了传统语文教材"文选型"的编辑体例。从梁萧统的《昭明文选》开始，一直到民国以后仍作为重要教材的《古文观止》都是把一篇篇选文作为语文教学的基本单位。这种体例是以选文为主要内容、以讲读为主要方法来培养学生的语文能力。然而，这种体例有其明显的弱点，其主要表现在文章的选定都是依据编辑者的选文标准为定准，很少去考虑学生的年龄特点和接受实际。一篇文章，可选在初中课本，也可选在高中课本，甚至可以出现在大学语文课本中，这样，造成教师在实际教学中，想讲什么就讲什么，高兴怎么讲就怎么讲，讲多讲少，讲深讲浅，没有一定的衡量标准。

现代认知心理学派认为：学习的实质在于具有内在逻辑结构的教材与学生原有认知结构（即已有知识经验）的相互作用，这样的互相作用可以使新教材在学生头脑中获得新的意义。学生的原有知识结构是编写语文教材的依据，而具有科学性的教材又可促使学生的知识结构的转化。现代科学技术发展极为迅速，电影、电视、录音、录像、报纸、杂志等现代传播媒介极大扩展了学生的视野。20世纪80年代的学生知识结构不同于六七十年代，更不同于四五十年代，如我们的教材几十年一贯制，势必造成教材内容与现代生活实际脱离。从当前使用的教材所选内容来看，反映现实社会生活、表现当代人特别是青少年的思想情感的内容太少，这就在相当程度上削弱了教材应有的生动的教育性和丰富的思想性。教材应选一些文质兼美的传统名篇，但对传统名篇要作具体分析，不能一概而论。有些名篇距离学生的生活阅历、思维发展水平较远，学生在学习时往往很被动，不容易接受，这就要分析原因，适当抽换。有个单位对1772位初中生作了一个调查，同样是名家之作，朱自清的《春》有64%的学生喜爱，而老舍的《济南的冬天》只有12.7%，差别如此之大，令人深思。

　　传统的教学把学生当作毫无生命的容器，不考虑学生自身的特点，不考虑学生的接受状况，其重点仅仅在研究教材的结构意义。教师分析讲授的所谓"意义"，只是他自己的理解与文章发生的意义联系，而不顾学生的兴趣、状态如何，这种"意义"很难引起学生的共鸣，学生往往成了被动的接受者，这就导致了单向传递的"填鸭式"教学。在这种教学氛围中的学生，根本谈不上独立思考、自学能力的培养。"文章教尔曹"反映出传统教学的基本特征，其信息传播模式为教材（信息）→教师（信道）→学生（信宿）。现代信息传播理论的发展，改变了传统的信息传递模式，注重研究接受者的反馈信息，从根本上把重心转移到研究信息获取者的接受状态上来，人们的注意力不是放在如何"给予"信息上，而是如何"寻求"信息上。信息的本质不是原本的所谓信源的物质结构，信息的价值须由获取者（即信宿）的已有状态而定，信息不仅仅是信源的私有产物，而是由信道、信宿共同参与来确定其价值的。接受美学认为："文本"本身只是一种艺术的载体，只有在读者的阅读过程中才能成为审美的对象。所以，作为作家与"文本"之外的第三维——读者，乃是文学审美活动得以成立的不可缺少的一个方面。由于不同的"先结构"，对具体作品往往见仁见智，众说纷纭。一部《红楼梦》，"经学家看见《易》，道学家看见淫，才子看见缠绵，革命家看见排满，流言家看见宫闱秘事"（鲁迅《绛洞花主》小引）。学生阅读理解的先结构与知识背景、能力系统、思维发展水平有密切的联系，尤其是思维发展水平对学生的阅读理解更有直接的作用。一个人的思维能力发展有一定的顺序和阶段，因此，不同年级的学生都对文章的理解存在着差异，这种差异应作为我们编写教材的依据。作家写文章有一定的目的、内容、范围和读者对象，文章又有其浅层结构意义和深层结构意义，如许地山的《落花生》是选进初中课本好，还是高中课本好，或者根本不应该选，这都应依据学生的年龄特点、不同时期的心理特征以及认知心理状态而定。但令人遗憾的是，直到目前，国内有关语文教育心理学专著可以说是凤毛麟角，仅有的也只是心理学原理的移植，没有反映出语文教学的特点和规律，有些杂志上发表的语文教育心理学论文，都显得零散，没有形成系统。理论跟不上，是语文教材改革没有突破性进展的原因之所在。

教材的编写要根据学生的反馈信息不断进行调整，要有科学的论证。如初中学生喜爱记叙文，究竟喜欢什么样的记叙文？高中学生喜欢议论文，究竟什么样的议论文受到学生的欢迎？这就不能凭想当然。又如在文言文教学中，中学生是否都要学习文言文，文言文在教材中应占多大比例，究竟是分散教学有利，还是集中教学有利？由于对学生情况不甚了解，没有进行科学论证，因此，你说你有理，我说我有理，争来争去，结果是谁也说服不了谁。最后，还是以编辑者的主观意愿代替了结论。

学生对于教材编写并不是可有可无的，其作用表现为：（1）"学生的最好动机，乃是对所学材料本身发生兴趣。"一部教材要对学生有吸引力，它必须符合学生的年龄特征、心理特征的需求，这也是教育本身的性质所决定的。（2）教材的意义只能是学生的原知识结构与教材发生有意义联系的结果，而不能是别的。（3）检验一部教材是否有价值，最重要的是看学生的能力是否得到提高。因此从这个意义上说，对教材最有发言权的是学生。

被国际上誉为"课程现代化"的教学论三大流派，即美国的布鲁纳、苏联的赞科夫和德国的瓦根舍因，他们的理论有一些共同点：一是冲破传统观念，力图处理好教师、学生、教材三者的矛盾；二是重视掌握知识的基本原理、基本结构；三是重视学生的个性和才能的发展，倡导发展个性教育；四是强调教学论要建立在心理学的基础上。这些理论对我们构建科学的语文教材体系很有启迪。

传统的语文教材是单篇文章的排列组合，缺乏内在知识联系，没有向学习者提供具有科学序列的语文知识结构。学生的学习只是茫然地读文章、写文章，盲目地走着模仿、体会、摸索的路子，致使学生获得的知识孤立、零碎、重复，难以组成具有一定结构的有机整体。造成语文教学费时费力，但成效甚微的状况。因此，研究和探索教材的语文知识结构，是语文教材改革迫切需要解决的课题。语文知识的编写和课文的编选要相辅相成，互为联系，既要有科学性，又要有系统性。西安六中"以语文知识为主干，以课文为范例，以思维训练为中心，以培养能力，发展智力为目的"的教材改革实验；魏书生老师画"语文知识树"，帮助学生掌握语文知识结构的做法，都对此作了可贵的尝试，在理论上和实践上都作出了有益的探索。

教材改革是一项复杂的系统工程，而对于学生的研究是该工程的一个子系统。笔者认为教材改革，首先应把立足点放到研究学生的思维规律、心理特点、认识水平上来，仅凭借主观意愿，期冀构建一个科学的体系是不可能的，也是不现实的。其次，要搞横向联合，依靠集体的智慧进行教材改革。对重大的理论问题，要聘请教育心理学专家和有丰富教学经验的语文教师分专题进行定向研究。只有在理论上有所突破，才能打破教材改革徘徊不前的局面，把语文教材改革引向深入。最后，认真总结各种不同类型实验教材的经验，对学生进行追踪调查，统计数据，定量分析，摸索规律，为教材的编写提供参考依据。总之，对学生研究的加强，将会极大地推动语文教材改革的深入发展，使语文教材改革出现一个新的天地。

原载《中学语文》1990年第3期

语文教学与优秀文化传统教育

中国传统文化源远流长，它历经数千年的积淀，其博大精深的思想内涵已构成了我们的民族之魂。近些年来，随着国门的打开，西方文化奔涌而来，但西方文化中既有精华，也有糟粕，一些腐朽的东西同我们民族尚未清除的封建糟粕融合，致使中华民族的优秀文化传统遭到一些极端自由主义、个人主义、享乐主义思潮的猛烈冲击，以致出现了许多令人困惑的道德与科学文化相悖的现象。重新审视民族文化传统，继承与弘扬民族文化，是提高民族素质、增强民族凝聚力的重要内容，也是新形势对我们教育工作者提出的要求。

优秀传统教育应从基础教育入手，而作为中学基础教育的主要学科的语文教育更应在这方面发挥其学科独有的特点和优势。高尔基说过，"文学即人学"。中学语文教材大都是从文学宝库中撷取的精华。这些作品是人类精神、道德、睿智、理性、情感的反映，渗透着中国五千年来的文明，洋溢着孕育我们民族发展的永恒的传统美德。语文教学除了有助于提高学生理解和运用祖国的语言文字，帮助他们掌握这门工具以外，还应通过课文中优秀民族文化传统的教育，使学生学会怎样做人，怎样借鉴历史，立足现实。当然，这不同于政治理论的强化灌输，更不是在课文上、作品中贴标签，而是教材本身思想因素的一种自然而然的流露。语文教学中的形象感染、感情熏陶、潜移默化往往是其他学科所不能代替的。

文化传统是一个民族无法拒绝的历史传承。笔者以为在语文教材中文化传统主要表现在两个大的方面：第一，爱国主义精神；第二，民族传统美德。下面分别加以论述。

在语文教材中，爱国主义的内容十分广泛、丰富。壮丽的山河、悠久的历史、古老的文明和杰出的人物都是具体形象的爱国主义材料。《苏武传》中的苏武出使匈奴，被匈奴扣留后，遭到卫律的百般威胁和利诱，历经千辛万苦，不以个人身家性命为念，经十九年之久，集中表现了他养气守节、固守高尚情操的美德。文天祥为了实现自己"臣心一片磁针石，不指南方誓不休"的誓言，在元人百般引诱和九死一生的情况下，顽强地显示出了他忠贞不渝、刚毅不拔、舍生取义的精神品质。诗人陆游，在85岁高龄创作《示儿》一诗："死去原知万事空，但悲不见九州同。王师北定中原日，家祭无忘告乃翁。"此诗把诗人那种因不能亲见国家的统一深感遗憾、至死不渝的爱国激情表现得淋漓尽致，感人肺腑，催人泪下。鲁迅先生曾指出："我们从古以来，就有埋头苦干的人，有拼命硬干的人，有为民请命的人，有舍身求法的人……虽是等于为帝王将相作家谱的所谓'正史'，也往往掩不住他们的光耀，这就是中国的脊梁。"在中国历史发展的长河中，正是有这样一批又一批的"脊梁"，为民族的兴旺发达、为祖国的繁荣富强谱写了人生的壮丽篇章，铸成了民族的精魂。用这些杰出人物的品德、行为、思想去感染学生，可以激发他们积极进取、爱我中华、报效祖国的思想感情。1981年《人民日报》发表的《爱国主义是建设社会主义的巨大精神力量》一文所开列的82位名人，从古代哲学家到当代革命家，其中半数以上在语文课中出现；中宣部所提出的爱国主义宣传教育的内容素材十大方面，几乎无一不与语文有关。由此可见，结合语文教学对学生进行爱国主义教育具有得天独厚的优越条件。

民族传统美德是千百年所形成的一种道德规范，是传统文化作用于人们心理并影响其文化行为的各种观点和意识形态。在语文教材中它大体包括以下方面：（1）亲亲人仁的美德。这种传统美德是一种最普遍的德行标准，也是中国道德的基础。孟子说："亲亲，仁也""仁之实，事亲是也"。《孝经》在阐述这一原则时说："不爱其亲而爱他人者，谓之悖德；不敬其亲而敬他人者，谓之悖理。"这种以家族为本位的亲亲之情在社会生活中又进一步发展为"己所不欲，勿施于人""老吾老以及人之老，幼吾幼以及人之幼"。语文教材中反映不同历史时期的文学作品，或借助某种人物形象，或通过某一侧面，或直陈论理，辐射着这种民族道德的精华。旧民主主义革命者林觉民在《与妻书》里引用这一古语，翻出新意，向爱妻袒露"吾充吾爱汝之心，祝天下人爱其所爱，所以敢先汝而死，不顾汝也"的心迹，朱自清先生在他的《背影》中通过描写父亲在车站送别儿子的情景，或则写"我"的自咎自嘲，或则写"我"的动情落泪，直抒那种父子之间相爱相怜的感情，使得这种传统的"孝悌"之德性跃然纸上，令人感动。这种文化传统的传承时间跨度长达两千余年，足以证明"亲亲"这一传统道德影响之深广和久远。（2）正直诚信的美德，这是一种做人的道德标准。屈原正道直行，志气高洁，光明磊落（《屈原列传》）。左光斗虽被魏忠贤诬陷入狱，命在旦夕，但他临危不惧，刚直不阿，一身凛然正气（《左忠毅公逸事》）。近、现代史上的谭嗣同、朱自清、闻一多、方志敏等爱国志士都体现出这种高尚的人格。正直品格的一个很重要的标准就是不为功利或物质利益所动。《孟子·二章》中的《鱼我所欲也》就专门谈到这个问题。孟子认为，"取义"可以"舍生"，不能"舍生取义"的人，正是为"万钟之禄""宫室之妻""妻妾之奉"等物欲所蔽。诚信是为人之本，孔子认为"人而无信，不知其可也"（《为政》），不仅在人与人交往上应诚实守信，"与朋友交，言而有信"（《学而》），就是在研究学问方面，也应当以诚信出之，知道就说知道，不知道就说不知道，不容虚假的成分存乎其间。《卖蟹》中的小姑娘，《这不是一颗流星》中的小浩波身上就都具有这种道德风尚和传统美德。（3）谦和宽厚的美德。这实际上是中国文化"礼"之运作的结果，而这一种美德又形成了中华民族精神的包容性，使得中华民族这个大家庭和睦相处，继而产生强大的民族活力。《廉颇蔺相如列传》中的蔺相如何以在多次受辱的情况下，还能同廉颇结为"刎颈之交"？曾为赵国立下赫赫战功的大将廉颇为何能态度急转而"负荆请罪"？强暴的秦国又为什么不敢"加兵于赵"？这正是蔺相如为了国家的利益豁达大度、谦和宽厚所致，同时这作为一种美德又幻化成锐不可当的巨大的力量，震慑外敌，协和万邦。伟大的无产阶级革命家朱德同志的《回忆我的母亲》，极写母亲的宽厚仁慈，任劳任怨，从不打骂孩子，在家里与"长幼、伯叔、妯娌相处很和睦"。母亲的这种美德，对作者几十年的革命斗争生涯产生了巨大作用和深远影响。（4）勤俭的美德。勤劳、节俭是中华民族在生活方面的典型之美德，也是几千年来中国人民的共同价值取向。古人云"成由勤俭败由奢"（李商隐），"居安思危，戒奢以俭"（魏征）。课文《训俭示康》一文中，司马光通过自己的现身说法和大量的史实，从礼教人物举止、不同作风与不同结果等方面进行对比，诠释"俭，德之共也"这一生活—道德之间的密不可分的渊源。《梁生宝买稻种》的村支书梁生宝为了买回几斤稻种，睡在车站的砖墁地上，吃的是五分钱的面汤，节俭奉公。这说明勤俭作为一种美德，影响着一代一代子孙。

爱国主义和民族传统美德教育是语文思想教育的重要内容。下面就其教育方法谈谈拙见。

涵泳吟诵，情感熏陶。在语文教学中，对文章的反复朗诵、潜心涵泳，不仅能领悟到语言文字运用之妙，同时还可以因文悟道，把文字的语言形式和思想内容有机结合起来，收到极好的效果。如朗诵那些文质兼美、含义深邃的文章，并辅之以恰到好处的点拨，让学生感悟、联想，促使学生对优秀传统文化的深层思考。叶圣陶先生说："吟诵的时候，对于讨究所得的不仅理智地了解，而且亲切地体会，不知不觉之间，内容与理法化为读者自己的东西了，这是最可贵一种境界。"在教师的点拨下，学生能进入这种"境界"，本身就是对学生进行了一种潜移默化的教育，学生在不知不觉之中受到思想感情的熏陶。中学语文教材大都是文学篇章，其间都贯注了作者的思想感情。教师要做到以情激情，沟通情感，充分运用课文中的感情因素如情境、情理、情趣、情思，启发学生的生活感受，或让学生带着自己的生活感受自觉主动地去探求领会课文，使课文的情感因素与学生的生活感受相互沟通，撞击思维的火花，产生情感的共鸣。

引导讨论，加强实践。教师在深入挖掘教材的思想内容后，制定出切合学生知识基础、接受能力和思想水平的论题，启发学生展开讨论，提高学生认识的水平。例如，教《菜园小记》，可以从延安军民热爱劳动、乐观向上的高尚情操中，进行发扬延安精神，提倡艰苦奋斗的教育，以"做一勤劳朴实的中学生"为题讨论，并开展为班级、集体做好事的实践活动。这样，使学生在讨论中加强认识，在实际活动中切身感受到人与人之间的道德关系，体会到勤劳朴素的真正含义，从而产生深刻的道德认识，形成良好的道德行为和道德习惯。

组合归类，分析比较。语文教材中，优秀文化传统有其内在的联系。因而可就某一方面的文化传统道德进行组合归类，随文究底，加深认识。我国在编纂《中国传统道德丛书》的《规范德目卷》时，在整理分析传统道德资料和德目的基础上，归纳出18个基本规范，这些德目在语文教材中都有不同程度的反映。在组合归类的基础上再进行分析比较，鉴别孰优孰劣。比较可以是同一层面的，也可以是不同层面的，可以是平面的，也可以是立体的。分析比较一定要联系学生的思想实际和社会生活现象，有的放矢，对症下药，少发空洞议论，多让事实说话。对于传统文化道德中狭隘、保守的一面，教师也应实事求是地向学生讲清楚，不必讳言。

  继承是为了发展，是为了创新。继承和弘扬优秀民族文化传统是时代赋予教育工作者的历史使命。语文教学理应发挥其主学科的作用，为建设社会主义精神文明和培养社会主义的一代新人作出贡献。

       原载湖北大学《学校思想教育》1995年第4期

阅读先结构与阅读教学

阅读先结构是指学生在进行阅读理解前已有的知识结构、能力水平及其合理的组织状态。它的存在决定了阅读理解的水平，反映出阅读理解的差异。重视学生阅读理解先结构的研究，就可以正确处理阅读中学生与教师、学生与教材的关系，真正做到以学生为主体，改变语文教学中只重讲授，不重吸收；只重知识，不重智力；只重语言，不重文化心理；只重阅读理解结果，不重阅读理解过程的片面做法。促进学生阅读理解先结构的发展，是提高阅读教学效率的关键。

中国传统的阅读理论认为：阅读中的理解就是读者在自己的头脑中准确地再现作者的思想，复制出作者的本意。兴起于汉代的训诂学在阅读和解释经典时就极力主张要推究作者的本意，反对"望文虚造而违古意"。宋代学者朱熹的看法最具有典型性，在谈到理解问题时他有这样的论述："大抵读书，且须虚心静虑，依傍文义推句脉。看定此句指何意，说何事，略用今人言语体贴，替换一两句，说得古人意思出来。先教自家心里分明利落，如与古人对面说话，彼此对答，无一言一字不相肯可，此外都无闲杂说话，方是得个人处。"① 这段话明确地指出了理解就是"说得古人意思出来"，而且要达到"如与古人对面说话，彼此对答，无一言一字不相肯可"的程度。换言之就是准确地复制作者的本意。出于这种认识，朱熹反对在理解经典时掺杂个人见解，他说："某之解经，只是解圣贤语意，看其血脉贯通处，为子解释，不敢以己意说道理。"（《朱子学的》）在朱熹看来，作者的本意是作品中具有绝对权威的意义，在阅读中读者的头脑应是一片真空，不带半点属于自己的意思，只要毫不走样地把作者的

---

① （清）王懋竑撰，何忠礼点校：《朱子年谱》，中华书局1998年版，第415页。

本意复制出来就行了。

对于理解的标准，也并非没有与上述观点不同的看法。事实上，中国的古人很早就认识到现实与解释往往存在差距，《易经·系辞》中就有"仁者见之谓之仁，知者见之谓之知"的说法。宋代学者陆九渊就曾说过"学苟知道，六经皆我注脚"的话，认为可以从自己的主观意识出发来解释经典。但传统的语文教育对这种认识似乎并不赞成，以追求圣贤本意的正确理解的阅读观，在语文教育领域仍占主导地位。

在这种观念支配下的传统的阅读教学，就是由老师对经书作出自认为符合圣贤本意的唯一权威的解释，学生只要不加怀疑地予以接受就行了，而不注重让学生发挥自己主观的能动作用，积极地去认识读物反映出的多方面的思想意义。这种教学方法往往扼杀了学生理解的主动性，使学生阅读理解能力的发展受到限制，同时不利于学生运用阅读这种手段从读物中获得更多的启发和教益。

在阅读活动中，同一篇文章不同的人阅读会有不同的理解。即使是同一个人，在不同的时期阅读，其理解也不会一样。这是因为读者和作者常常不是处在同一时代和同一环境的，而且每个读者的知识基础、生活阅历、世界观也各不相同。阅读先结构的差异造成了对文章的多种理解，尤其是文学作品的阅读更是如此。文学作品往往给人提供一幅充满意义空白的画面，需要读者去填充空白。人们常说"一千个读者就有一千个哈姆雷特"和"诗无达诂"等，指的就是这种理解的多义性。

接受美学理论认为：任何文学文本都具有未定性，都不是决定性的或自足性的存在，而是一个多层面的未完成的图示结构，它的存在本身并不能产生独立的意义，而意义的实现则要靠读者通过阅读使之具体化，即以读者的感觉、知觉、经验将作品中的空白处填充起来，使作品的未定性得以确定，最终达到文学作品的价值的实现。理解本身便是一种积极的建设性的行为，包含着创造的因素。姚斯认为："一部文学作品，并不是一个自身独立向每一时代的每一读者均提供同样的观点的客体。它不是一尊纪念碑，形而上学地展示其超时代的本质。它更多地像一部管弦乐谱，在其演奏中不断获得读者新的反响，使本文从词的物质形态中解放出来，成为一种当代的存在。"① 美国学者格雷也认为："阅读不仅包括识字、悟意与解释，而且包括与实际相联系的一种活动过程。"(《国外语文教学概况》) 这都表明读者与作品有着密切的关系，也说明阅读先结构对阅读理解具有积极的意义。

在中学各学科教学中，没有哪一门课有语文阅读这样更能反映出理解先结构在学习中的突出作用。我们知道，理科教材是人类对自然认识的科学知识，由概念、定律、定理、规律组成，强调逻辑性、科学性，重在求"真"。其内容往往局限于一定的经验范围内，与学习者的生活无直接联系，心理距离较远。而语文教材则不同，大部分文章都是对人类社会文化生活的形象或抽象的反映，教材内容跟学生生活有千丝万缕的联系，其内容不仅重求"真"，而且重"善"与"美"。学习者无法将自己"悬置"起来，袖手旁观，冷静地审视它。读者总要在文章理解的过程中渗入自己的主观意向，伴随着强烈的主观感情，读者以自己的生活经验、认知结构来同化或顺应文章的内容，所以理解的先结构总是会积极参与到理解的过程中去。

鲁迅在谈到读者与读物的关系时曾说过："……但读者也应该有相当的程度，首先是识字，其次是有普遍的大体知识，而思想和感情，也须大抵达到相当的水平线。"② 可见读者的阅读能力结构包括这样几层意思：第一层是认读能力；第二层是语言和生活知识，即具有对世界的一定知识，以及一定的生活体验；第三层是思想感情，即较丰富的精神生活内容。必须指出：中学生的一般词汇积累水平和成人相差不是很大。有人统计：认识2400个汉字，在阅读一般文章时认字率可达99%，认识3700个汉字，认字率可达99.9%。现在对小学识字量规定为3000个，大量的实践证明，只要教学方法得当，掌握3000个汉字并不是一件十分困难的事情。再加上工具书的使用，中学生在阅读一般现代文上并无多大文字障碍。

语言知识也不是阅读教学的重点。乔姆斯基认为：一个人的语言能力是天赋的，儿童生下来就具有先天的语言习得机制，这是人类独有的。中学生从孩提时代就掌握了一定语言规则、短语规则和语义规则，再加上小

---

① ［德］姚斯、［美］霍拉勃：《接受美学与接受理论》，周宁、金元浦译，辽宁人民出版社1987年版，第26页。

② 鲁迅：《文艺大众化》，《鲁迅全集》第7卷，人民文学出版社，第579页。

学、中学的大量语言实践，学生对一般语法规则的掌握是较为熟练的。我们是培养能正确理解和运用语言文字的人，而那种大讲语法知识的做法对学生的阅读理解能力的培养是无济于事的。生活知识、生活体验和思想感情的积累是学生与成人最主要的差别。

在感知性阅读阶段，学生可以对文章内容进行线性把握，对文章的字面意思理解差异不是很大；在理解性阅读阶段，学生的分析、概括能力水平较低的弱点开始暴露，对文章的内蕴以至言外之意理解不清；到阅读的鉴赏性阶段，其差异性就更大，学生不能超出文章之外，以自己的知识系统与信念系统作为标准来判断鉴赏文章的内容、技巧，而且更难由此生发开去，进行创造性阅读。阅读能力结构与文章发生意义的联系用图示表示如下：

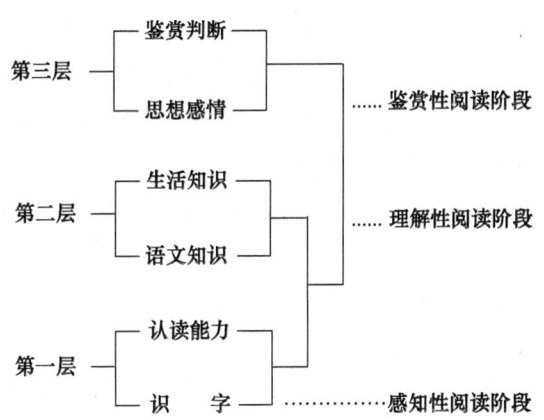

```
              ┌── 鉴赏判断
第三层 ───────┤                 ……鉴赏性阅读阶段
              └── 思想感情

              ┌── 生活知识
第二层 ───────┤                 ……理解性阅读阶段
              └── 语文知识

              ┌── 认读能力
第一层 ───────┤                 ……感知性阅读阶段
              └── 识  字
```

由此可见，它们之间的联系呈现一种交替上升的状况。认读能力、语文知识是阅读的基础能力，而丰富的生活知识、思想感情、鉴赏判断能力则是高水平阅读理解所必须具备的条件，也是提高学生阅读先结构水平的关键。

提高学生阅读理解先结构水平可以从如下方面着手。

1. 培养学生的自学能力，扩大其知识视野，拓展理解先结构的范围

叶圣陶认为语文教学终极目标是培养学生独立运用语文工具的能力。学生语文能力的形成和发展，必要条件之一是能够不断地获得广泛的、新鲜的知识信息，这样才能视野开阔，思想充实，反应敏锐。从这一角度审视中学语文教学，可以看出课内语文教学的局限性。首先，语文教科书中的知识信息与当前的社会生活和学生的思想实际都有一定的

距离，而每日每时在社会上产生的新鲜的知识信息却很少能进入课堂。其次，语文作为一门基础工具学科，课内教学内容必须侧重于字词句章等语文基础知识和读、写、听、说等基本技能，因而其知识信息相对来说比较单一。然而课内语文学习之所短，恰恰是课外语文学习之所长。当代社会信息传播渠道十分广泛，学生可以通过报纸杂志、广播电视等现代化传播工具迅速获取各种新鲜信息，包括国际时事政治、国内经济改革、重大科技成就、热门体育竞赛，乃至影视佳作新作等，这些新鲜而丰富的知识信息为学生深入认识社会人生，发展阅读、写作能力提供了必要的思想材料。

　　对学生自学能力的培养更是有益于学生理解先结构的发展，这是因为：第一，学生可以自由选择一些可以理解的、文学性较强的、趣味性大的文章阅读。阅读的方法是整体、直觉的，可以使学生阅读理解先结构与文章发生有意义的联系。第二，传统的阅读教学，在很大程度上只是教师与文章发生意义关系，学生处于一种被动的接受状态，学生对于并非自己理解的意义的理解是机械的。相反学生的自读则排除了教师强牵的外力，而是以自己已有的阅读理解先结构去同化和顺应文章的意义。

　　学生的经验来源有两个途径：一是直接经验，自己去体验、感受；二是间接经验，从书本中获取知识。对于中学生来说，他们主要还是依靠后者，从作品中吸取语言知识和生活知识。有些教师认为中学生课程负担重，没有时间去阅读课外书籍，因此既不主张，也不提倡学生去阅读课外书籍。实际上，中学生的课余阅读潜力是很大的，有人对中学生的课内阅读量和课余阅读量作了对比统计：初中一年级学生在一学期内所读的各类教科书约 70 万字，高中一年级学生在一学期内所读的各类教科书约计 130 万字；而在同一时间内，他们在课余进行感兴趣的课外阅读，阅读量分别可达 700 万字和 1000 万字。是前者的 10 倍和 8 倍，课内和课外的平均比值为 1 比 9。提高学生理解和运用语言文字的能力仅仅只依靠教材所规定的课文是远远不够的，教师要有选择地给学生提供一些中外优秀作品，反映现代生活、时代精神的时文，加大学生的阅读量，这既能丰富学生的语言知识，又能加强学生的情感体验。有些教师为应付考试，把学生死死框在教材内容这个狭小的圈子里，围绕教材设计种种对培养学生语文能力并无多大作用的练习，不是举一反三，而是举三反一，浪费了学生大量的宝贵时间。这种做法实际上是舍本求末，无益于学生阅读先结构的发展与提高。

2. 激发学生阅读兴趣

阅读是一个对书面信息符号产生共鸣（共振）的复杂情感活动的过程。在阅读中除了智力因素的参与外，还要有非智力因素的积极参与。非智力因素不仅提供阅读活动的动力，而且直接关系到阅读先结构的稳定、方向。兴趣的形成与发展跟学生阅读理解先结构的水平关系密切，已有的理解先结构决定了学生兴趣的倾向，而有兴趣的学习又将促进阅读理解先结构水平的提高。皮亚杰指出："一切有效的活动必须以某种兴趣为先决条件。"由于阅读的目标多种，兴趣的触发点也不同，中学生的兴趣广泛而又多变，因而阅读的内容经常转换。语文阅读教学应该从学生已有的认知兴趣出发，并以此为中心，逐步培养学生的广泛兴趣，拓展兴趣点，加宽兴趣面，把学生的阅读置于一个兴味盎然的气氛中，促进其兴趣的迁移，从而提高其理解先结构水平。凡是有经验的语文教师，在教学过程中都是十分注重把诱发学生的兴趣作为促使他们主动学习的巨大推动力。如《为了忘却的纪念》中有"仓皇失措地愁一路"这个句子，如果就词而论，"仓皇失措"的意思就是"慌慌张张，手忙脚乱"，这样解释一下，不可能引起学生的兴趣。可是，如果我们把这个成语放在课文的特定环境中去理解，把它所包含的丰富的内涵和特殊的情味揭示出来，那么效果就会迥然不同。鲁迅和柔石一起走路，柔石怕鲁迅被车辆撞着，鲁迅担心柔石是近视眼而又要照顾别人，会遇意外危险。他们相互照顾，以至一路上不得安心。"仓皇失措"就是用来刻画两个人一路上的紧张心理的。从这种紧张心理中，充分地体现出柔石敬爱鲁迅和鲁迅爱护革命青年的真挚情谊。学生理解到这一层，就能体会到"仓皇失措"这个成语在这一特定场合运用得很准确。这样，也就自然而然增强了学生学习语文的兴趣。此外，如导语的设计、教学结构的安排、教学节奏的把握都包含着重视激发学生学习兴趣的内容。

3. 教学中要引导、组织、协调、充实学生阅读理解先结构，使之构成有序的结构系统

语文教学和导演影片有类似之处。如果把感情比成电流，那么，导演就是要把脚本这一电流通过银幕把它和观众心灵接通起来。导演的困难在于如何使观众体验到他自己读脚本时所体验到的感情，教师的苦恼也在于

如何使学生体验到他自己读课文时所体验到的感情。如《狂人日记》反映的是早已过去的时代中发生人吃人的社会现象，而且又是通过一个"狂人"的心理与感受来写的，所以学生"入境"相当困难。有位教师教这篇课文时考虑到学生的直接经验几乎是空白，必须特别注意调动他们的间接经验，以尽量缩短他们与作品之间的距离，为此，该教师在教学课文前一反常规，花了很多时间，要求学生从读过的文学作品中举出具体事例来说明封建制度、封建礼教、封建迷信吃人的本质。学生从焦仲卿、刘兰芝谈到贾宝玉、林黛玉，谈到觉新、瑞珏；从孔乙己、阿Q谈到闰土、祥林嫂、华老栓一家，谈到夏瑜……教师还补充了《儒林外史》中那个道学先生劝说女儿为夫殉节等事例，引导和组织学生的先结构。讨论后，教师作了小结：在我国漫长的封建社会里，吃人并不是偶然的个别现象，表现也是多方面的，有政治上的迫害、经济上的压榨、肉体上的摧残、精神上的毒害等，即使是被吃者，有时也自觉不自觉地沦为吃人者的帮凶。最后，教师让学生思考：如果你处在那样一个黑暗的时代里，你将怎样思考？怎样生活？这些教学内容虽然没有直接接触课文，却为学生对课文的理解与体验提供了一个必要的基础。

文学作品有大量意义空白，对此教师不能强求一律，要启发、点拨、设疑鼓励学生积极思维，进行合理想象，培养学生求异思维的能力。苏霍姆林斯基说："应当知道，你在这些课上，哪些东西是要讲解透彻的，而哪些是要有所保留而不必说尽的东西，就好像是给学生的思维设置的诱饵。"[①] "有所保留而不必说尽"就是诱导，组织学生的理解先结构参加对文章的理解，对文章加深了理解又可以协调、充实学生的理解先结构系统。教师要经常不断地引导学生把理解先结构建构成为一个有序的结构系统，使之处于一个良好的备用状态，随时可以参与理解过程，从而使结构系统具有灵活的迁移性、高度的概括性、敏捷的应变性，构成具有个人特色的信息加工系统。

学生的理解先结构还与生理的成熟、心理的发展、思维能力有密切的联系。限于篇幅，这里不作探讨。

总而言之，只要充分认识到学生的理解先结构在阅读理解中的重要作

---

① [苏联] 瓦·阿·苏霍姆林斯基：《给教师的建议》，杜殿坤编译，教育科学出版社1984年版，第150页。

用,我们就可以在教学中勇于改革,探索出一条真正能培养学生独立阅读的路子来。

原载《湖北教育学院学报》1991年第2期

语文课程理念与语文教学改革

2001年经国务院同意，教育部颁发了《基础教育课程改革纲要（试行）》，同时《语文课程标准》与其他17个学科的课程标准同时颁布。这些重要举措是国家第八次基础教育课程改革的组成部分，代表了国家对中小学语文教育的要求，成为新世纪初叶我国中小学课程改革与建设的纲领性文件。

为了实现新课程的培养目标，同时针对现行的基础教育课程教材中存在的弊端，《基础教育课程改革纲要（试行）》提出了课程功能、结构、内容、实施、评价、管理六项具体改革目标。这些目标构成了这次基础教育课程改革的总体框架。

"为了每一位学生的发展"、以人为本是课程改革的价值追求与最终目标。此《纲要》指出："义务教育课程应适应普及义务教育的要求，让绝大多数学生经过努力都能够达到，体现国家对公民素质的基本要求，着眼于培养学生终身学习的愿望和能力。"因此，《语文课程标准》所设计的课程目标必须面向全体学生，使学生热爱学习、学会学习，获得现代公民必须具备的基本语文素养，为学生终身可持续发展打好基础。

所谓理念是一种准备付诸行动的信念，它既是一种观念，也是行动的初始。理念是人们在对某一事物现实的深刻分析和对未来的展望的基础上所形成的，因此，任何理念都具有时代性和前瞻性，是两者的统一。它与"观念"相近，但与"观念"相比较，"理念"带有一种"有创意"的含义。那么这次《语文课程标准》体现出哪些新的理念呢？下面分而述之。

一　全面提高学生的语文素养

"素养"一词，《现代汉语词典》解释为"平日的修养"，《辞海》解释为"经常修习培养"。故"素养"一般是指人通过长期的学习和实践（修习培养）在某一方面所达到的高度，包括功用性和非功用性。语文素养，也就是对语文有长久的修养、培养和训练，它的形成发展是一个不断积累发展的过程。

语文素养大致可分为四个层级：（1）听、读、说、写（显性言语行为）；（2）语文知识、言语技能、语言感悟和语文思维（支配行为的知能因素）；（3）语文动机，情感和态度，语文习惯和语文行为意志（参与支配行为的心理因素）；（4）言语主体的思想品德、修养、文化知识积累、智力水平、人格个性以及具体的言语环境等（言语行为的背景要素）。

由此可见，语文素养的内涵包括如下特点。

第一，语文素养是由多因素组成的动态系统。

第二，养成过程是一个多种要素相互作用、相长相生的过程。

第三，结构和运作总是存在于一定的语文环境之中。[1]

提出"语文素养"的目的在于进一步开发语文教育实用之外的功能，重视语文课程实施过程中增强底蕴、提高修养的功夫。

二 弘扬民族文化，强调人文精神的培养

中华文明历经千载，跌宕迂回，波澜起伏，奔流不息，博大精深。1988年1月，全世界诺贝尔奖得主曾集会宣言："如果人类在21世纪生存下去，必须回头2500年，去吸收孔子的智慧。"英国著名科学史专家李约瑟在研究中国科学技术史后指出，今天保留下来的各个时代的中国文化、中国传统、中国社会精神气质和中国人的人事事务，日后将在许多方面对指引人类世界作出十分重要的贡献。学语文，就是学文化。文化以文教化，实质就是人文化、民族化。语言文化陶冶是语文教学的灵魂，失却了灵魂，语文教学就只剩下一个空壳。学习祖国的语言文字，就要知言养气，读书修身，塑造完美人格。数千年来中华民族以"自强不息""厚德载物"的精神，改造自然与社会，创造了举世瞩目的文明，这些都是中国民族之魂。语文教学就是以此塑造、培养学生的爱国主义精神与民族感情。此外，还要学习民族崇德重义的价值取向、自强务实的人生态度、乐

---

[1] 参见倪文锦《初中语文新课程教学法》，高等教育出版社2003年版，第18页。

善好施的道德规范、见义勇为的做人品性、礼仪修身的伦理准则等，通过语文教学传承中华文化，弘扬民族精神，给学生打下精神的底子是语文分内之事。

我们的语文教育曾一度极力追求科学化，追求客观性、确定性的目标，这些降低了语文教育的效果，伤害了学生在语文学习中的兴趣和创新意识，背离了语文教育的特点，新课标在这方面所提出的要求与理念具有拨误反正的意义。

三　突出言语主体的实践活动，强调学习过程的体验性

《语文课程标准》遵循了学生语言学习的心理规律。语文学习既是认知发展的过程，又是情感体验的过程。语文教学要尊重学生富有个性的情感体验和思维方式，关注学生自身的体验和经验，使每一个学生获得必要的知识并学会学习。教师不应当以自己的理解代替学生的理解，而是应该与学生一起去探索作品、体验作品。体验是一种学习的领悟，由此及彼，由表及里引起联想的思考，从而有所认识，有所发现。体验是一种主动探求的体会，在字里行间神游遐想，移情忘怀，读出心得。体验是一种心灵境界，感悟生活，感悟人生；体验是一种生命活动的观照，是阅读主体与文本对话的结果，心心相印、心有灵犀；体验是学生自己的体验，自己学习、自己阅读的结果。

传统语文教育认为：字、词、句、篇、语、修、逻、文是语文知识的全部。这种语文教学知识观过于狭窄，它只是从静态的语言学的角度去分类，而广义的知识观包括陈述性知识、程序性知识、策略性知识（策略性知识是指学习者在学习情境中对学习任务的认识、对学习方法的选择和对学习过程的调控，如记忆的策略，写作、阅读诸问题的解决及策略），而程序性知识、策略性知识没有言语主体的实践，没有言语主体的参与是不可能实现其功效的。

四　遵循母语教育的规律，注重汉语文的特点

汉语文特别具有灵性，它是具象的、灵活的、富有弹性的，创造空间

特别的大；汉语文以单音节词为基础（因此识字、认读，积累、扩大识字量是小学阶段重要的任务），而传统词类讲虚实两分，虚词有较强的表义、表情的功能。句法重语序，修辞讲比兴；汉语中多义现象和同义现象较为突出（因此，语境教育、语感培养尤显重要）。汉语的文化性特别强，尤其是它的词汇和词组系统具有非常深厚的文化底蕴。与以上特点相联系，我国文学以抒情性强而著称于世。中国的诗歌代表了中国的艺术精神，可以说，中国的文化是一种诗性的文化。例如：《诗经》里"关关雎鸠，在河之洲。窈窕淑女，君子好逑"，显然，它不仅仅是一种爱情的表达，还包括一种古代文化道德准则和伦理观念，即"淑女"要配"君子"，美貌要与德才结合，推崇的是一种美与才、容与德并举的伦理规范和道德风尚。因此，有人说"外语就像一面墙，而汉语则像一幅画"。语言不仅是自然的代码，而且是文化的代码。从母语教育的规律出发，我们在教学中就不应该去照搬外语的特点，重语法、重逻辑、重秩序，而应重视积累、感悟、熏陶和语感，重视整体感受，发展学生的形象思维。

五 加强学生的学习主体地位，倡导研究性学习

在以学生发展为本的教育思想指导下，《语文课程标准》把教学从认识论推向价值论和本体论，使语文教学迈向一个新的台阶。在教学中，学生如果失去了学习的主动性和积极性，他们的智力就得不到充分发展。学习方式的改变有以下需要考虑的问题：学习方式的转变是课程改革的重要目标，学习方式的转变应充分考虑学生的学习心理，学习方式的转变应符合汉语言教育的规律，学习方式转变的核心问题是个性化和创造性，转变学习方式必须建立新型的师生关系。

突出学生的主体地位，必须转变学习方式，把学生从被动压抑的状态中解放出来，让学生在主动的、丰富多彩的语文实践的过程中获取知识，提高能力，增强素养。要改变以教师为中心的教学方式，使阅读和写作的教学活动成为学生实践的过程。提倡自主阅读、自主写作，提倡课内课外打通，提倡课堂教学活动化，提倡启发式、讨论式学习方式，鼓励研究性、探究性的学习方式。

六　树立开放性的教材观和课程资源观

新课程标准强调"教科书的体例和呈现方式应灵活多样，避免模式化"，"教科书应有开放性和弹性。在合理安排课程计划和课程内容的基础上，给地方、学校和教师留有开发和选择的空间，也要给学生留出选择和拓展的余地，以满足不同学生学习和发展的需要"。由此可见，新课程标准主张教材资源多样化，鼓励教师参与课程资源建设，以增强学生在各种场合学习语文、使用语文的意识，多方面提高学生的语文素养。这既是课程改革的重要组成部分，也是课程改革的亮点之一。课标中提出"吸收人类进步文化"的要求，这都表现出一种"面向世界"的开放意识，目的在于增强学生的全球意识，增进国际理解，吸取全人类进步文化，塑造高素质的国民。

参考文献

教育部基础教育司：《语文课程标准解读》，湖北教育出版社 2002 年版。

原载《湖北大学成人教育学院学报》2004 年第 2 期

语文教学要培养学生的现代意识

　　语文教学怎样进行思想教育是一个值得认真研究和探讨的课题。长期以来，由于我们对思想教育的理解过于片面和狭隘，往往强调语文教学的思想教育和政治形势近距离结合。随着政治气候的变化，语文教学时而重道轻文，时而重文轻道，一种倾向掩盖着另一种倾向。这样一来，语文学科自身的规律经常遭到破坏，语文教学的目的、任务也常受到冲击。当前，语文教学明显存在忽视思想教育的倾向，这应引起语文教育工作者的重视。

　　笔者认为，语文教学的思想教育应符合新的人才观和新的价值观的要求，要符合语文教学的规律和特点。只有冲破传统认识的局限，改变那种教条主义的古板说教，才能不断扩大思想教育范围，补充和发展思想教育的内容。下面就语文教学培养学生现代意识的问题谈几点看法，以就教于语文界同仁。

　　主体意识。主体本是哲学认识论的一个概念，其含义十分宽泛，这里是指个体认识主体这个层次而言。近年来，语文教学改革取得了令人瞩目的成就，在教学过程中，把学生作为教学主体的现代教学思想已经越来越多地为语文教育工作者所接受。然而，对学生主体意识的培养却显得十分薄弱，还没有被提到议事日程上来，这势必影响到语文教学质量的提高和语文教学改革的深入发展。

　　培养学生的主体意识必须注意学生的个性心理发展以及自我意识的特点。中国在历史上以家族为本位，并由家族、社稷形成了族产、族规、宗谱、宗法等一整套伦理规范。由这种"亲亲""尊尊"的观点衍化出的"三纲五常"制度，它抹杀个性，否认个人有独立于这种人伦关系之外的主体性。所谓"存天理、灭人欲"，就是要把有七情六欲的人变为一种纯

"理性"同一模式的躯壳。

新中国成立以后，我们无疑是正确地宣传了重视群体作用和国家利益的社会主义思想原则，但我们忽略了反封建主义的斗争，不尊重个性的社会观念还广泛存在。社会是由个人组成的，社会利益之所以重要，归根结底是因为个人需要社会代表和维护自己的利益，社会的发展是通过每一社会成员的发展来实现的。它们是互为前提、相互依赖、相互促进的辩证关系。而传统语文教学不管人的禀赋、爱好、性格，以及环境条件不同的差异，用一个固定的尺子、框框去衡量学生，什么都"一刀切""一锅煮"，"任务就是灌输这些内容，不能稍加发挥，不能问个为什么，更不能怀疑，考试按国家固定的内容和格式照答就行"[①]。这种教育严重地阻碍了学生思维能力的发展，这正是传统语文教学的弊端之所在。

自我意识是人的个性心理结构的核心部分，它能制约个人的发展方向并对个性发展进行适当的调节。青年时期是自我意识突出发展的时期，随着青少年身体的迅速生长与性的发育成熟，他们越来越把注意力指向自己本身，把自己本身变成意识的对象，从而使自我意识、自我情感体验和自我对待的意向都发生了新的变化。只要对学生的自我意识进行正确的引导，不仅能使自我意识的内容进一步丰富和深刻，而且能促进学生主体意识的生发，增强学生的主人翁责任感。

在语文教学中，如果学生缺乏主体意识，那么，在教学过程中以学生为主体的教学指导思想就不可能落到实处。教师要在弄清楚学生自我意识发展水平的特点和基础上，有意识地加强对学生自我意识的培养，促使他们的个性发展，使学生的主体意识在教学过程中得到充分的体现。只有这样，语文教学才会出现新的天地。

创造意识。教育从本质上讲是人认识世界、改造世界，同时也改造自身的创造性活动。对学生创造意识的培养，是时代对人才的要求。爱因斯坦在《论教育》中说："由没有个人独创性和个人志愿的统一规格的人所组成的社会，将是一个没有发展可能的不幸的社会。"因此，他认为："学校的目标应是培养独立工作和独立思考的人。"近些年来，思维科学的研究有许多进展，现代脑科学的研究证明：人的大脑左、右两半球各有不同的职能，左半球同语言、书写、计算、分析等抽象思维活动有关；而

[①] 万里在全国教育工作会议上的讲话。

右半脑则与直觉思维、具体思维、想象思维等活动有关。人的创造力既与左脑功能相关，又与右脑功能相关，只有大脑左右两半球平衡地发展，人的聪明才有可能充分发挥出来。没有形象思维，就不可能有创造意识的培养，对这一点，我们必须有足够的认识。从学生的思维发展特点来看：初中学生思维已具有独立性、批评性和创造性的特点，他们由于经验的增加，开始能理解事物的一些复杂关系，他们常常不满足教师或教科书中对事物现象的描绘和解释，而好独立地寻求和争论各种事物现象发生的原因和规律，对书本中的见解常常提出疑问或者不同的看法。对教科书和书上的结论，他们不随便轻信和盲从，而是独立地、批判地对待一切。中学生的这些思维发展的特点，是培养学生创造思维和创造意识的心理依据。

传统语文教学以传授知识为主要目的，使学生去获得原先已经确立的观点和方法，以对付过去和现在出现的情况，而创造性学习则是注意理解和寻求意义，从而提高人的发现、吸收、创造能力，以便能适应未来出现的新情况。

学生的创造意识是在不断进行创造性学习的过程中产生和发展的，教师要重视学生发散性思维训练，要引导学生从不同的角度，通过不同的途径去思考和解决问题。要鼓励学生质疑求异、勇于创新，要教给学生创造思维的方法和规律，在反复实践中，使学生的创造性活动成为一种自觉的意识。

审美意识。中学生正值青春时期，随着生理特征的变化，心理上追求的是情感与理性的平衡；智力也处于转折时期。他们对生活充满幻想，对现实事物有浓厚的兴趣，特别是随着我国形势的发展、科学技术文化的进步，人们的价值观念、生活方式、思维习惯都发生了急剧的变化。学生那种敏感活跃的天性、强烈的求知欲都驱使他们如饥似渴地寻求答案，以找到能满足他们身心两方面要求的东西。他们由于思想还不成熟，往往片面地追求新奇、时髦。针对学生的实际，用美学知识转变他们的盲从，把他们的兴致引导到正确方向上来，是符合新时期思想教育的特点的。而语文教学进行美育教育具有得天独厚的有利条件。中学语文教材有大量的古今中外文学名著，这些作品内容十分丰富，熔自然美、社会美、人物美于一炉。有赞美祖国山河的散文，有塑造人物灵魂的小说，有富于艺术欣赏情趣的诗词。这些作品凝集着作家对社会、对人生的精辟的见解和强烈感情，反映了一定阶级、时代的要求，歌颂真、善、美，鞭挞假、丑、恶，有着巨大的认识价值和审美价值。在语文教学中对这些内容作适当剖析，有助于提高学生对美的鉴赏能力，陶冶他们的情操，丰富他们的内心世界。

在教学中，教师要把作品中的景物、人物、情节等联系起来作为一个整体来认识。要通过诱发学生想象，使学生从统一和谐的整体中，进入情景，产生美感，要从情景的转变中，看到事物的发展和它所显示的历史意义。

如果说德育主要是晓之以理、以理服人的话，那么，美育则是动之以情，以情感人。情感在人的意识活动中的作用是巨大的。列宁说："没有人的情感，就从来没有也不可能有人对于真理的追求。"文学作品都具有丰富的感情色彩。《文心雕龙》把文学称为"情文"。心理学家认为："能丰富人的情感经验的有力源泉是艺术和文学作品。"教师要通过富有表情的诵读、生动形象的语言，引导学生体物入微、探胜寻幽、披文入情、进入境界，从"境"中见到"形"，从形中感到美，进而从美中激发爱的激情，提高审美意识和审美创造的能力。

语文教学要培养学生的现代意识，首先教师必须改变传统的教学观念，破除"以课堂为中心""以教材为中心""以教师为中心"，树立开放课堂的教学观念，以学生为主、以教本为主的观念。

近二十年来，国外教育理论十分重视"潜在课程"的研究，所谓"潜在课程"一般是指形成学生非正式学习的各种要素。它包括除教材之外的所有影响学生语文学习、扩展学生人文认识范畴的部分，这部分能使我们感受到新的社会思潮、文化思潮的冲击，感受到时代气氛的演变。开放课堂是指语文教学要扩展其范围，把整个人生、社会、自然等作为学习的教科书，以适应现代语文教学的需要。读书是学习，生活也是学习，而且在某种意义上生活是更重要的学习。古人"读万卷书，行万里路"，讲的就是这个道理。"书上得来终觉浅，绝知此事要躬行"。没有生活经验的积累，没有广博的知识基础，没有较成熟的信念系统，你就很难体验文章的妙处，弄清文章的精华，跟作者的思想达到一定的交流，更不用说鉴赏文章了。

首先，树立"开放课堂"的观念，最基本的是要改变传统的教材观念。过去一般认为教材就只有教科书，这是很不全面的，这样的观念不能适应现代信息社会的要求。教本既包括教科书，又包括其他各种读物，甚至包括社会生活和自然界，只有建立这样的教材观，才能够和瞬息万变的信息社会保持同步发展。

其次，要根据学生的思维发展水平编写教材，选编和补充具有鲜明时代特色的课外阅读材料。过去，我们编写的教材往往都是从教师的角度来考虑，教材编写基本上沿袭了传统教材的编写体例，而且内容较为陈旧，缺乏科学依据。甚至有些课文出现在不同年级的教材中，没有什么标准可依，对教材内容的可接受性也缺乏数据统计和定量分析，尤其对学生理解的知识先结构更是不闻不问。接受美学认为：文学"文本"本身只是一种艺术的载体，只有在读者的阅读过程中才能成为审美对象。所以，作为作家与"文本"之外的第三维——读者，乃是文学审美活动得以成立的不可缺少的一个方面。由于不同的"先结构"（文化背景），对具体作品往往见仁见智，众说纷纭。学生阅读理解的先结构与其知识背景、能力系统、思维发展水平有密切的联系，尤其是思维发展的水平对学生的阅读理解更有直接的作用。一个人的思维能力发展有一定的顺序和阶段，因此，不同年级的学生对文章的理解存在着差异，这种差异应作为我们编写教材的依据。

现代社会是信息社会，信息是意识产生的源泉和发展的动力。中学语文教学应该从传统的知识体系中走出来，建立新的文理交叉、书本与现实交融的信息网络，以便与社会生活的节奏、科学发展的速度相适应，使学生的心理发展与现代社会同步化。教师要对信息的选择、输入做加工处理工作，选编一些积极、健康的课外阅读教材，向学生推荐一些有助于形成良好的道德形象、丰富的情感世界、坚毅的意志品质和创造性的认识的文章，要注意增加现代文的阅读分量，尤其是那些能体现时代精神的文章以及介绍新理论、新方法的说明文、科技说明文等，这对培养学生的现代意识具有重要的意义。

最后，教学方法要进行改革。近年来，新的语文教学方法不断涌现，呈现出流派纷呈的可喜画面。但是我们也必须看到，有些地区和学校由于缺乏现代教学观念，往往在教学中只见树木，不见森林，热衷于方法形式上的花样翻新，摆花架子，不能解决实际的问题。虽然也运用了引导、启发之类现代教学名词，但把学生引入教师事先安排的框框里去，用教师的理解代替学生的理解，启发的内容和引导的方向未超出教师已知的知识范围和已有的能力界限，这实际上还是"以教师为中心"的思想作祟，而

"以学生为主体"的教学思想,则名存实亡。从理论上讲,教师和学生对一篇文章的理解存在着差异,即使是同一文化层次的人,由于其他方面的不同,也会产生不同的理解。造成这种现象的原因,不仅是读者的知识结构不同,而且还有作品本身的模糊性与不确定性以及那些意义空白点。伊塞尔说:"作品的意义不确定和意义空白促使作者去寻求作品的意义,从而赋予他参与作品意义构成的权利。"(参见瓦尔宁编《接受美学》第238页)而我们有些教师正是剥夺了学生的这种权利。在用描写性语言的文学作品中,意义空白是大量存在的。教师要注重教学方法的组合和选择,探求教学方法的整体结构优化,要利用现代教学手段辅助教学,引导学生用自己的知识、经验、情感"填补"这些空白,让学生自己去想,去说,去做,自己去寻找答案,促进学生现代意识的发展。那种强求学生和教师观点一致的做法,正是忽视了学生的存在,把学生置于教学活动之外,抹煞了学生的创造性和自主性。

培养学生的现代意识是语文教学面向世界、面向未来、面向现代化,培养具有完善人格的创造性人才的需要。马克思说:"语言和意识具有同样长久的历史:语言是一种实践的,既为别人存在并仅仅因此也为我自己存在的、现实的意识。语言也和意识一样,只是由于需要,由于和他人交往的迫切需要才产生的。"[1] 现代意识是人们在语文教学实践中,人们对于语文教学本质、规律、关系等问题的认识。它和语文能力是紧密相连的。现代意识还包括民主意识、文化意识、竞争意识等。以上所谈,只是抛砖引玉,望能引起语文教学工作者对学生现代意识培养的重视。

原载《中学语文教学参考》1989年第4期

---

[1] 《马克思恩格斯全集》第3卷,人民出版社1979年版,第34页。

第二编

审美教育求索

语文审美教育与人的发展

教育与人的发展是教育学永恒的课题。教育，就其最为本源的意义上讲，它是使个体的人转化为一个社会意义上的有个性的人的实践活动。人在发展的过程中不仅要逐渐习得并掌握自身生存与发展所必需的各种知识、技能与能力，而且还要形成一定的审美意识、价值观念与思想品德。蔡元培先生称前一种教育为"现象世界"的教育，它着眼于满足人的生存与发展的功利性、工具性方面的需求；而称后一种教育为"实体世界"的教育，即"世界观"的教育，它致力于满足人的审美体验、精神发展、人格建构和人生信仰的培植等非功利性方面的需求，而这种教育应是教育的终极追求。语文课程标准现已明确提出应"提高文化品味和审美情趣"，并指出："语文具有重要的审美功能。"因此，认识语文审美教育与人的发展之间的关系，探讨语文审美教育的基本理论和规律，寻求语文审美教育的内容、途径，是语文教育研究的一个重要课题。

一

语文审美教育是实现全面和谐发展的人的需要。

早在18世纪，德国思想家、美学家席勒在人类工业文明刚刚露出曙光之际，就一针见血地指出工业文明可能带来的弊病。他说："现在国家与教会、法律与习俗都分裂开来，享受与劳动脱节，手段与目的脱节，努力与报酬脱节。永远束缚在整体中一个孤零零的断片上，人也就把自己变成断片了。耳朵里所听到的永远是由他推动的机器轮盘的那种单调乏味的嘈杂声，人就无法发展他生存的和谐，他不是把人性印刻到他的自然

（本性）中去，而是把自己仅仅变成了他的职业和科学知识的一种标志。"① 席勒针对人的单一化、残缺化和片面性，提出了通过审美教育全面发展人的感性和理性的观点。马克思扬弃了席勒观点中宏观空想成分，从研究"人的异化"入手，而把自己的思想奠基在历史唯物主义之上，从而科学地提出了关于全面自由发展的人的理想。马克思指出："共产主义是私有财产即人的自我异化的积极的扬弃，因而是通过人并且为了人而对人的本质的真正占有；因此，它是人向自身、向社会的人的复归，这种复归是完全的、自觉的而且是保存了以往发展的全部财富的。"② 这就是说，共产主义的理想从根本上说是为了人，为了"人而对人的本质的真正占有"，为了"合乎人的本性的人的自身的复归"。换言之，就是克服人因异化产生的残缺化、片面化、贫弱化，使人走向全面化、完整化、丰富化，或曰"全面和谐自由地发展"。

感性和理性对于一个全面自由发展的人来说都是不可或缺的。马克思不仅提出感性与理性的高度统一是全面自由发展的人的重要特征，而且通过他所创立的历史唯物主义，在人类社会的历史实践的基础上，为达到这种高度的统一进行了前瞻性的思考。童庆炳先生针对语文教育存在的弊端指出："应该从怎样的高度看待中学语文教学呢？可以有两个高度。第一高度，认为语文教学的基本任务是通过教学活动，使学生能读会写，培养学生的语文能力……从这一高度来看待中学语文教学诚然是必要的，不可或缺的，但我认为还不够。中学语文教学不仅要培养学生的语文能力，而且还要为培养德、智、体、美、劳全面发展的人，肉体与精神、感性和理性和谐发展的人尽一份力量。"③ 而后者正是语文审美教育的终极目的。语文审美教育的审美对象特别是文学作品都是感性与理性的统一体。一方面，它向受教者呈现出丰富多彩、五光十色、绚丽多姿的感性具体图画，通过对象感性世界的全面性、丰富性和多样性，生成主体感性世界的全面性、丰富性和多样性；另一方面，它通过受教者形式化、符号化能力的培养，通过艺术形式把人的生命活力、情感体验和各种感性冲动上升到理性，并使之得到理性的调节与升华，最终使人的感性成为融入了理性规范

---

① [德]席勒：《美育书简》，徐恒醇译，中国文联出版公司1984年版，第50—51页。
② 《马克思恩格斯全集》第42卷，人民出版社1979年版，第120页。
③ 郭预衡主编：《专家谈中学语文教学》，山西教育出版社1995年版，第130页。

的新感性，使理性成为浸透了感性的新理性，逐步达到感性理性化和理性感性化，即感性与理性高度和谐的理想境界。如果说理性与感性是指人与自身的和谐，那么，个人与社会、人与自然的和谐都与语文审美教育的审美对象有着十分密切的联系。语文教育中关于自然环境的描写是通过人类生产实践直接改造与作家的审美处理，无不体现出人与自然的和谐关系。语文教材中社会美的内容更是非常丰富，包括自然美、生活美、劳动美、人格美等。而这些美无一例外都体现出人与社会的关系。因此，语文审美教育是实现人的全面和谐发展的必需，这也是语文审美教育的终极目的。

二

人的发展的核心是个性的和谐发展。语文审美教育对学生良好个性的形成与发展能起到十分重要的作用。

对于个性，不同学科有着不同的理解。心理学认为个性是一种心理现象，即"个人的一些意识倾向与各种稳定而独特的心理特征的总和，也就是个性特有的特质模式及行为倾向的统一体"[1]。社会学则认为，个性植根于社会生活与社会关系之中，它被看成是社会背景的反映或依赖于社会背景。在哲学中，个性或指个体区别于他人的独特性，指个体的主体性，或指人们社会本质的特殊表现。作为教育思想和教育观念的个性教育主要是强调尊重人与人的个性潜能的发掘和良好个性优势的发展，主张培养全面和谐发展的具有良好个性的人，弘扬教育特色化，这也是现代个性教育的内涵。

语文个性教育与语文教育功能观有内有的联系。汉语文教育有其独特的功能和价值，其功能和价值又具有多层次复合性。无论是功利本位论还是人文本位论都往往把自己作为语文教育的核心功能或基本功能，然而，这种单功能论与汉语文教育的复合功能相抵牾，工具性要素与人文要素之所以能够合二为一，是汉语文的特征决定的。语文学科是从形式与内容两个方面发展学生的语言能力，兼具"形式训练"与"实质训练"的一门综合性基础学科。自 20 世纪 80 年代改革开放以来，思想解放运动掀起的一系列的文化热潮，也极大地推动了教育观念的更新与教育实践的探索。

---

[1] 《中国大百科全书·心理卷》，中国大百科全书出版社 1991 年版，第 270 页。

但是，由于升学与就业制度的改革相对滞后，片面追求升学现象暴露出基础教育中存在的严重问题。语文教育由于受高考指挥棒的影响，越来越忽视人文学科的文化内涵、价值意蕴、审美品位，而使之变成了琐碎的技术之学、推理之学。丰富的文本被僵化为权威的注释，多元的解读被溶解为唯一的所指，人物奥秘无穷的魅力被肢解为片面单调的阶级意识，个性消失了，个性教育也丧失殆尽。反思近二十年来的语文教学，更使我们认识到加强语文审美教育是发展学生个性的有效途径。

审美感受是指经由感觉器官进达心理活动而对美的事物进行感知的能力。对美的感受是一个极为个性化的过程，只有通过审美主体的切身体察与感受，才能与美的事物发生关系，进入审美过程，进而获得美感。在语文审美教育中，作为审美客体的教材，是通过语言文字来表达思想内容的，因此，审美主体要了解内容就必须通过语言文字的感知去领会它所表达的意义。要正确理解语言文字，进行审美过程，就必须培养学生的审美的"语感""通感""美感"，而这些阅读感知必须让学生充分投入审美活动中，充分自由地进入情境，细心体验，并尊重学生的个性化表达及创造地表现自我的自由。

审美想象是审美移情的深刻化，是情感的物化，即人在审美观照中，把自己的情移入对象之中，使之物化，从而体现人的思想性格。没有想象就没有审美。想象是人从现实世界达到理想世界的桥梁，是学生回归自我、体验自我的一种途径。语文教材中许多篇章都舍弃了日常生活的逻辑判断，而按照作家的情感发展，大胆地想象塑造出震撼人心的情感形象。学生阅读时，教师必须启发学生进行想象和联想，将语言符号具体还原为带有情感色彩的画面，进行感知、理解，这样学生才能从中得到审美愉悦。

审美鉴赏力是指对美的事物的分辨识别和整体领悟评价的能力，它是建立在较为深刻、独特的审美感受、想象、体验等基础上，理性因素相对突出的高层次审美活动。审美鉴赏力是个性化很强的实践能力。在鉴赏活动中，审美主体从来不是消极被动的接受者，他们总是根据自己的审美经验，受主观感情的驱使，发现、补充、丰富审美对象，赋予它新的活力、新的生命。审美客体总是潜藏着感染、诱发审美主体的力量。语文审美教育就是要把作品的艺术美和现实社会连缀起来，在教学过程中自觉地加以比较、融合，进行再造想象。这是使学生凭借教学活动唤起内心视象，由原有的表象推出新的表象的一种创造性的思维活动,也只有当学生的审美想象充分调动起来,才真正进入了鉴赏的过程,而这本身就能促进学生的审美创造力。

总的来说,审美教育的实质在于使人走向自由和谐。在这一过程中,它注重个体的审美感性素质的开发与提升,并以之为基础,激发个体的生命激情和活力,使个体自觉地达到解放心灵,自由建构人格的目标。

三

语文审美教育符合汉语文教育的特点,它对人文精神的弘扬具有至关重要的意义。

著名教育科学家乌申斯基就曾明确指出:"在民族语言照亮而透彻的深处,不但反映着祖国的自然,而且反映着民族精神生活的全部历史。人们一代跟着一代传下去,但是每一代生活的成果都保留在语言里,成为传给后一代的遗产。一代跟着一代,把各种深刻而热烈的运动的结果、历史事件的结果,信仰、见解、生活中的忧患和欢乐的痕迹,全部积累在本民族语言的宝库里。总之,一个民族把自己全部精神生活的痕迹都珍藏在民族的语言里。"[①] 也就是说,一个民族的语言,其实质就是一个民族精神和情感的载体,是一个民族精神、情感的符号,是一个民族生息繁衍的生命传递。就我们汉民族语言来说,它不仅是汉民族文化的载体,也是汉民族文化的构成。汉民族的文化精神主要是通过汉民族语言来传播和发展的,汉民族语言浸透着汉民族文化的精髓。汉语在几千年的发展历史中,深深地打上了民族的、历史的、地域的、心理的烙印,是一种从形式到表达都充溢着浓郁的人文精神的语言。汉语重整体、重和谐、重意合的特点,正是中华民族的意识、性格和思维模式的投影。源远流长的中华民族文化传统,深刻影响着汉语词汇的发展。上古神话、寓言故事、名人逸事、诗文名句、儒释道教义等融会、渗透到数以万计的词语、俗语和成语典故之中,使之具有浓厚的人文色彩。汉字不仅具有文化的意义,同时还具有审美的意义。汉字本身的图形特征使书面汉语具有了对于语音而言的

[①] [苏联]洛尔德基帕尼泽:《乌申斯基教育学说》,范云门、何寒梅译,江苏教育出版社1987年版,第157页。

相对的独立性。也就是说，语音并不是汉字识别的唯一途径，字形的视觉特征同样具有识别作用。另外，汉字多是一字一音节，大多数字本身就是词，它没有严格的形态和数的变化。加上汉语构句以意合为原则，注重语言的表达功能，不拘泥于形式上的逻辑性，因此汉字在句子中活动的自由度很大，使它可以追求一种奠基在纯粹的汉字视觉基础上的以意象为核心的修辞境界：言简意赅、意近旨远。同时它又可以超越口语的琐碎与粗俗，追求一种富有音乐性和节奏感的表达功能。不难看出，从汉字的产生到文言的形成，中国文化是一以贯之的，走的是一条重视形象思维和审美体验的道路，而不是西方以知性分析为主的路线。选入语文教材的作品，大都是堪称典范的语言精品。由于不同作家语言风格的个性差异，人各一面，文各一味，异彩纷呈，美不胜收。有的婉转曲达，巧比妙喻；有的视听通感，化静为动；有的乐景写哀，兴法起结；有的垫高拽满，断处皆续；有的映衬点染，随物赋形；有的浓艳见胜，有的淡雅见长；有的精工雕刻，有的造化天然；有的汪洋恣肆，有的涓涓若溪；等等。好的语言还有整齐之美、错综之美、音乐之美。《阿房宫赋》整饬工巧，骈散错落，读来语气张弛，文气回肠，韵味无穷。《赤壁赋》的语言则整散相间，整齐而不呆板，匀称又富于变化，参差高下，错综有致，更富有音乐美感。语言的音乐美，除了音韵的铿锵、谐调之外，主要通过节奏来体现。有规律的反复，语音的平仄交替，语调的抑扬顿挫，都能引起美感，可以说中国语言文字无处不显现出美的趣味和意蕴。

汉语言文字的美学属性毋庸置疑。

我们在培养人时必须依据汉语文审美的特点，只有这样，才能深入语言文字的深层，有利于发展学生的思维，有利于人文精神的张扬。

综上所述，我们认为语文审美教育是以塑造全面发展的完美个性为最终指向的形象化的情感教育，它对于学生主体人格的形成与潜能的发挥有着十分密切的联系，是人的发展不可或缺的重要组成部分。忽视语文学科的审美性，就是漠视中国传统文化精神；忽视语文审美教育，就是漠视学生的个性的发展与人格的健全。

原载《中学语文》2004年第4期

语文审美教育原理略论

美育，又称审美教育。审美教育是以美学理论为指导，以完善人自身素质、提高人的生命发展的理想人格为目的的情感教育。语文审美教育是以语文的内容与特性为对象、以塑造全面发展的完美个性为最终指向的形象化的情感教育，它对于学生主体人格形成与潜能的发挥有着十分密切的联系，是人的发展不可或缺的重要组成部分。可见，美育与语文审美教育有着共同的学科基础和相近的学科性质。而语文审美教育原理是根据语文审美教育的目的和任务，按照美的规律，为语文教学实践制定的具有指导意义的基本要求。它来源于语文教育实践，又指导着语文审美教育实践，是语文学科本质特征时代要求的反映，具有动态发展性。

一 语感与美感相统一的原理

语感与美感有着许多相似、相通之处。

首先，语感与美感有着相同的生理机制。语感是指对语言的敏锐的感受力和领悟力，美感是对客观对象所产生的一种爽心悦目的愉悦感受。语感之"感"与美感之"感"都是指人对具体可感事物的内在反应能力，联结作为客体的对象与作为感觉主体的人，因两者相互作用而生成。这种"感"，往往表现为"一瞬间"就把握对象的本质特征的那种心智技能或顿悟。就技能的生理机制而言，它是感觉主体在长期的实践中对内容与形式以及各种变化有了认识，并在大脑皮层的细胞之间，逐渐形成了牢固的联系系统，所以只要遇到一定对象的刺激，就会不假思索地快速感知。这是语感与美感的相同之处。

其次，语感与美感的形成及实施都有待于感受主体的资禀。主体的资禀对感受的产生至关重要，它关系到感受的丰富程度、活跃程度和感受的形成。对于感受主体来说，一是必须具有一定的文化素养。感受主体如缺乏相应的知识储备，缺乏相应的体验积累，要深入感受对象之中，是不太可能的；二是要有健全的社会化感官。对于不辨音律的耳朵，患有色盲的眼睛，最美的音乐、自然界及艺术品中的绚丽对它也毫无意义，因为语感与美感都需要感觉敏锐。

再次，语感与美感都具有大致相近的感受对象。从形成美的形象的可能性出发，审美对象主要有：人、艺术、自然物。语感的对象是语言，包括书面的语言与口头语言。书面的语言作品本身就包括社会、自然、人等范畴。文学是语言艺术，因此，语言不仅是语感的感受、体验对象，也是审美的感受对象。例如宋玉在《登徒子好色赋》中曾经描写过一个美人的形象："天下之佳人，莫若楚国；楚国之丽者，莫若臣里；臣里之美者，莫若臣东家之子。东家之子，增之一分则太长，减之一分则太短，着粉则太白，施朱则太赤。眉如翠羽，肌如白雪，腰如束素，齿如含贝。嫣然一笑，惑阳城，迷下蔡。"作者在这里运用的三个"莫若"，四个"太"，四个"如"，通过层层比照，步步推进，把"东家之子"的美充分揭示出来。由对语言的感知，上升到对人美的体认，使读者如见其人，如闻其声，如临其境，如坐春风。

最后，语感与美感在心理过程的最高层面上达到了融合。对于语感与美感心理过程的认识，目前还缺乏深入的研究，看法也不尽统一。我们不妨参阅一下有关的论述。禅宗《传灯录》有一则有名的"公案"："老僧三年前参禅时，见山是山，见水是水；及至后来亲见知识，有个入处，见山不是山，见水不是水；而今得个体歇处，依然是见山只是山，见水只是水。"[1] 这段记述也表明了感悟外物的三个阶段：第一阶段是感性印象；第二阶段由于进入认知层面而肢解了对象；第三阶段超越了知性认识，把握了对象内在之真，恢复了对象外在之貌，即物即真，有限与无限达到统一。第三阶段对于第一阶段不是简单的重复，而是否定之否定。由此可见，完整的"感"的过程总是从感性开始，穿越知性层面而达到志性领域。所谓志性就是得到一种愉悦、情感的满足，产生了一种快感。在这里

---

[1] （宋）普济辑：《五灯会元》卷十七，中华书局 1984 年版。

"语感"与"美感"得到了统一。①

语感与美感有着十分密切的联系,而两者的统一在语文审美教育活动中有着十分重要的意义。那么,在语文审美教育中如何实现两者的有机统一呢?笔者以为主要有以下几点。

积累与感悟。如果说没有一定词汇量的积累,没有一定的语法、修饰、逻辑等语文知识的积累,没有一定生活经验的积累,就不可能形成对语言的敏锐的反应力和感知力,更谈不上产生美感。古人云:"观千剑而后识器,操千曲而后晓声","世事洞明皆学问,人情练达即文章","腹有诗书气自华",都是说的这个意思。

揣摩与品味。就是要经常作一些比较,仔细琢磨出一些道理来。例如,朱光潜先生在《谈美书简》中曾就李白的《蜀道难》和韩愈的《听颖师弹琴》两首诗品鉴写道:"李诗突兀沉雄,使人得到崇高风格中的惊惧感觉,节奏比较慢,起伏不平。韩诗变化多姿,妙肖琴音,由缠绵细腻,突然转到高昂开阔,反复荡漾。结尾的两句就上升的艰险和下降的突兀作了强烈的对比,音调节奏恰恰传出琴音本身的变化。"这里,朱先生从音调与节奏方面进行细腻的分析,准确把握两首诗的不同特色,真切地体验出言语作品的情感变化,并上升到志性的层面,形成了美感。

联想与想象。语感与美感在联想、想象这一层面可以说达到了和谐一致。滕守尧在分析"珠圆玉润"这一个词时说:"在用珠圆玉润去比喻声音时,不仅是传达出一种真切的生理感受,也不仅仅是造成一种和谐感和舒适感,而且还有一种更加微妙的社会性联想:珠和玉都是人间稀有的宝物,一方面极为少见,另一方面又代表着某种华贵和高雅的性质。当用它们来比喻一种声音时,这种社会性的联想就为这种声音规定了某种更为朦胧微妙的高雅性和稀有性。"② 如果说对词义的理解仅停留在准确、形象这一个层面,而不能从联想、想象生发开去,那么这种语感只是停留在较低的层面,还不能与美感融为一体,只有对其进行"更加微妙的社会性联想"时,对"珠圆玉润"一词的理解与把握,才是立体的、全面的、富有美感的。

---

① 参见胡家祥《审美学》,北京大学出版社2001年版,第228页。
② 滕守尧:《审美心理描述》,四川人民出版社2001年版,第247页。

二　作品美与鉴赏美相互统一的原理

著名现象学美学理论家罗兰·英加登在他的《文学的艺术作品》中曾经指出，文学文本是以一种层次构造的方式存在的，一个文本是由四种异质的层次构成的有机整体。第一个结构层次是"字音和建立在字音基础上的高一级的语言构造"，即语音层次。第二个结构层次是"不同等级的意义单元"，也叫作意义系列层次或"意群"层次。第三个结构层次是"由多种图式化观相、观相连续体和观相系列构成的层次"，它指的是作品描绘的世界。第四个结构层次是"由再现的客体及其各种变化构成的层次"，这是指靠艺术作品的内在结构建立起来的"艺术世界"。上述的这四个结构层次之间的关系不是并列的，也不是简单相加，而是层层递进。[1] 在这里英加登显然强调文本构成的内在秩序性与整体性。这就告诉我们，在语文教学文本解读中，必须强化对作品本体的分析，透视文本的营造系统，即着力于对文本的构成特征、表现层次与深层结构进行艺术把握。一般来说，任何一个文本都存在一种内层的思维结构，即作品潜在的思维状态。这虽然是抽象的、动态的，但又潜示着文本发展的多种可能性，是作家主体审美心理的一种物化过程。[2] 如果按照中国传统文论的观点来看，英加登的文本层次结构大致可以分为三个层面，第一个结构层次即相当于"言"，第二、第三个结构层次即相当于"象"，第四个结构层次即为"意"。所谓"言—象—意"是读者解读文本的过程与阶段，是从"以意逆志"的接受角度来谈的。如果从作家表达的角度来看，其转换程序应为"意—象—言"。"言"就包括了语言的韵律美、意象美、人文美、节奏美；"象"和"意"就包括了作品的结构美、情境美、情感美、意蕴美、意象美、哲理美、形象美、主旨美等。文本的艺术美包含了艺术家对社会生活的想象、体验、认识、评价，它本身既制约着读者的范围、方向和路线，同时也为读者的想象留出了许多空白。如何正确去解读作品、鉴赏作品就成为读者一件十分重要的事情。

文学鉴赏是人们在阅读或视听文学作品时，为把握作品形象、领悟作

---

[1] 参见［波兰］罗曼·英加登《文学的艺术作品》，西北大学出版社1993年版，第291页。
[2] 参见曹明海《语文教育智慧论》，青岛海洋大学出版社2001年版，第238页。

品意蕴所进行的一种"披文入情""动情观照"的精神活动。它是一种艺术审美活动，又是一种艺术再创造活动，还是文学作品价值得以实现的必要条件。如何贯彻作品美与鉴赏美这一原理呢？下面谈几点看法。

异质同构，主客合一。作品美，不同于社会其他物质产品，和一般的精神产品也有区别，它是一种特殊的社会产品，有自己的特殊价值、功能和构造，有独特的美的形态。作为主体的鉴赏就必须揭示这种特殊产品的特殊价值、特殊功能和特殊结构。例如作品所蕴含的美与丑、悲与喜、崇高与滑稽等不同表现特性，以及它们同生活中的美丑、悲喜之间有什么联系与区别？为什么审美对象和审美客体之间能发生这种联系与共鸣呢？一般而言，在审美过程中，欣赏者总是以自己的情绪色彩、心理律动为基础，在对象世界中找到与自己情感结构相一致的客体，从而使得主体内心情感流向所形成的力场与对象的力场达到同形同构。这种物我情感的相互回流和有机对应，在格式塔心理学上被称为异质同构。也就是说，在审美体验中主客融为一体，不再分立，物我两忘，化在情思之中。所谓同构指的就是一个对应点的问题，而这一对应点在作品中是客观的存在，只是看鉴赏者能否具有辨别音乐之美的"耳朵"与辨识色彩之美的"眼睛"，是否具有相当的艺术的修养。

联想想象，进入情境。文学作品需要靠作者的鉴赏才能实现其价值。一个好的欣赏者，既要设身处地体验、领会艺术家通过作品传达出的深情密意，又要展开想象的双翼，去完成再次的创造，以使艺术美更加丰满。许多诗歌本身就是想象的产物，如不能从想象入手，就很难进入诗的情境。中国古典诗歌讲究含蓄，有些意思并不明讲，而是让欣赏者去体味、想象、领悟。如不善于体会和想象，就难以进入诗的意境。如刘禹锡的《乌衣巷》："朱雀桥边野草花，乌衣巷口夕阳斜。旧时王谢堂前燕，飞入寻常百姓家。"诗人不直接写人世的沧桑、宦海的浮沉，而以燕子更换主人来暗示人事的盛衰和变迁。这些地方不能只就字面去理解，而是要体会出"言外之意""韵外之味""弦外之音"，通过合理联想、想象，由诗歌的表层语义进入深层语境，从而体会其所蕴含的情思。

把握美质，分析美点。文学作品是一种文本，文本大致包括言语系统、语义系统、结构系统、文体系统几大块。这其中言语系统决定了文本的结构及文体系统，是文本的核心要素。文学是语言的艺术，是活生生的艺术画面，是人们审美意识物态化的集中表现，而文学语言则是描述人生图画的特殊工具，是集中传达人们审美意识的物质手段，它本身就存在着固有的特殊美质。因此，通过作品的语言去把握文学作品是解读作品的一把钥匙。一篇文学作品有许多地方值得去挖掘、分析，都可以找到一些美的切入点，但作为基础教育来讲，这样的点不宜过多、过于分散，而应确实找准"牵一发而动全身"的关键之处，讲得适当，讲得顺畅，讲得有味。

入乎其内，出乎其外。艺术鉴赏过程是一个"披文入情""动情观照"的过程。一方面，鉴赏者必须在理解语言符号的基础上，调动起各种感官对作品作具体、全面、深入的感受，同时还必须渗入自己的生活经验、知识积累，通过审美活动对作品的形象和意境进行体验，移情其间，设身处地，化身其中，为作品的境所迷、象所感、情所动，与作品产生共鸣。另一方面，鉴赏者还必须跳出作品的情绪氛围，对作品的内容与形式作冷静的分析，并把作品放到更大范围内去考察，通过综合分析，"沿波讨源"，从而对作品作出情感的审美判断。南宋陈善在《扪虱新话》中说："读书须知出入法。始当求所以入，终当求所以出……不能入得书，则不得古人用心处；不能出得书，则又死在言下。惟知出知入，得尽读书之法也。"鉴赏者只有在"入"与"出"的不断转换过程中，不断地丰富其审美经验，审美能力才能得到不断提高。

三　过程美与教育美相统一的原理

语文审美教育本身就包括过程与教育两个方面的含义，是两者之间的有机融合。过程是指事物发展变化的连续性在时空中的表现。语文审美教育过程是指在教师指导下，以学生为主体，对语文教育活动的各个层面的体认、体验、体悟的活动过程。教育美就是教育活动中的美。在教育实践活动中，教育主体把自己掌握真和实现善的本质力量以具体而又感人的形象展示于教育活动之中，因而使教育过程获得合规律性与合目的性相统一的自由形式并具有一定的审美价值。

教育美的内容与形式必须在教学过程中统一。教育的内容美主要是指教育的内容首先必须是真与善的统一，而且是生动、具体、鲜明、形象的。这就是说，教育内容不都是通过抽象的、逻辑化的理论和原理表现出来，有时可转化为生动具体的、可以直接感知的对象。当然抽象的、逻辑的也可以成为科学的美。教育形式美主要是指教育的形式、手段要有形象性、愉悦性等特点，要能对教育对象产生吸引力、感染力。教育的内容美与形式美是相互联系、相互依存、对立统一的，而这种统一必须在教育过程之中完成。教育过程是美的内容与美的形式的载体。教育过程结构的内在和谐，本身就体现一种美。教育过程是一个动态的过程，它是通过教育者与教育对象之间的信息沟通来实现的，这种沟通从根本上说表现为情感方面的沟通与理性方面的沟通。在这种沟通中，情感与理性紧密地联系在一起，没有"情"的"理"，是空洞的没有生命的理；而没有"理"的"情"，则是苍白的、羸弱的、没有筋骨的情。情与理的互相渗透，使得教育活动具有审美价值，所以，具有审美特征的教育始终是情感升华与理性复归相统一的活的教育。任何教育美都必然是一种以情感包含着形式、结构、秩序乃至某种节奏的社会理性和规律，并蕴含、积淀着某种生命意味。那么，如何贯彻这一原理呢？

首先，教学设计应富有创意，教学步骤应合理紧凑。教学设计要居高临下，统揽全局，纲举目张。钱梦龙先生曾说："赋诗作文，立意须高，教学设计，其理亦然。大至一个完整的教学过程的构思，小至一个教学环节的处理，都必须有一个制高点，才能居高临下，统揽全局；执教时也才能够胸有主见，导有方向。"所谓居高临下，就是设计者要胸怀全局，占据一个"制高点"，站得高，才能看得远。这个"制高点"指的是一种科学的教学观念，有了科学的教学思想、教学观念，才能洞察一切，正确处理好教学过程中各种纷纭复杂的关系，对内容作出精巧的设计。所谓统揽全局，指的是语文教学设计要通盘谋划，整体运筹，不可顾此失彼，捉襟见肘。所谓纲举目张，是要求教师设计时用一根思想和思维的红线把全局拎起来，提纲挈领，主次分明，始终保持教学思路的连贯性和明确性，使执教者成竹在胸，受教者一目了然，使教学过程的设计体现一种内在的理性美。

求实创新，是语文教学设计的根本。语文教学设计是施教的凭借，来不得半点虚假，必须做到实际、实用、实在。设计能根据客观的实际进行安排，衔接自然，符合教学的规律与学生的认知规律。此外，还必须做到内容扎实，操作性强，各项教学内容、各个教学步骤环环相扣，紧凑有序，不含水分。语文教学设计又是一项创造性的智力活动。为什么一堂成功的语文课能给人以美的享受，这实际就是在教学设计过程中人表现出自己的本质力量,在创造性活动中显示出聪明、才智以及理想、意愿和情感。这种本质力量物化在劳动成果上,劳动的成果则形象地显现出人的本质力量,从而产生了美。如果说教学设计"求实"体现了"求真"的一面,那么"创新"则更体现了"求美"的一面,而在教学设计过程中,这两者也是不可割裂开来的,应融为一体,相辅相成。

其次,教与学的过程应达到同频共振,协调发展,体现一种教育之美。语文审美教育的过程是教师和学生在相互作用中,遵循"同化—顺应"的心理机制,从低级到高级、从无序到有序地向前发展的过程。教师把内化为自己审美心理结构的教学内容美和各个环节外化、呈现出来,从而创造了新的美,并以此去唤起学生的审美经验,调动学生的审美兴趣。然后,学生从已有的审美经验出发、感知、选择和整合有关信息,并将其内化到自己的审美心理结构中去,使原有的审美心理结构发生量变。随着教育活动的展开和对美的认识的深入,学生原有的审美心理结构不能同化、容纳更高层次的审美信息,必须使原有的审美心理结构发生质变而重新进行建构,形成更为丰富的美感。因此,在教与学的过程中"同化"与"顺应"不断进行变化、换位,在动态的变化中达到和谐与统一。

四 科学美与艺术美相统一的原理

所谓科学美是科学所具有的美的一种形式或规律,它是美的一种高级形式。语文教学的科学性是指既能反映语文学科自身的内在规律,又能反映学习语文和教学语文的内在规律。所谓艺术美是指用带有艺术特点的方法和技巧所达到的最佳的效果所产生的美。语文审美教育作为一种融艺术与审美为一体的教育形式,可谓得天独厚,有着极为显著的优势。它不仅可以采用审美的、艺术的总体教育方式,而且审美对象中大多数是文学作品。语文审美教育对艺术美的追求不仅是作为手段技巧,而且是作为目的。福楼拜曾说过一句十分经典的话:"越要前进,艺术越要科学化,同时科学也越要艺术化。"现代教育家俞子夷先生在《教学法的科学观和艺术观》一文中,对教学中的科学美与艺术美的关系做过精辟的概括。他说:"我们教学生,如果没有科学的根据,好比盲人骑瞎马,实在危险。但是只知道科学根据而没有艺术的手腕处理一切,却又不能对付千态万状、千变万化的学生。因此,教学法一方面要把科学做基础,一方面又不能不用艺术做方法。"① 这里，俞子夷先生把教育看成是科学与艺术的统一，要求在保证科学美的同时，还要注意教学的艺术性。

科学美与艺术美的内容在语文审美教育过程中也是有区别的。科学美主要表现为教学、教师、学生、教材等方面的联系以及它们的内在与外在的规律、原理，它主要诉之于理性思维。艺术美一般指在审美教育过程中所体现出来的方法、技巧，以及对文本的形象化的阐述以及情感的投射等，它主要诉之于形象思维。因此，语文审美教育应注意理性思维与形象思维的有机联系。抽象思维是理论地掌握世界的方式，而形象思维则是形象地、艺术地掌握世界的方式。这两种掌握世界的思维方式对人类、对个体来说都是不可或缺的。语文审美教育应注重逻辑思维和形象思维协调发展，但文学审美教育尤其应以发展学生的形象思维的能力为主。

教学既是一门科学，同时也是一门艺术。科学是"求真"，艺术是"求美"，语文审美教育则应达到科学美与艺术美的统一。刘国正先生认为："语文的反映和表达要准确，不能夸大或缩小，不能失真；有些场合，这种准确性要求到苛刻的程度，丝毫马虎不得，这是科学的一面。语文的运用又要生动，状物如在目前，写人各尽其妙，说理娓娓动听，抒情扣人心弦，这是艺术的一面。"因而要求"语文教学既要有严谨的科学性，又要有感人的艺术性"②。刘国正虽然只是就语文教学的一个层面来谈，但这一观点与语文审美教育科学美与艺术美相统一的原理是完全一致的。

参考文献

［1］胡家祥：《审美学》，北京大学出版社2001年版。
［2］滕守尧：《审美心理描述》，四川人民出版社2001年版。
［3］曹明海：《语文教育智慧论》，青岛海洋大学出版社2001年版。
［4］童庆炳：《文学审美特征论》，华中师范大学出版社2000年版。

原载《湖北大学成人教育学院学报》2007年第1期

---

① 董远骞等编：《俞子夷教育论著选》，人民教育出版社1991年版，第75页。
② 刘国正：《十分有益的倡导》，见《语文教学艺术谈·序》，人民教育出版社1990年版。

中国传统美育思想述评

中华美育的历史源远流长，波澜起伏，曲折宛回，美育思想博大精深，底蕴丰厚，寓意无限。历史表明，一个民族只有具有独特的文化形态、审美形态，才会真正具有独特的生命形态。也就是说，一个民族的生命形态、文化形态和审美形态总是互相生成、互为因果、互相联系的。

下面我们试图从五个方面把握其内容实质。

一 "天人合一"的审美境界

中国古代美学思想，非常强调人与天和谐、人与天相协调，从天与人的关系来谈人对自然的审美关系。在《易传》这部书中，我们可以看到中国古代最早论述了关于天地人三者统一的"三文说"。《说卦》中指出："立天之道曰阴与阳，立地之道曰柔与刚，立人之道曰仁与义。"在《说卦》的作者看来，圣人制作卦象时，将天地人综合起来加以考虑，这种对自然万物的亲情直观之中，又蕴含了审美的成分。《系辞》也提出了圣人设卦以仿天地之文的思想："古者包牺氏之王天下也，仰则观象于天，俯则观法于地，观鸟兽之文与地之宜。近取诸身，远取诸物，于是始作八卦，以通神明之德，以类万物之情。"从这里，我们可以看出古人将人文与天文、地文融合为一个有机的思维整体。中国古代，自然宇宙的变化与农作物生长关系密切，春生、夏长、秋收、冬藏，一年四季，循环不已；而自然界的万物，各有自己的位置与次序，多样统一，互相协调，彼此和谐，宇宙生命才能运行不息。孔子所说的"天何言哉！四时行焉，百物生焉，万物育焉"（《论语·阳货》），都是对自然宇宙变化规律的体认与领悟。正是基于这种认识与思考，孟子则强调"上下与天地自流"。传统美学强调人要顺应自然，认为与天和谐，谓之"天乐"，唯有"天乐"才是最高的审美境界。因此，传统美学对自然、对社会、对人生的审美认识都是以追求这一最高境界为目标的。但不同的学派、不同的时代对"天人合一"也有着不同的解释。比如儒家讲天人合一，更看重个体为何去顺应、服从伦理纲常化的天道，而道家讲天人合一，更看重个体怎样去顺应生命之情，在自然无为中实现人生的解放。

二　美善真相统一的审美陶冶

传统美育十分重视用审美教育的方式来塑造理想人格，这是出于对人性问题的思考。中国古代的人性学说一般说来主要是从道德人性的角度去考察人性问题。孔子认为"性相近，习相远也"。这意思是说人的天性相近，由于后来的习染即社会实践不同造成了道德上的善恶。孔子不看重天赋之性，而强调后天的陶冶，认为后天教育是造就人格好坏的关键。那么，如何实施教育呢？无论孔子的"里仁为美"，还是孟子的"充实之谓美"，或是荀子的"不全不粹之不足为美"，都是把人的内在本质的完善，作为审美追求的内容，强调通过人的自我修养与审美陶冶，实现理想人格。儒家学派重在对人的内心"仁"的培养，要求用"仁"去调节人的情感，以实现"复礼"。道家学派则与之对立，认为"天地有大美而不言"（《庄子·知北游》），强调"无为而治"，认为人性唯有顺其自然，才能真正地达到美的境界。虽然，他们对美的解释角度不同，认识存有分歧，但重视人的自我修养与精神培育却是一致的。

在传统美育看来，美与善是一种辩证关系，美与善既相互联系、相互作用，又各有特点。美以善为前提，但善并不等于美，抽象的空洞的道德说教，不可能成为美。因此，中国古代美学特别重视"真"。"真"为善的条件，真实的善才可能是美的，才能体现人生的真实价值与意义。白居易在《与元九书》中将诗的感动人的要素归纳为情感内容与文辞声律两个方面，认为在这两个方面达到了尽善尽美的程度才能感动人。清代小说家刘鹗在论及古代文人悲剧身世与他们真情实感的创作时说："《离骚》为屈大夫之哭泣，《庄子》为蒙叟之哭泣，《史记》为太史公之哭泣，《草堂诗集》为杜工部之哭泣，李后主以词哭，八大山人以画哭，王实甫寄哭泣于《西厢》，曹雪芹寄哭泣于《红楼梦》。""吾人生今之时，有身世之感情，有家国之感情，有社会之感情，有种教之感情，其感情愈深者，其哭泣愈痛。"(《老残游记·自序》)这种真诚无伪的情感可以产生强烈的悲悯精神与思考精神，由此也使美产生了向真、向善的力量，达到真、善、美的统一。

三 人格完善的审美精神

中国人格精神是以道德境界与自我意识为基础，以意志毅力作为心理内核的。人格，是一种道德境界与意志毅力相融合的个体性。人格的这种特征，决定了中国美育定位于道德境界追求上面，美的境界与人格精神在本体论上得到了统一。[①]

如果说，中国传统美育是以达到人与天谐、人与人谐的自由为最高境界，那么，中国传统美育的核心，则是建构真、善、美相统一的理想人格。不论是孔子讲的"文质彬彬""温柔敦厚"，还是孟子提出的"充实之谓美"并认为"富贵不能淫，贫贱不能移，威武不能屈"，以及宋明理学家倡举的人格理想，都是对人格美的根本要求。传统美育认为，"诚"是道德涵养与信仰。《礼记·中庸》说："唯天下至诚，为能尽其性；能尽其性，则能尽人之性；能尽人之性，则能尽物之性；能尽物之性，则可以赞天地之化育，可以赞天地之化育，则可以与天地参矣。"这里作者赞颂了理想人格，君子一旦具备了这种至诚无欺的道德水平之后，可以荡涤胸中偏私，精神得到升华，自我将会融入无穷的造化之中。道家对人格的理解与儒家有很大不同。庄子认为"何谓道？有天道，有人道。无为而尊者，天道也；有为而累者，人道也。主者，天道也；臣者，人道也。天道之与人道也，相去远矣，不可不察也。"(《庄子·在宥》)庄子尖锐地指出天道与人道是对立的，要以人道学天道，以天道为人道，实现人格的自由天性。这种认识虽然带有幻想审美型的特点，但它毕竟给处于守法社会中的人们，在森严的礼法秩序中指出一条精神自由与人格自由之路。中国美学的内在生命力，比如对于自由情性的追求，对于高风遗韵的向往，都与老庄的美学精神有关。中国美学史中讲究文品、诗品、画品、乐品、舞品，都是强调以人格"品"人，以人格"品"物，这是中国传统美育

[①] 参见袁济喜《传统美育与当代人格》，人民文学出版社2002年版，第127页。

潜藏于中华文化思想流程中的遗传基因。中国传统美育论正是缘于人格论而展开的，这也是中华审美精神的内核，不了解这一点，就不能真正理解中华美学的实质。

四　中和取值的审美规范

　　传统美育强调人与自然、个体与社会、情感与理性的谐调，这也就是逻辑必然地通向中庸中和的审美观念。《中庸》从哲学本体论阐发"和""中和""中庸"的内涵，强调"中"是"天下之大本"，"和"是"天下之达道"，"致中和，天地位焉，万物育焉"。孔子曾将《中庸》作为最高德行来推举："中庸之为德也，其至矣乎！民鲜久矣。"（《论语·雍也》）孔子评价文学作品，也贯穿了这种中和为美的观念，如说"乐而不淫，哀而不伤"（《论语·八佾》）。孔子认为《关雎》这首诗好就好在它虽极尽欢乐之情但并不过度，虽宣泄哀婉之意却不至于伤神。孔子又说："《诗》三百，一言以蔽之，曰'思无邪'。"（《论语·为政》）孔子对礼崩乐坏的局面，痛心疾首，认为首要的是恢复礼义，建设中庸之德。孔子对于人格的修养特别重视，从"中和"的规范出发，他提出"文质彬彬，然后君子"（《论语·雍也》）。这里的"文"指人的外在修养，即表现于具体人际关系中的言谈举止和衣食住行方面的礼节、修养等，这里的"质"则是指人的内在品质，即所谓"君子义以为质，礼以行之，孙以出之，信以成之"（《论语·卫灵公》）。孔子既反对文胜于质，也反对质胜于文，强调人的内在品格美与外在风貌美的统一。"温柔敦厚"是《礼记·经解》中提出的一种经过儒家诗教后形成的中和文化人格。唐代儒学大师孔颖达在《礼记正义·经解》中释"温柔敦厚"时指出："温谓颜色温润，柔谓情性和柔。《诗》依违讽谏，不指切事情，故云温柔敦厚，是《诗》教也。"他将传统的讽谏说与温柔敦厚说结合起来，认为"温柔敦厚"之人与人为善，情性和柔，最适合对君主进行讽谏，也是诗教的结果。从人格层次来说，"温柔敦厚"涉及根本的性情修养，它不仅注重"发而皆中节"，而且强调"喜怒哀乐之未发"，将深层的文化修养与人格陶染相结合，以至影响到整个中国的艺术风范。

　　必须指出，以"中和"作为审美规范主要还是以儒家为正统的传统美育思想，这其中也还有不同的声音。如以音乐为例，儒家强调的是

"乐者，天地之和也"，"和，故百物皆化"，"大乐与天地同和"，"乐极和"，"中和之美"（《乐记》）。而道家则看重"大音希声"，"大象无形"（《老子》）。前者更注重道德感化，后者更强调审美的感悟，虽然各有所重，但在"天人合一"的旗帜下又相融贯通。冲突与对立造就了传统美育的活力与生气，而互补则构成了传统美育的兼收并蓄的博大胸怀。传统美育与传统文化正是在这种摩擦冲撞中成长壮大、生生不息的。

把握中国传统美育思想的总体特征，就需要有参照系，需要与西方文化思想、美育思想进行对比。中华人在其生命形态、文化形态和审美形态早期形成的过程中，产生了影响深远的"太极说"；西方人在其生命形态、文化形态和审美形态早期形成的过程中，产生了"伊甸说"。"太极说"用哲学的语言高度概括了宇宙人生的生成与发展：太极生阴阳，阴阳之交生万物与人类。"伊甸说"用艺术的语言形象地描述了人类的由来与命运：上帝造亚当，亚当用自身的一根骨头造女人。上帝何以能如此？因为上帝是万能的。中西方共同点都是重视人类生命的自我超越，追寻生命的意义与价值。所不同的地方是，中华人强调万物"负阴而抱阳"的合，西方人则强调阴出自阳的分。故在思维方式上，中华人重整合，因而又重悟性；西方人重分析，因而又重实证。具体来说，在对自然的认识上，西方民族重万物的物性，中华民族重万物的灵性；在对人与自然的关系上，西方人强调对自然的征服性，中华民族强调人与自然的谐调性；在人与人的关系上，西方人强调人的个性张扬，中华民族强调人的人格修养。[①]

下面我们对中华美育观的整体特征作简要的分析。

（一）原生独创

中国传统美育思想观在周代已趋于成型，至春秋初具规模，至战国已奠定了基本构架。《周易》就是一本深厚而奇特的浓缩着中华哲学美学思想底蕴的奇书。其中"兼三才而两之"与天人合一的审美观至今还闪耀着中华智慧，为世人所瞩目。源远流长的中国文化，从它嬗变演化的轨迹看，它是一个独特文化系统，传统美育思想诞生于中国文化的形成时期，它充分显示出中国文化的内在精神和实践品格，如重视真、善、美的统

[①] 参见张涵、史鸿文《中华美学史》，西苑出版社1995年版，第3页。

一，强调人与自然的和谐，偏重于表现宇宙、人生内在的生命律动的气韵，注重艺术精神与人格修养的结合，等等，都具原生的独创性。它与西方的美学思想有很大的不同。难怪有些西方学者惊叹："东方艺术包含了西方艺术所没有的重要价值，这就可能在东方美学中发现可适用于任何地方的艺术与审美经验的重要悟性。"① 这种看法可谓振聋发聩，发人深省。

（二）有容乃大

传统美育思想之所以具有"大"的特色，与它是一种极富包容性、开放性的宏大结构和体系相关。一方面像海纳百川一样，吸取了当代累积的审美经验；另一方面，又敞开胸怀，对各派的美学思想，兼收并蓄、熔为一炉。概括而言，以北疆民族为代表的古代先进游牧审美文化的壮美风范就曾与以中原民族为代表的古代先进农耕审美文化的柔美风范相融相合。经春秋至汉魏这种势态更加为盛，先后将西域各民族的审美文化和南亚次大陆佛教中的美学思想加以吸收。隋唐时期开放的气魄更加宏大，不仅吸取中亚、西亚、南亚三大地域文化的精髓，而且还与古埃及、希腊、罗马、北欧等文化进行了广泛的交流。从秦、汉到近现代，传统美育思想发展几经周折，并受到佛教美学与西方美学的挑战，但在对"异质"美学的包容吸收中始终没有丧失其主体。西方学者威尔斯在其《世界简史》中，曾将盛唐的中国与中世纪欧洲进行了对比："当西方人的心灵为神学所缠迷而处于蒙昧黑暗之中，中国人的思想却是开放的，兼收并蓄而好探求的。"这正是"有容乃大"的特色本身所具有的包容开拓性与再生创造性使然。

（三）生生不息

中国传统美育观是一种全方位、主体式的大美育观。所谓"仰则观象于天""俯则观法于地"，"远取诸物""近取诸身"的掌握世界的方法和思维方式，就包孕了这种独特的大美育观。这种美育观认为，一切美的观念和范畴，都根植于人的生命活动，美育的实质就是要不断开拓人生命的内部审美空间与外部审美空间。正因为传统美育对人的生命的关注，对人的精神的关注，因此它具有顽强的生命力及无与伦比的延续性。从春秋

---

① ［美］托马斯·门罗：《东方美学》，中国人民大学出版社1990年版，第11页。

战国至近现代，可以说几经波折，几经跌宕，恰似黄河、长江之大流，前后相续、绵延不绝；并且代有高潮、名家辈出，蔚为壮观，使中国文化中的道德精神与艺术精神得以生生不息。几千年来，传统美育思想有如此的顽强生命力与精神延续性，这在世界史上也是极为罕见的。

（四）有机辩证

中国传统美育思想具有明显的有机辩证的特性。这与影响深远的"太极说"有关。"太极"即"阴阳"，"万物负阴而抱阳"，儒家美育思想中的"中和为美"实际上就包括了有机辩证观点，就是强调审美客体与主体的和谐圆融，从主客体的和谐推论到人人相合、天人相合，进而构造理想的审美境界。道家的美育思想在这方面更为突出，它甚至影响到后来所涉及审美活动的诸多范畴，如无与有，虚与实，静与动，柔与刚，质与文，神与形，情与理，道与文，拙与巧，等等，这都显示出中华民族独特而富有创意的美学思维能力。又如孔子说："知之者不如好之者，好之者不如乐之者。"知之，是求真活动；好之，是求善活动；乐之，是求美活动。在孔子看来，人类的求真、求善、求美之间是一种有机辩证的递进关系。又如苏轼在论及艺术主客体之间关系时写了一首《琴诗》："若言琴上有琴声，放在匣中何不鸣？若言声在指头上，何不于君指上听？"这种教育艺术性的表达之中就蕴含着一种辩证的哲理。中国传统美育与中国的哲学、文学是融为一体的，是一种宽泛意义上的大美学观。

简论近现代美育思想的历史嬗变

中国近现代美育，是指1840—1949年这一历史时期内的美育思想。鸦片战争之后，随着外国资本势力的入侵、古老的封建社会结构的解体，传统教育体系也受到西方近代教育体系的冲击，与此相适应，美育的内容与形式也随之发生了深刻的变化。中国近代美育的突出特点之一，是对西方美学理论的大量引进与借鉴。一些忧患之士，一方面悲叹中国固有生存系统的解体；另一方面怀着重振民族精神的伟大抱负，在对西方先进文化采取批判吸收态度的同时，开始了从更新、更高的文化层面上思索中华文化，包括审美教育的改造与重铸的问题。这一时期，许多杰出美学家通过对西方美学的吸收与融化和对中华传统美育的体会与反思，逐渐形成一系列具有重大影响的美育观念。

梁启超（1873—1929年），字卓如，号任公，广东新会人，中国近代史上著名的资产阶级改良主义政治活动家。在清末，梁启超就从资产阶级改良主义出发，积极介绍西方美学与艺术，并撰写了许多论著。梁启超虽然没有明确提出"美育"这一概念，但他一生很重视审美教育，认为情感与趣味是人类活动的原动力，他说："天下最神圣的莫过于情感。……用情感来激发人，好像磁力吸铁一般，有多大分量的磁，便吸引多大分量的铁，丝毫容不得躲闪。"（《饮冰室文集》卷三十七）他认为小说对人的情感影响有"四种力"，即"熏""浸""刺""提"。就是说，通过小说的渲染，可以使读者"入而与之俱化"，达到某种顿觉，从而成为一种力量。

梁启超的美学思想最突出地表现在对于生活趣味的论述中。他指出："我确信'美'是人类生活一种要素，或者还是各种要素中之最要者，倘若在生活全内容中把'美'的成分抽出，恐怕便活得不自在，甚至活不成。"(《饮冰室文集》卷三十九)由此出发,他强调"趣味"的巨大作用,甚至称自己"信仰的是趣味主义"。在《趣味教育与教育趣味》一文中,他说:"趣味是活动的源泉。趣味干竭,活动便跟着停止。……人类若到把趣味丧失掉的时候,老实说,便是生活得不耐烦,那人虽然勉强留在世间,也不过行尸走肉,倘若全个社会如此,那社会便是痨病的社会,早已被医生宣告死刑。"又说:"趣味是生活的原动力。趣味丧掉,生活便成了无意义。"他还认为,"人生在幼年青年期,趣味是最浓的,成天价乱碰乱进,若不引他到高等趣味的路上,他们便非流入下等趣味不可"。他之所以十分重视"情感教育"目的正在于此。遗憾的是,他并没有能够建立自己的美育理论体系,而且,由于他从改良主义出发,把艺术的作用夸大到决定一切的地步,这也是不符合实际的。

王国维(1877—1927年),字静安,号观堂,著有《红楼梦评论》《人间词话》等,辑有《海宁王静安先生遗书》104卷。王国维是中国历史上第一个在自己的著作中使用"美学"这一概念的人,并且将西方美学中的"美育""悲剧""审美"等许多成熟化的概念引入中国思想界。他并不是仅仅限于对这些概念作囫囵吞枣式的借用,而是结合对中国美学的精深把握,从美学角度利用这些概念来探讨审美的基本理论,并对美育的价值定义及主要功能特点进行系统、深入的探讨。

首先,关于美育的根源问题。王国维的美育思想深受德国哲学美学的影响。康德哲学从近代心理学出发,把人的心意机能分为智力、情感、意志三个方面,它们构成人类精神活动不同的心理根源,各自关乎不同的精神活动领域。智力关乎人类的理论认识活动,意志关乎人类的道德实践活动,情感则关乎人类的审美活动,而三种活动又分别体现出人类对与真、善、美三种不同的精神交织的追求。王国维正是以此作为论证美育根源及其合理性的理论基础。在《论教育之宗旨》中,王国维指出"教育之宗旨","在使人为完全之人物而已",完全之人物要有身体与精神两方面能力的发达与协调,"而精神之中又分为三部:智力、情感及意志是也。对此三者而有真善美之理想:'真'者智力之理想,'美'者感情之理想,'善'者意志之理想也。完全之人物不可不备真善美之三德,欲达此理想,于是教育之事起。教育之事亦分为三部:智育、德育(即意育)、美育(即情育)是也"。

其次,关于美育的性质。美育是借助艺术和其他审美对象进行的美感教育活动，它体现着一般审美活动的性质和特点。德国美学家基本上是以无利害关系来界说审美活动的性质。王国维深受此影响。他化用康德"美是无一切利害关系的愉快的对象"的判断，说"美之性质，一言以蔽之曰：可爱玩而不可利用者是已"。他还接受了叔本华、尼采的唯意志论美学和席勒的审美游戏说的影响来阐发他对于审美活动的心理根源和美育作用等问题的看法："美术之务，在描写人生之苦痛与其解脱之道，而使吾侪冯生之徒，于此桎梏之世界中，离此生活之欲之争斗，而得此暂时之平和，此一切美术之目的也。"

最后，关于美育的作用。美育的作用在于培养受教育者高尚的道德情操，使受教育者在美的熏陶中情感品德趋于平和端正。王国维对美育的功能如同他对德育功能的分类一样也划分为两个层次。他认为，美育的积极作用是：抑制人欲，暂时摆脱人生的痛苦，这显然是叔本华悲观主义思想在王国维身上的映现。他说："美术之价值存在于使人离生活之欲"，"美术之务，在描写人生之苦痛与其解脱之道，而得其暂时之平和"。消极的作用为：去恶，去功利之争，驱除不正当的嗜好。王国维认为，一切不良嗜好，皆缘于精神上的空虚，而艺术在慰藉人类精神上有绝好之作用，所以教育者必须重视美育，引导受教育者以高尚的爱好去代替那些不良的嗜好。

此外，王国维对传统"意境"问题的研究匠心独运，见解深邃。他的研究全面系统，不仅层次高，而且立意深、见解新。

更需要指出的是，美育之进入王国维等人的视野，不纯是出于对教育规律的认识，也是出于对教育的社会作用的关注。教育的作用在育人，育人的目的则在于解决人生与社会的问题，使其朝向更加美好的境界发展。在《论教育之宗旨》中，王国维认为，古代教育，如佛教抑压人的感情而使其能力专发达于一方面，而近代教育则专重智育，就培养完全之人物而言，皆非完全之教育，为达致人生真善美之理想，德育、智育而外，还有赖美育的参与。在这里，王国维从对教育史的反思角度切入，引出了他对教育规律的认识，引申出将美育作为理想教育之一的必要性。他虽然主要是以西方教育为理论、言说的根据，但其中显然也隐含了他对当下中国教育的现实性思考。

总之，王国维对美育的理解尽管尚有可商榷之处，但他首先主张对受教育者进行美育，阐明德育、智育、美育三者的辩证关系，较好地论述了美育的作用，不仅对中国近代教育的发展起到了积极的推动作用，对于今天的审美教育来说仍具有一定的现实意义。

蔡元培（1868—1940年）字鹤卿，号子民，浙江绍兴人，我国近代史上杰出的思想家、教育家。蔡元培对中国近代美育体系的建立作出了开创性的贡献。

蔡元培的美育思想是建立在康德哲学思想的基础上的。他把世界分为"现象"和"实体"两部分，将教育分为实体教育和现象教育两种，"军国民主义、实利主义、德育主义三者，为隶属于政治之教育（吾国古代之道德教育，则间有兼涉世界观，当分别论之）。世界观、美育主义二者，为超轶政治之教育"（《对于教育方针之意见》，1912年）。他所提出的"实体观念之教育"，就是指"世界观教育"。他认为世界观教育不能用抽象的说教，而是要用生动形象的情感陶冶，因此美育是最有效的世界观教育形式。他说，"美感者，合美丽与尊严而言之，介乎现象世界与实体世界之间，而为之津梁"。教育要达到由现象世界到达实体世界的观念的转化，必须以美育为桥梁，因而不可不用美感之教育。这样他首次提出将美育列为教育的内容之一，并与军国主义、实利主义、德育主义、世界观这四者并列提出，并形象地将美育比作实体教育和现象教育之间的桥梁，将美育提到教育的日程上来。这在我们提倡素质教育的今天应该说是很平常的事情，然而在当时可以说是非常有远见的。

蔡元培是一个"旧学深沉"的知识分子，他深受中国古代传统文化的熏染，尤其是儒家文化与思想，对他的影响更大。美育的概念虽然是近代才出现的，但美育的事实却早已存在于古代的教育实践中。对此，蔡元培有很深刻的体会。他认为，美育就是"美感教育"，在礼、乐、射、御、书、数"六艺"中，"乐"就是进行美育的专门科目，其他各项也都含有不同程度的美育因素。对于美育本身，蔡元培是这样认识的："美育者，应用美学之理论于教育，以陶养感情为目的者也，所以美育者，与智育相辅而行，以图德育之完成者也。"由此看来，蔡元培认为美育只是德育的辅助手段或途径，其目的是达到德育的完善，这是一种传统的"陶冶论"观点。他试图通过美育去陶冶国民品性，达到"鉴激刺感情之弊，而专尚陶养感情之术，则莫如舍宗教而易以纯粹之美育。纯粹之美育，所以陶养吾人之感情，使有高尚纯洁之习惯，而使人我之见、利己损人之思念，以渐消沮者也"。（《以美育代宗教说》，1917年）

对于美育与人的发展，蔡元培也提出了自己独到的见解，这与他的美育"陶冶论"的思想是一致的。他认为，"人的一生，不外乎意志的活动，而意志是盲目的，其所以恃以为较近之观照者，是知识，而以供远照旁照之用者，是感情"（《美育与人生》，1931年）。感情的巨大作用在于它能够推动人、打动人，使人做出一种高尚的行为，如杀身成仁、舍己为人等行为。"人人都有感情，而并非都有伟大而高尚的行为，这由于感情推动力的薄弱。而转弱为强，转薄为厚，有待于陶养。陶养的工具，为美的对象，陶养的作用，叫做美育。"

美的对象何以能陶养感情？"因为他有两种特性：一是普遍，二是超脱。既有普遍性以打破我的成见，又有超脱性以透出利害的关系，所以当着重要关头，有'富贵不能淫，贫贱不能移，威武不能屈'的气概，甚且有'杀身以成仁'而不'求生以害仁'的勇敢。"（《美育与人生》，1931年）通过美的事物，美的行为来观照人自身，从而达到一种陶冶心性的作用，这就是美育。

"以美育代宗教说"是蔡元培美育思想的出发点，他发表了一系列有关的演说和文章。他通过将宗教和美育进行对比，提出了许多有价值的见解。他认为美育和宗教存在很多的相同点。他说，"宗教本时代教育，各个民族，都有一个时代，完全把教育权委于宗教家；所以宗教中兼含着智育、德育、美育的原素"。"宗教之原始，不外因吾人精神作用而构成。吾人精神上之作用，普通分为三种：一曰知识；二曰意志；三曰感情……最早之宗教，常兼此三作用而有之……知识、意志两作用，即皆脱离宗教以外，于是宗教所最有密切关系者，惟情感作用，即所谓美感。""及文艺复兴以后，各种美术，渐离宗教而尚人文。"（《以美育代宗教说》，1917年）于是，宗教只在情感上与美育有相同的作用。

美育和宗教虽然在情感教化上有相似地方，都是以感情来感化人，但是这两种情感对人的影响是很不相同的。特别发展到近代，宗教成为科学发展的阻力，有很大的麻醉性和欺骗性。而美育却完全不同，给人的情感影响是积极的、健康的，是一种"良药"。

对于美育与宗教的区别，蔡元培在《以美育代宗教说》一文中概括为三点：（1）美育是自由的，而宗教是强制的；（2）美育是进步的，而宗教是保守的；（3）美育是普及的，而宗教是有界的。

宗教和美育相比，"宗教上的美育材料有限制，而美育无限制。美育应该绝对的自由，以调养人的感情"。蔡元培清楚地认识到了宗教中含着大量的落后、愚昧的东西，宗教是束缚着人的精神枷锁。而美育使人精神上得到解放，情感变得高尚，从必然走向自由。在此基础上，蔡元培提出了以美育代宗教的观点。这一认识本意是好的，但却难免有些偏激。宗教和美育有相似之处，但宗教也有它独到的功能。一个人的信仰和文化都与宗教有关，完全用美育来代替只是一种比较理想式的说法，很难在现实生活中行得通。

蔡元培还从家庭美育、学校美育和社会美育三个方面提出了美育实施的办法。就是在今天，也是非常有借鉴意义的。

鲁迅（1881—1936年），浙江绍兴人，中国现代文学与现代文化最伟大的开拓者与贡献者。鲁迅在早年就先后发表了《人之历史》《科学史教篇》《文化偏至论》和《摩罗诗力说》等长文，集中介绍西方先进的科学文化成果，并抱持振兴民族精神的态度宣传"立人"，即解放人的个性，通过个性的解放而致国家于富强，民族于强盛。他说："人既发扬踔厉矣，则邦国亦以兴起。"（《文化偏至论》）而他的《摩罗诗力说》正是这种精神在美学理论上的体现，通过对摩罗派诗人的介绍而宣扬一种"雄桀伟美"的理想。

鲁迅认为要用美育与文艺的手段来教育人民，造就健康的国民人格，当务之急是将国民从传统文艺观的积弊中解放出来，在这个基础上才有可能使他们接受新的文艺观，培养起高尚的人格，这与蔡元培的养育观有所不同。鲁迅认为中国传统的以孔孟老庄为代表的传统文艺观念，包含许多封建专制时代所需要的取消反抗、萎缩人性的因素。他力荐并倡导西方文艺界浪漫主义诗人与作家的反抗专制与强权的精神。鲁迅指出，从孔子开始的儒生说诗，总是以"思无邪"与"持人情性说"来要求诗人，结果使诗人的性情受到束缚，即令如屈原这样的伟大诗人，"放言无惮，为前人所不敢言，然中亦多芳菲凄恻之音，而反抗挑战，则终其篇未能见，感动后世，为力非强"。中国诗学中缺少西方诗人的激越、反抗的天魔精神。他批评道："中国之诗，舜云言志；而后贤立说，乃云持人性情，三百之旨，无邪所蔽。夫既言志矣，何持之云？强以无邪，即非人志。"（《摩罗诗力说》之二）

鲁迅在批判传统美学思想的消极落后要素的同时，吸取了西方的进化论与尼采的超人哲学，他认为对人的基本权利的肯定与尊重，是传统文化中最缺乏的东西。他说:"是故将生存两间,角逐列国是务,其首在立人,人立而后凡事举;若其道术,乃必尊个性而张精神。"(《文化偏至论》)这种首重"立人"而抨击唯物质是尊的思想,在今日中国现代化过程中,其价值不是看得非常清楚吗?当然,鲁迅在强调进取、变新和强力的同时,并不是排斥我国传统的优秀文化,而是要求以继承促创新,以借鉴古有而促进时变。如他说:"夫国民发展,功虽有在于怀古,然其怀也,思理朗然,如鉴明镜,时时上征,时时反顾,时时进光明之长途,时时念辉煌之旧有,故其新者日新,而其古亦不死。若不知所以然,漫夸耀以自悦,则长夜之始,即在斯时。"(《摩罗诗力说》之一)可以说鲁迅先生的一生都在倡导美育与人生的结合,致力于用文学与美育来改造国民性,塑造新型的国民人格,这是从更高美育层面上探索其意义与作用,至今仍然闪耀着思想的光辉。

朱光潜(1897—1986年),安徽桐城人,中国现代与当代最有影响的美学家之一。在他20世纪30年代写的《文艺的心理学》《谈美》《谈修养》等一系列论著中,对美育问题十分关注。他在《谈修养》一书中有《谈美感教育》一文,其中提出:"美感教育的功用就在于怡情养性,所以是德育的基础功夫。"朱光潜对利用中国传统美育展开审美教育态度非常鲜明,他指出:"从历史上看,一个民族在兴旺的时候,艺术成就必伟大,美育必发达……现在我们要复兴民族,必须恢复周以前的歌舞乐的盛况,这就是,必然提倡普及美感教育。"朱光潜对传统的意境问题也做过深入的研究,尤其是对王国维《人间词话》中提到许多文艺美学方面的问题,如"有我之境"与"无我之境","隔"与"不隔","主观"与"客观","意象"与"情趣"等,都作出了富有见解的阐释。朱光潜先生长期在欧洲求学,这使他得以广泛地接触西方美学,尤其是西方近现代美学关于"美感经验"的部分,对他影响最为深刻。因此,朱光潜在对美学的研究生涯中,将中国传统的美育与西方的美学思想融合为一,并带有明显的个人特色。

宗白华(1897—1986年),安徽人,是与朱光潜齐名的中国现、当代著名的美学家。他对于美育问题很早就投入极大的关注。宗白华研究美学注重感受与体验,强调意境与境界。他认为意境最深蕴的实质不是简单的物我交融与情景相会,而是其中所沉淀的生命精神。因此,在他看来意境是生命精神超越而入美的极致,意境则是具体表现那生动活泼的"生命的律动"。他认为，生命的流荡与节奏是宇宙的本体，而美、艺术则是生命律动的具体表现。他认为"美是丰富的生命在和谐的形式中"，自然界的美也好，艺术中的美也好，无一不启示着生命，无一不表现着生命，无一不是"生命的律动"的具体表现。他在1920年写的《看了罗丹雕刻之后》，其中就以抒情的笔调写到看了法国雕塑家罗丹的作品之后，自己激荡起来的生命冲动与精神升华。宗白华所说的"生命"绝不是一种生物学意义上的命题，而是蕴藉着对人生的文化追寻的积极探索，深含着一个广大无限的社会的、文化的精神境界，昭示着人之为人的真正的价值与意义。

宗白华先生在1919—1929年写的《说人生观》《怎样使我们生活丰富》《新人生观问题的我见》等文章中，着力主张用美育的方式来培养人、塑造人。这与鲁迅等人当时倡导的改造国民性主张有相通之处。

文艺学与语文审美教育

一 文学观点的蜕变与更新

　　文学的观念与时代发展密切相关。当前，文学观念正处在激烈的变革鼎新之中，无视这种变化，仍然用原有陈旧的知识来规范我们的看法，必然和日新月异发展着的时代格格不入。20世纪80年代，我国的社会科学发生了一次大的井喷，被排斥了近半个世纪的西方各种思想一股脑儿地涌进了我国。在文学理论界，以卢卡契学说为基础的文艺社会学面临着形式主义、存在主义、现象学、解释学、精神分析学、结构主义等众多学术思想的挑战。西方各种新的学术思想，逐渐被我国学者接受，并写进了大学教科书。朱立元先生认为，20世纪西方文艺学有两大潮流、两次转移、两个转向。两个潮流是指人本主义和科技主义，其中，庞德的意象主义诗论、柏格森的直觉主义、弗洛伊德的精神分析学、克罗齐的表现主义、萨特的存在主义，属于人本主义潮流；布拉格形式主义、英美新批评派、结构主义、解构主义属于科技主义潮流。两个转移是指由重点研究作家转移到重点研究作品文本，再转移到重点研究读者和接受。人本主义基本上是以研究作家为主，科技主义前期基本上是以研究文本为主，后期出现了解构主义。20世纪60年代，以德国姚斯为代表的接受美学则以研究读者为主。两个转向指由理性转向非理性，再转向语言。20世纪的人本主义潮流与传统的理性主义有很大的不同，它崇尚的是非理性、情感、直觉、无意识、意识流，这些认识拓展了传统的理智与理性的思考范围，上升为人生命特质的一部分，成为第一次转向的动因。第二次转向由思考人到底是理性的还是非理性的，转向思考人是由什么决定的。科技主义众多学派的共同点就是以语言为研究中心，语言、语境、话语成为决定文本，决定人的本原的重要因素。① 应该说这种概括是相对的，事实上你中有我、我中有你的情况并不少见。文学观念的变革，不是摒弃所有传统知识，它所摒弃的只是原有知识系统中那些已被证明是不正确、不合时宜的东西。新的文学艺术观点中有不少惊世骇俗的新思想，有些很难为我们所接受，但就总体而言，它们依然是作家们在历史发展的梯度掘进中，对文学认识的不断深入、日臻完善和越来越多样化的结果。高中语文教材现已选入了马尔克斯的《百年孤独》、金庸的《天龙八部》等作品，对这些从未进入过语文教材的新篇目的认识和解读，如果仍用传统的文艺观是很难对它们进行深入分析的。这需要用新的现代文艺观念，从新的角度进行解读与教学。现代文学艺术观念纠正了我们以前对文学的某些偏执认识，弥补了视野中的一些空白盲点。这些新的观念是一种开放的多维建构，它容含着历史的和当代的对文学的有益见解，并且还在继续发展演进之中。因此，它对我们认识的影响，也远不是最终的。

现代文艺学理论流派众多，不可能一一介绍，下面介绍几种与语文审美教育联系较为紧密的现代文艺美学流派的主要观点。

精神分析美学。弗洛伊德（1856—1939年）是精神分析美学的鼻祖。他把文艺作为整个人格理论的有机组成部分，以精神分析的方法，示范性地分析了从古到今的一些文学作品，如索福克勒斯的《俄狄浦斯王》、达·芬奇的《蒙娜丽莎》、莎士比亚的《哈姆雷特》等，而且还写了不少有关美学的专论。他的精神分析吸引了许多杰出的追随者，如荣格、霍尼、弗洛姆等，从而使精神分析美学不但发扬光大，而且成为20世纪最重要的思想流派之一。弗洛伊德用意识、潜意识、无意识这三个概念来描述人的心理动力结构图式。意识同前人所论大致相同，是明确地存在于人的头脑中的意识。潜意识是指隐藏在人的心理深处，但随时都可以召唤或浮现到意识中来的意识。无意识是虽然存在于心理中，但却不能在意识里出现的意识。弗洛伊德认为，人的内心一直存在着意识与无意识的无形而激烈的斗争。

弗洛伊德的文艺美学理论，在其专论《诗人与白日梦》中表现得言简意赅：艺术是幻想原理、梦的方式和艺术法则的统一。20世纪美学把

---

① 转引自秦为忠《蜕变中的文艺学对语文教学的影响》，《近20年语文教改理论与新课程标准》，湖北教育出版社2004年版，第172页。

艺术与虚构视而为一的观点，摆脱了古希腊以来的模仿传统，超越了左拉的艺术观念。在弗洛伊德这里，虚构转为幻想。艺术含有幻想的要素，但艺术和幻想又是不同的。人一生内心都充满着想象，在儿童时期就做游戏；长大了，不能做游戏，就用幻想来代替游戏的功能。但儿童以游戏为荣、为乐，并不掩饰自己的游戏，成人却为自己的幻想感到害臊、羞耻，总要把自己的幻想隐藏起来。当艺术家把本要隐藏的幻想转为能够面向公众的艺术时，他用梦的方式对幻想内容进行了改装，经过梦的改装，"缓和了幻想中显得唐突的东西，掩盖了幻想中个性化的起因"[①]。艺术不同于幻想，也不同于梦的重要一点就是它具有自身的形式特征。当幻想转化为艺术时，它已遵循艺术美的规律，具有一种审美特征。

弗洛伊德证明了无意识的存在，他着重强调个体无意识。他的弟子荣格将无意识发展为具有普遍人类文化性质的集体无意识。这些理论观点对西方文化产生了重大的影响。

精神分析美学在语文教育中不应被忽视。例如，在讲解古代诗文作品的时候，不仅要告诉学生作品背后反映了什么样的社会生活或历史事件，还应让学生了解作者是在什么思想情绪的推动下创作作品的，以及作品表现了什么样的个人情感和社会心理，这样就可以帮助学生更好地理解课文。即使是一些传统篇目，我们也可以从人物内心表现的复杂性来进行分析，如鲁迅的《孔乙己》、莫泊桑的《项链》等，这样可以加深学生的理解，提高他们的兴趣。目前的中学语文教材很少选那种表现复杂内心生活的现代作品，如果有可能的话，让学生在课外多接触这类作品，只要指导得法会使他们受益匪浅，开阔他们的文学眼界。

存在主义美学。萨特（1905—1980年）是存在主义的代表。存在主义产生于第二次世界大战前夕的法国，盛行于战后的整个资本主义世界，是当代西方极为流行的一种哲学思潮和文学思潮。存在主义可分为无神论存在主义和基督教存在主义。现在人们通常所说的存在主义，指的是以萨特为代表的无神论存在主义。萨特是存在主义的集大成者，其哲学思想可概括为三点："存在先于本质"；"世界是荒谬的，人生是痛苦的"；"自由选择"。物质与精神，是西方传统哲学的两个根本的范畴。存在主义把这

---

① ［奥］弗洛伊德：《弗洛伊德论美文选》，张唤民、陈伟奇译，知识出版社1987年版，第33页。

两个范畴从本体论的角度化为虚无，是说明荒诞意识的关键，也是存在主义哲学转为美学的关键。

戏剧在存在主义文学中占有极其重要的地位，它较完整地体现了存在主义文学的基本特征。萨特把他的戏剧称为"境遇戏剧"。他认为，人作为世界的一个组成部分每时每刻都需要对自己的境遇作出反应。戏剧的使命，正在于展示人的境遇，着意揭示人物的内心世界，表现人生的荒诞性、孤独感，面对无助的世界，进行自由的选择。为加强剧作的哲理性，存在主义戏剧的人物大多是缺乏具体社会属性的超时代、超阶级性的人。荒诞派戏剧的黑色幽默小说均以存在主义为理论基础，孤独、压迫、异化、焦虑、沉沦、无聊是它最基本的主题，意在表现资本主义社会中人的孤独感、人与人之间关系的冷漠以及物对人的压迫。在艺术方面，他们蔑视一切戒律，用多种手段来强化人生荒诞性的一面。如荒诞派戏剧，剧情无所谓悲剧和喜剧，也没有构成戏剧冲突的真实具体的矛盾。有结构，但没有合乎情理的剧情发展、高潮和结尾；有故事情节，但不完整，故意采用支离破碎的舞台形象和夸张、怪诞、违反逻辑、梦幻等荒诞悖理的表现手法，以荒诞不经的形式反映荒诞的世界；有人物，但不追求完整的性格刻画；有对话，但语无伦次，思路混乱，常借象征、暗喻的手法表达剧本思想。

"人是自由的"，这是萨特反复、严肃申说的一个主题，但这种自由，是没有了上帝的自由、否定了规律的自由、离开了必然的自由，与这种自由紧密相连的必然是一种荒诞。自由和荒诞是一枚钱币的两面。这种自由的荒诞，既脱离了外在的规律，又不能阻止异己的规律对自己产生压力，人就陷入了尤奈斯库的《椅子》《未来在鸡蛋里》《新客房》一类的处境中，甚至会落入卡夫卡《变形记》和尤奈斯库《犀牛》中的命运，人变成非人，变成甲虫或犀牛。[①]

存在主义在西方文艺思潮中占有重要地位，由存在主义衍变出来的各种思潮错综复杂，流派林立，其艺术的特征尤为明显，出现一大批优秀的作家与作品。过去，语文教学对此往往采取回避态度，教材中也很少有类似作品入围，这对扩大教师与学生的艺术视野极为不利。新课程教材许多不同的版本，均选用了卡夫卡的小说以及贝克特的戏剧《等待戈多》等

[①] 参见张法《20世纪西方美学史》，四川人民出版社2003年版，第100页。

作品，对这类作品的解读就需要了解与认识存在主义美学的基本理论及其特征，拓展我们过去单一化的审美倾向，开拓艺术视野，满足人们多样化审美的需求。

结构主义美学。列维—施特劳斯（1908—2009）以《热带闲愁》点燃了结构主义之火，又以《结构人类学》树起了西方结构主义的大旗。结构主义的文学观点与俄国形式主义、英美新批评派虽有相似之处，但仍有诸多不同。如俄国形式主义认为文学是对语言的扭曲，结构主义却认为文学和语言是完全相应的，文学作品是语言结构和句子结构的"同质形体"；新批评派认为文学是语言的一种特殊用法，我们只有通过对具体作品的研究才能了解它的意义，结构主义却认为文学作品不过是产生意义的语言规约规律的具体表现，文学研究就是要研究这种规约规律。

结构主义文学理论的观点来源于瑞士语言学家索绪尔，索绪尔的几种语言学命题是结构主义的思想基础。索绪尔认为，语言具有"历时性"与"共时性"的区别。历时性是指语言的历史演变的纵向性质，比如一个词的词义可以从它的词源的发生、变易过程去探讨。虽然说汉语的变化没有西方语言变动大，但古代汉语与现代汉语之间，不管是在语音上，还是在词汇上都有许多的不同。共时性是指同一时代的语言的稳定性质，一个词在这一语言系统中的词义是相对稳定的。索绪尔认为，语言学要有科学性，它的对象应该是具有稳定结构的共时性语言，而不是变动不定的历时性语言。对共时性和历时性的区分和选择，显示了结构主义一个基本的方法论特色：排斥历时性带来的混乱、偶然，在共时性中建立秩序、结构、体系。

语言符面与语言符意的区别是索绪尔的另一重要观点。他认为，语言是一种符号体系，这种符号包括两个最基本的部分：一是语言形象，即符面；二是概念内容，即符意。符面和符意的关系既是任意的，又是约定的。结构主义认为，符号的意义不是来自它所代表的对象事物，而是来自这个词语与别的词语的差别。正是这种差别才赋予对象事物以特殊的意义。中文"树"这个符面英文是"tree"，所指的只是"树"的概念内容，而不是现实中的树。语言符号的意义，是由这一符号所在的语言系统决定的。词语的意义来自和它同一语言系统其他词的区别关系。例如"树"之所以有它自己的意义，这是因为在我们汉语的语言规约系统中，它所指的内容与"草""藤"等都不相同。离开了这个系统，它就不会再有这种意义了。结构主义的结构就是指语言符号的功能,依赖着符号与符号之间的差异即关系,是这种关系或关系之总和。

语言与言语的区别。索绪尔把人的实际语言行为或话语称为"言语",而语言是"使一个人能够了解和被人了解的全部语言习惯",即赋予一种语言以功能的规则或程序的系统,即语法规则系统。言语是作为语言具体体现的实际语句或言词,属于个别人的活动;语言则是从具体的言语中抽象出来的,是一种社会性规范。

从美学角度来说,文学故事的具体性和丰富性,本就大于任何对它的抽象。结构主义要想从故事中抽象出一种理论逻辑,也是对故事的一种把握方式。但如果认为故事只有这种逻辑符号,认为结构主义的抽象是唯一正确的抽象,其解释是最正确的解释,这就有被解构的危险了。结构主义者对许多作品的分析,往往首先进行拆分,把众多的故事拆分为基本的情节要素;然后重组,以二元对立的方式按相似和变换把拆散的要素进行新的排列;最后,从新的排列中得出故事的深层结构及其所蕴含的思想。这些做法以及得出的结论,或许难以得到普遍的赞同,但却自有其运作上的魅力,并对文学作品解读提供了一个新的视角与窗口。结构主义是在西方文化实验科学的基础上产生的,同时对符号美学的出现产生重要的影响,因此,它创造了现代文学理论的顶峰并开启了后现代的序幕,对西方文化思想的推进起到了不可忽视的作用。

二 接受美学与文本分析

20世纪60年代以来,西方接受美学迅速崛起,形成一种跨学科的总体文学研究方法与美学体系。接受美学在文学研究中引进了读者这一要素,引起一系列对文学看法的巨大变化。

(一)接受美学的基本观点

接受美学,又称接受理论、接受研究。1966年,五位不同语系的教授会集德国康斯坦茨大学,创建了在文学研究中发挥重要影响的美学流派——接受美学。接受美学是从现代阐释学衍生、演变、发展而来的。其主要代表人物姚斯的重要思想基础之一,就是伽达默尔的阐释学。另一位主要代表人物伊瑟尔,虽然从文学理论的线索看,受惠于英加登等的现象学美学，但他能够对英加登理论进行根本性的转向，同样来自阐述学理论基础。如果说，姚斯关于读者"期待视野"的理论是对阐述学"前理解"的一种美学运用，那么，伊瑟尔关于文本的"不定点"也可以说是阐释学中文本无固定意义的美学延伸。接受美学与阐释学密切的逻辑关系显示了接受美学是在阐释学理论带动下的具有重要意义的美学转向。这一转向不仅是从美学自身的演进逻辑所显示的"从作品中心到读者中心"的转向，更重要的是从现代美学向后现代美学的转向。与传统的美学理论相比，接受美学主要有以下一些独特的观点。

首先，接受美学认为，作品的价值、意义是由读者在接受中创造并实现的。传统的文论中艺术作品就是审美对象，而在接受美学的理论中，文本与作品是不能画等号的，作品仅仅是一种人工的艺术制品，被读者印入脑中，经过领悟、解释、融化后再生的艺术形象，才是真正的审美对象。他们把前者称为"第一文本"，将后者称为"第二文本"。"第一文本"还没有与读者发生联系，只是有待实现的文本，它没有对读者产生作用，还不能作为读者的审美对象来产生意义。它只是一种存在着意义可能性的图式化结构或潜在结构。只有当这个文本真正与读者接触，它才成为读者的审美对象，或称为"第二文本"。"第二文本"不是一种孤立的存在，它的存在完全依靠读者的维系，只有当读者把自己的思想感情、生活经验、理想趣味融化到文本的潜在结构中去，和它化为一体，使文本成为读者对象化了的作品，作家写出来的文本才变成了由作者和读者共同创造的艺术品，作品的价值才真正得以实现。

其次，接受美学认为，读者在阅读作品前已对作品存在着期望（期待视野）。姚斯提出，读者在阅读作品前，意识并非一张白纸，而是已经具有某种倾向性、审美要求、审美标准等。姚斯将这种阅读前已存在的并进入阅读过程的意识定为"期望域"。这个术语在科学哲学和社会学中已经使用过，意思是说在有目的地从事科学研究时，人们根据以往的经验，对新的观察与研究抱有期望。姚斯借用了这个概念，来说明读者阅读文学作品时，主体性对文本的渗透和限定。读者在阅读作品时，这个作品的题目、内容简介、社会的评价，对作者情理的熟悉程度，对同类作品的阅读经验，等等，都会在读者既有审美经验结构的基础上，引发出他对这个作品的某种猜测、预估的期待。如果读者的期待视野和阅读的作品毫无二致的话，读者也会感到失望。相反，如果情节的发展每每出乎我们的意料之外,又在情理之中,那么它就会引人入胜、扣人心弦。因此,读者的审美经验和作品要保持一个适当的距离,读者对作品的接受才能顺利地进行,这也是美学中既矛盾又和谐的"美学距离"说。

最后,作品中存在着"召唤结构"与"隐含的读者"。接受美学认为,文本的潜在结构中充满不确定性的空白,读者要把握它,就要运用自己的经验和想象去填充,从而把文本的结构真正充实地组织成为一个丰满的艺术品。伊瑟尔认为:"作品的意义不确定性和意义空白促使读者去寻找作品的意义,从而赋予他参与作品意义构成的权利。"所以他把文本的这种结构,称为"召唤结构",读者的接受要受到作品内在的"召唤结构"的制约。[1] 他认为文学作品仅是一个框架,与实际生活情景比较起来,作品形象存在许多空白,需要读者去填补。读者填补的过程也就是作品的具体化过程。由于读者总是有个性差异的,作品的具体化过程与内容也是无穷无尽的。但这种具体化又不是完全自由的,它要受到作品内在结构的制约,那就是"召唤结构"和"隐含的读者"。所谓"隐含的读者"不能和真正的读者等同起来,它只是在不必然限定接受者的情况下预期他的存在,或者换一种说法,预先构造了将由每一个读者承担的角色,而让真正的读者总是扮演文本向他提供的某种特殊角色。伊瑟尔认为作品的"召唤"力量是不可忽视的,它一方面激发读者的再创造,另一方面又规定了读者的想象不能逾越包容的潜在含义。从一篇作品的整体看,"空白"处于上下文的制约之中,"空白"不是一些可以任意倾注读者日常体验与情感的空穴,它具有向某一方面、某种性质的想象活动开放的限定性。

(二) 接受美学对阅读意义的探索

接受美学实现了从作者中心到作品中心再到读者中心的转移。读者是如何创造和完成作品的意义、实现作品的价值,这是接受美学十分关注的课题。

姚斯根据伽达默尔理解、解释、运用三位一体的阐释理论,提出了一种理论形态的阅读模式——三级阅读。这种三级模式表现为三个层级不同

---

[1] 参见[美]伊瑟尔《审美过程研究》,霍桂桓译,中国人民大学出版社1988年版,第46页。

的阅读和三种不同的视野。一级阅读是在审美感觉的视野内进行,所以也称感觉阅读或审美性阅读。这一级阅读主要是对作品,包括词汇、句段、节奏、韵律及其所包含的情感进行直感的把握,把作品中的可能性空间加以具体化展开,从而在读者意识中形成文本的完整形式。但对形式的认识并非意义的完成,读者可能从完成的形式中直悟到意义,但这个意义是否贴切、是否和全部形式因素相符,仍是没有把握的。要确定意义,就需要二级阅读。二级阅读是在反思和解释的视野内进行的,故也称为反思性阅读或阐释性阅读。这次阅读着重要思考在审美阅读中遗留下来的各种问题,让模糊处清晰,让空白处充实,把断裂处补结,使跳跃填上演进的步骤,当这些遗留问题得到了解决后,再联系这些新结论,对审美阅读已经搞清楚的部分作更深入的思考,从而对形式有一个真正完整的认识。二级阅读是围绕文本统一性进行的部分与整体、部分与部分的意义关系调整,直到找到一个确实可以给整个文本以统一意义的潜在原则,即达到与形式相一致的意义的完成。但二级阅读中完成的作品意义,并不是作品的整体意义,而只是文本进入某一阅读关联域所获取的意义,即文本加上具体读者而形成的意义。三级阅读则进入到历史的视野,三级阅读也叫历史性阅读。姚斯认为,文本的意义整体是文本在历史流传中不断变化着的各种意义的总和。文本与它所产生的包括作者和环境于其中的年代有一种基本关联,也对在以后各种境遇中可能具有的解释采取一种开放态度。由于历史是未完成的,因此"作品的意义整体要被理解作有待实现的意义"。[①]三级阅读须从文本产生的背景和传统,作者本人的理解开始考察,一直到本次阅读之前人们所赋予作品的意义的整个历史发展过程。这是一种历史性重建的阅读,不过这种阅读已经不只是对作品的阅读,而是以作品为中心,扩散到对各种研究资料的阅读。正因为如此,作品的意义整体是一种无限的可能性构成,而读者的每一次具体阅读都是这个整体意义的有限实现。

伊瑟尔在《阅读活动》一书中,对阅读活动作了新的阐释,他从文本语蕴、空白、阅读方略、移动视点四个概念对其阅读模式作了说明。文本语蕴,是指文学语言有自己的特殊性,形成了自己特有的语汇、句法、

[①] [德]姚斯:《接受美学与接受理论》,周宁、金元浦译,辽宁人民出版社1987年版,第192页。

修辞、幻象。这些特殊的语言蕴含着社会规范内容和文学传统内容。当文本面对读者（特别是有时间距离的读者）的时候，读者有自己的社会环境和规范，他对文本所蕴含的社会规范和文学传统在知识形态与理解方式上都与文本原有的有所不同。读者的新背景使文本语蕴的修辞、喻象、幻象产生重新组合，以一种差异性为基础，开始着文本意义的建立。语蕴在文本对读者的开放中重新组合，使文本产生出一些新的特征与功能。文本空白是因与作品关联的各时代、社会、文化、修养的差异造成的，读者要对文本的各部分进行重新组合，这是一种时代、文化、传统之间的对话行为。阅读方略即读者从根本上对文本各要素进行的重新组织的活动。移动视点是文本语蕴、空白、阅读方略的具体化。伊瑟尔认为，阅读是一个时间过程，读者的视点随着文字不断向前移动，被视线扫到的文字成为阅读的前景，退出视野的文字并没有消失，而是作为背景记忆在读者的头脑中。文本中的文字就这样不断地从前景退为背景。在这一过程中，期待也在不断变化着，因为新读入的文字总是时而肯定前面的期待，时而偏离期待，时而完全否定期待。否定原先的期待，意味着对先前综合的否定，这就需要对旧的综合重新进行综合，于是已成为背景的成分又会重新进入前景。读者的视点在否定旧的期待提出新的期待的过程中，不断地向终点推进。一部作品的意义，也只有在阅读的终点，所有的综合均已完成的时候，才得以产生。

接受美学不承认文学作品只有一种绝对的独一无二的意义，它的价值就在于人们可以对它的意义作出不同的解释，也就是说，作品的意义可以是无限的。

（三）接受美学与语文教育

首先，接受美学最大的贡献莫过于对读者的发现，这种认识与语文新课程的基本理念达到高度的默契。随着对人的认识的日益深化，语文教育中对学生主体性的问题越来越重视。过去，我们也曾提出加强学生的主动性，也有学者提出过"以学生为主体"，但从总体上来看，还是教师在起着支配作用，还不是真正意义上让学生成为语文学习的主体。要让学生成为语文学习的主体，就必须让学生在语文学习活动中运用自己的理解力和想象力去体味课文，加强学生语文学习的参与性、实践性，加强情感体验，更好地去感悟作品的意蕴。当然，这也对读者提出了更高的要求。读者和作者一样都是艺术的创造者,这就要求学生具有一定的思想、道德、文化等方面的修养,有相当的接受能力和审美水准。

其次,接受美学理论对于文学作品阅读与教学具有启示性。接受美学认为,文学接受的发生,实际上也就意味着作品中隐含的读者开始向现实的读者转化。读者看到的文学作品只是抽象性的文字符号的系列组合,文学文本的文字符号,只有经由读者的理解、想象、体验,才能还原为可以构成审美的形象,而这种还原过程必须伴随着读者再创造的因素;文学作品主要使用的是描述性语言,有着明显的模糊性和不确定性,因而,文学作品的接受,必须随着读者在文字符号基础上展开的想象才能进行。也正因为如此,我们必须承认学生理解的差异性,学生理解越是有个性和独创性,就越应该加以鼓励。必须承认,学生认识即使不够深刻,但都是自己的认识,这比单纯获取别人的理解更有价值。由于学生生活经历较少、艺术修养不足,认识理解水平较肤浅,对作品把握一般不如成人深刻。教师可以用自己的理解去点拨、引导学生,但不应越俎代庖。

最后,接受美学对提高鉴赏能力十分有益。接受美学由于重视对鉴赏主体——读者的研究,这对读者接受心理、接受过程和接受方式的研究,对文学鉴赏乃至整个文学实践活动的研究都有着积极的意义。接受美学的期待视野,充分揭示了读者在文学接受过程中的主体地位、主导作用。读者作为鉴赏主体,不是消极地、被动地接受作品内容,而是在阅读之前便有所期待,这种期待是与读者的生活阅历、艺术修养、思想倾向以及生理特征、年龄特点等密切相关的。读者按照自己所期待的去要求作品,评价作品,去接受和创造作品。就文学作品本身而言,"召唤结构"揭示了文学鉴赏中的再创造特征。如我们鉴赏叶绍翁的《游园不值》:"满园春色关不住,一枝红杏出墙来。"诗中景色如何?表现的是一种怎样的思想感情?所有这些都是作者有意无意留下的空白,有待读者自己去联想、想象,与作品对话,用自己的思考去填补。读者就是在这种对话中,创造新的形象、获得审美感受,提升自身的文学修养与鉴赏水平。

三 文学作品的意蕴探寻

文学作品是作家情感的结晶、精神创造的产物,反映着一定的社会内容,寄寓着作家的主观精神,同时其独特的艺术形式也总是表现出一定的意味。文学作品的价值是与作品的意义密切相连的。对文学作品的意义探寻除了重视文学作品的语言文字功能外，还应该重视其艺术的审美功能，文学作品的意蕴理解从而陶冶学生的艺术趣味，培养学生的形象思维能力。

（一）主题是意蕴的核心

意蕴即文意，它是融注于文学作品整体构筑中的内在的精神，渗透在形象、情节、结构、语汇以及作品的一切外部形式之中。黑格尔认为："意蕴是比直接显现的形象更为深远的一种东西。"（《美学》）主题是意蕴的核心，人们通常说主题是文学作品的灵魂，也就是说，任何文学作品都不可能没有主题，缺少了主题，也就失去了作品的精神元气，就会失去艺术生命。同时，主题直接关系到作品的性质和品位，因而在对作品进行意蕴分析时，必须着重于主题的分析。文学作品在描写人和社会生活，展现由人的行为与心灵以及形形色色的社会关系所构成的人生世界时，总是蕴含着多方面的思想意义。当这种思想意义构成作品的主导倾向并贯穿作品时，人们通常就把它当作主题。文学作品是复杂的，它表现思想，也表现情感；表现意识，也表现潜意识，文学作品的主题是多种意义的融合，内涵丰富而活跃。因此，将主题看作是文学作品的意义核心要比单纯的中心思想更为准确。这种意义核心既包括了思想意义，也包括了情感意义、审美意义、形式意义，它们浑然一体地构成了作品的意义核心。

在文学的作品意蕴的分析中，常有舍本文而外骛的情况，用主观臆测来代替艺术分析，主题分析缺乏整体把握，常出现附会政治概念、微言大义、功利化、主观化等倾向。如杜牧的《江南春》："千里莺啼绿映红，水村山郭酒旗风。南朝四百八十寺，多少楼台烟雨中。"这首诗用艺术概括和扫描的技法，生动地勾画了一幅千里江南春景图，富有味之不尽的内在意蕴。但是，有的读者却从"政治概念"的角度，来挖掘这首诗的意蕴。从后两句索出深意："凭吊南朝的覆亡，并讽其迷信佛教，广建佛寺。"如果说诗人观赏春景时，带有一丝历史感慨或许不为过，但以凭吊易观赏，则与整首诗的内蕴和情调有些不相符合。把这首诗的意蕴仅挖掘到政治上去，不可不说是降低了这首诗的审美价值。主题分析中的主观化主要是凭想当然，缺乏对作品的多方面意义进行细致入微的研究，其结果很可能得出一些似是而非的结论。这种分析方法，将主题理解为作品的观念的抽象，割裂作品内部的有机联系，着重观念的普遍性，忽视艺术表现的特殊性。这样的分析很难深入文学作品的深层，往往将丰富的、饶有兴味的文学意蕴变成索然无味的公式与教条。

主题有何特性，如何去分析主题是我们要深入探讨的一个问题。文学作品由于题材、思想容量、情感体现等的不同，主题的内涵也不一样。一般来说，作品表现的题材比较单一，思想容量比较集中，情感体现比较明了，作品结构又不复杂，这样的作品主题就比较单纯，体现出一元化倾向。然而，有些作品并非这样简单，它们呈现出多层面的复杂的艺术结构，包含着多方面的生活内容，有着多条情节线索，这就使主题表现出多元化的倾向。如曹禺的《雷雨》，读者就在其中看到了命运问题、婚姻问题、反封建问题、阶级斗争问题等。注意文学作品主题的多元倾向，能够开拓思路，减少思维定式的影响，从而对作品有立体的、多方位的观照和认识，进而获得更为丰富的审美感受。主题的一元与多元，造成了主题的明晰与模糊的特征。一般说来，作品的主题比较单纯，作品结构和表现手法又不复杂，给人的感觉就比较清晰。如一些针砭时政的杂文、直抒胸臆的诗歌、回忆写真的散文等。而主题的多元倾向则给作品带来了模糊性。如唐代诗人白居易的《长恨歌》，描写了唐明皇和杨贵妃的爱情悲剧。有人认为作品的主题是讽喻，即讽刺和暴露了荒淫的生活；有人认为作品的主题是歌颂爱情，即歌颂他们真挚和专一的爱情；有人则认为两者兼而有之。又如李商隐的《无题》，人们不会因为作品主题的模糊而感到遗憾，反而因为模糊的吸引，而进入更为悠远的艺术境地，获得更丰富的审美感受，这也正是文学作品的艺术魅力所在。在语文教学中，教师要注意对作品主题模糊性和多义性的分析，观察作品的内容与形式如何导致了主题的模糊。对于这类作品，如果仅用一元主题来分析，或在几种意义中硬行选取一种意义来说明主题，往往不能深入把握作品。引导学生对作品模糊性和多义性加以认识和体验，不仅能使他们真正理解作品，还能获得艺术上的享受。

把握文学作品除应了解作品的写作背景，分析作者的思想倾向、性格方面等因素外，还需理清作者的思路，了解作者为什么这样写，而不那样写，揣摩作者的用心。在整体了解作者的思路之后，还要从表层向深层开掘，抓住"诗眼""文眼"或"文势"，以及重点警句，联系上下文的关系去进行深入的探究。由表层到深层的开掘过程，实际有一个由多元到一元的寻觅过程,是一个由发散思维到聚敛思维的过程。要注意作品内容与形式的统一关系,并尽量做到合乎作者的意图。通过以上途径,形成对作品主题的看法。在教学中,这些看法与认识可作为一种引导,主要应加强学生对作品的个性化理解,学生的理解有时尽管显得十分的稚嫩,但可以通过对话与交流达到对主题较为一致的看法。

(二) 作品意蕴的构成

优秀文学作品的意蕴是一个以审美为主导、多种意义组合而成的系统,它是个体意识、时代意识与具有共性的审美意识的艺术复合,是个体情感和时代精神的渗透,是社会意识和历史意识的融合。它表现在作品中有三种构成要素:其一,凝聚着意蕴(本身)赖以产生的个体意识,是作家自己的生活体验,包含着鲜明的个性化情感;其二,富有时代的群体意识,透射着时代精神,与特定的社会情绪息息相关;其三,积淀着人们共同的审美意识,能够沟通人们深层的审美心理,引发情感的共鸣和心灵的共振。[①] 这三者是文章意蕴构成不可缺少的基本要素。一篇作品如果只是作家个体情感的叹喟,不能反映特定的时代精神与社会群体意识及情绪,那么,这篇作品就不可能具有长久的艺术生命力;如果作品的意蕴缺少作家自己的生活体验,没有个性化情感,只是时代观念的传声筒,那么,这篇作品同样难以唤起人们审美情感的共鸣。对文学作品来说,个性化的情感是前提,没有自己的独特经历和感受,作品抒发的情感必然是空泛无根的;但限于个性化的情感的作品,没有跳出个人生活和情感的小圈子,也难以在最大程度上引起读者的共鸣。所以独感只有指向共感,尽量提升为人类普遍共通的情感,才会具有非凡的动人力量,才能成为经典作品。杜甫的诗作达到生活的真实与艺术真实的高度统一,虽然写的是"小我",但往往与民族、国家、人民融为一体,"小我"融入了"大我"之中,忧国忧民,表现出时代共感。因此,杜甫的诗作被称为"诗史"。那么,亡国之君李后主的词,为什么也能打动读者,引起读者心灵的震撼呢?这需要做些分析。请看《虞美人》这首词:"春花秋月何时了,往事知多少?小楼昨夜又东风,故国不堪回首月明中。雕栏玉砌应犹在,只是

---

① 参见曹明海《理解与建构——语文阅读活动论》,青岛海洋大学出版社1998年版,第121—122页。

朱颜改。问君能有几多愁，恰似一江春水向东流。"词人心中之愁，浩瀚无边，如向东流去的一江春水，而这"愁"，是时光流逝之愁、怀念故国之愁、追忆往昔之愁、感叹现今之愁的统一体，独感和共感水乳交融。作品出于痛彻心扉的人生体验，长歌当哭，所以王国维说是"以血书者"。方智范先生认为：该词在艺术表现上，不对身处的环境、周遭的景物作具体逼真的描绘，也就是抽去了作品情感、意象、时空的特定内涵，将它们普泛化，使之典型化，做到了情感的超越、意象的超越、时空的超越。词人从人生悲欢离合的角度抒发情感，"春花秋月何时了，往事知多少"，"问君能有几多愁？恰似一江春水向东流"，这就做到了情感的超越。词中所用意象，如"故国""雕栏玉砌"等，本来都有特定内涵，是指南唐小朝廷，但这些特指意象一旦与泛指意象、虚拟意象如"春花秋月""小楼""朱颜"等相结合，意象的外延就具有了宽泛性，这就做到了意象的超越。词人还有意拉开时间、空间的距离和幅度，将过去与现在、白天与黑夜、天上与人间、梦境与现实相对照，时而时间对比，时而空间对比，这就增加了作品的情感容量，使他的哀愁显得好像充塞天地，无穷无尽一般，这是时空的超越。这三种超越，使他的作品艺术概括性特别强，从个人的情感体验指向人类具有共性的情感特征，引起了读者的共鸣。[①]

文学作品的意蕴由内容和形式两方面构成。所谓内容意义是作品蕴含的客观社会意义和主观思想意义，所谓形式意义，就是指负载内容的符号和符号系统体现的意义。形式意义下一节还要作具体分析，其内容意义可从以下几方面来认识：一是审美意义。文学作品是作家对人生、对生活、对社会、对自然独特的审美发现和认识，是具有美学价值的思想和智慧的闪光，而这些思想情感，都不能离开审美的形式，即依照美的规律进行创造。给人以审美的愉悦，陶冶性情，提高人的精神境界是文学的最主要目的，也是审美意义之所在，文学作品的意蕴最为主要的就是审美意义。二是政治意义。一方面，文学作品总是在一定的环境下产生，很难不受政治环境的影响；另一方面，作家的政治理想和态度也总是自觉不自觉地在自己的创作中流露出来。对文学作品的政治意义的分析不是孤立的政治学上的分析，而是渗透在对作品具体生动的形象分析之中。文学的政治意义不

[①] 参见方智范《独感与共感——欣赏古代诗词意蕴的一个视角》，《中学语文》2005 年第 2 期。

是政治的文学化，不是用形象来图解政治。所以要避免用政治概念来概括作品的意义，或者将作品的政治意义作不恰当的引申和拔高。三是道德意义。文学是社会历史文化的储存和积累，从中可以看到人们在一定社会历史环境中的盛衰、国家兴亡、时代变化，人在一定的历史时代中生活情境的心理状态等。文学在描写社会生活的同时，总是遵循着一定的道德思想和规范，体现着对生活的评价和看法，传播着一定的社会道德意识。社会生活中的人和事本身就蕴含着一定的伦理价值观念，而作家在表现它们的同时也会作出种种道德评判，表明一定的伦理倾向。从文化形态的角度看，作品的道德意义显然比政治意义更深一层。因为它已经超越了一定阶段的政治观念和倾向，进入了一种对民族传统文化的思考。正因为如此，文学作品中体现的道德意义更不是抽象空洞的说教，而是体现在作品所描写的世俗常情之中，体现历史意义。四是人生意义。文学是人生体验的结晶。在文学作品中，无论描写什么，都是人生化了的表现。文学展示人生图画，并且表现人的情感、追求和精神，它不仅是对人的境遇的揭示，更是对人生意义的揭示，对生命的观照，渗透着人生的意蕴。①

（三）文学作品意蕴分析

第一，多角度把握意蕴。作品的意蕴并不是固定不变的，而是有多种阐述的可能性。从不同的视角来观照、分析作品，作品的意义也就会不同。事实上，当我们在分析、评判一篇作品时，已经选择或者已经存在了一种视角。一种视角就是一种感受和分析作品意义的方法，同时也是一种规范和局限。因此，不能满足于一种视角、一种方法，而应该是多侧面、多维度地分析出作品更丰富的意义来。过去，我们对教材的分析往往采用社会历史的视角，如注重作品与社会历史的联系，注重作品的社会历史价值与功效，这种分析虽然是必要的，但仅用这种方式显得过于模式化，对有些作品而言，很难触及作品的深层意蕴。因此，除了社会历史视角，还可以从文化视角、心理视角、形式视角、人类学视角等对作品进行深入的剖析和把握。如《祝福》中，支配人们精神生活的封建迷信，实际是一种原始信仰的灵魂观，后成为一种浓厚的社会氛围和集体意识。祥林嫂确实受到现实的种种压迫，但对她心灵最大的摧残，更在于由原始信仰的灵

---

① 参见王纪人主编《文艺学与语文教育》，上海教育出版社1995年版，第87—91页。

魂观所引起的对地狱的内心恐惧。如果我们在分析人物时，从这些方面去认识，对作品以及人物的把握可能会更深入一些。

第二，整体把握作品意蕴。要准确地把握作品的意蕴，必须从宏观上去审视作品，全面、立体地透视统摄作品生命机体的内在精神。作品的意义是靠作品各种艺术构成因素和各个部分的具体材料体现出来的，它是各种艺术构成因素和全部材料的灵魂。因此，对作品意蕴的分析和把握应当顾及作品的整体，把握文章的各种构成因素，从文章的全部材料中抽取事物的本质，而不可片面摘取或主观臆测。如鲁迅的《从百草园到三味书屋》一文，有人把着眼点放在文章的后半部分——三味书屋上，而把文章的前半部分——百草园的生活描写，看作对后面的一个反衬，而且对三味书屋的生活描写，也不作全面、多层的艺术分析，只是抓住学生阅读的课本《论语》《幼学琼林》及寿老先生的呆板形象来作分析，由此得出"揭露和批判封建腐朽、脱离儿童实际的私塾教育"的片面结论。这种片面的理解分歧，就是因为只看局部，没有从宏观上把握作品整体所造成的。整体把握更应注重作品内容与形式的关系，它们之间是怎样去相互协调、相互作用，具体怎样表现，通过哪些材料去表现的。

第三，从情与理的关系去把握作品的意蕴。文学作品不是直接的思想阐述，也不是情感的任意宣泄，而是情与理的融合。独到深刻的思想，可以激发与规范作家强烈的审美感情，所谓"理以导情"就是此意。另外，感情的深化也有助于加深对事物内在意义的认识，所谓"理在情中"，即为此意。所以说，作品的意蕴是感情和思想的艺术融合体，是由情、理交融孕育而成的。只有两者的有机融合，作品的意蕴才能更有撼动人心和启迪灵魂的审美力量。如杜甫的《月夜》："今夜鄜州月，闺中只独看。遥怜小儿女，未解忆长安。香雾云鬟湿，清辉玉臂寒。何时倚虚幌，双照泪痕干。"这首诗写的是杜甫思念远在鄜州的妻室儿女之情，诗中"云鬟湿""玉臂寒"，真切地写出"闺中只独看"的妻子形象。字字句句，都饱含着夫妻儿女的至性至情，读之感人肺腑。但是，诗中所表露的这种感情，仅仅是儿女之情吗？显然不是。我们稍加分析就不难发现，在这种感情的背后，蕴藏着作者"致君尧舜上，再使风俗淳"的政治理想，"何时倚虚幌，双照泪痕干"，不仅是夫妻儿女团聚的愿望，也是他对太平盛世和清明政治的理想与愿望。情中见意、情中见理、情理合融是优秀文学作品内在的灵魂。

第四，从生活真实与艺术真实的辩证统一的关系上来把握作品的意蕴。文学是一种创造性的精神活动，艺术创造具有一定虚拟性，艺术的真实不是生活真实的自然主义摹本，而是对它的反映，或者说是作家对社会生活的认识和感悟的产物，是透过生活真实的表层对社会生活的内蕴作出艺术的揭示和表现。如卡夫卡的《变形记》，主人公的形象尽管怪诞，然其遭际却是作家对西方现代社会生活中的人生状态、人与人之间的冷漠关系的真实而深刻的感受和发现。文学作品可以按照亚里士多德讲的可然律和必然律来创作，可以描写可能发生的事和按照生活规律必然会发生的事。但不管作品如何表现其内容，都要有近似生活真实的形态，而又不同于生活真实，能比生活真实更好地表现生活的某些意义。

四　文学作品的形式剖析

文学作品的形式包括许多的层面，内容十分丰富。下面结合语文审美教育的特点着重谈四个方面的问题。

（一）文学作品的节奏形态

节奏就是一种有规律的运动。著名美学家朱光潜在他的《谈美书简》中认为："节奏是主观和客观的统一，也是心理和生理的统一。它是内心生活（思想和情趣）的传达媒介。艺术家把应表现的思想和情趣表现在音调和节奏里，听众就从这音调节奏中体验或感染到那种思想和情趣，从而引起同情共鸣。"[①] 朱先生从生理、心理的层面对艺术节奏进行了论述，颇为精辟。它不仅阐明了节奏存在的生理和心理依据，同时也指出了节奏作为"传达媒介"在阅读活动中的重要作用和审美意义。

语言节奏。语言节奏是指语言构成的声音变化所形成的规律运动，也称外部形式节奏。它是由声调的轻重、缓急，文句的长短、整散，字音的响沉、强弱，语流的疾徐、曲直，以及它们的错杂相间、交相更替所构成，使作品的声势呈现有规律的变化，而构成的语言的声音节奏。郭沫若在谈抒情诗的节奏时曾指出："节奏之于诗是它的外形，也是它的生命，

---

① 朱光潜：《谈美书简》，《朱光潜全集》第5卷，安徽教育出版社1989年版，第279页。

我们可以说没有诗是没有节奏的,没有节奏的便不是诗。"① 诗要求合辙押韵,分行排列,长短错综,这些都体现了节奏的要求。诗是如此,和它同属于语言艺术的散文、小说等文体,也需要讲究语言的节奏。当代散文家曹靖华曾经说:"不但诗讲节奏,散文也须讲这些,讲音调的和谐,也讲下字如珠落玉盘,流转自如,令人听来悦耳,读来顺口。"俄国著名小说家契诃夫在介绍自己的写作经验时曾说:"我通常在校样上最后完成我的小说,而且不妨说是从音乐性一面来修改它。"不同的声音节奏,能够表现不同的情绪、情感。因此,我们阅读作品时,需通过节奏形式去把握不同的思想内容。

韵律节奏。韵律当然也包括声音的变化,但它主要还是指作品内部各种要素和意识流动所构成的内在形式的节奏。具体地说,是作品各个构成部分的起承转合、疏密缓急,或者情节的张弛变化,事态的发展波澜,场景画面的转换、跳跃,人物的活动等各种内容要素的交替变换而构成的内在运动的节奏。例如,鲁迅的《记念刘和珍君》这篇作品就极富沉郁顿挫、抑扬开阖的节奏感。作者以情感为线索,用具有对比意义的令人惊悚、促人警悟的真实细节作为思想情感的生发点,形成了文章的内在的情感变化与叙述节奏。作者没有从惨案的发生写起,而是从追悼会落墨,辗转揉搓。本来"早觉得有写一点东西的必要了",却又"实在无话可说",而愤怒和哀痛的感情终究遏制不住,这是欲说还休而又不吐不快的复杂感情。从生者对死者所负的义务,从庸人与真的猛士的对比,作者"只能如此"。"无话可说",但又直抒胸臆,矛盾的表述,挪碾的笔法,传达起伏不平的思想感情。全篇将叙述交代、细节描写与议论、抒情相穿插,层递生发格言警句,重复出现暗示性的意象,并以标数分节造成明显的间歇转换,结尾又与开头相呼应,虚实交错,跌宕腾挪,节奏感与题材的思想内容、情感内容相吻合,形成作品的内在韵律。

节奏特征。作品的节奏具有丰富性和复杂性,具有多样化的表现和各种不同的特征。有些作品的节奏激越奔进、迅疾猛烈,有些作品雍容自如、优游舒缓,有些作品伏流涌动、百转千回,有些作品则张弛交错、间歇变幻。因此,在作品节奏分析时,应当认真识别和具体把握节奏的不同特征,以深入揭示不同作品节奏的审美意义。

---

① 郭沫若:《论节奏》,《中国现代诗论》上编,花城出版社1985年版,第111页。

节奏特征的把握需要注意两点：其一，内容的不同，其节奏相异。如苏轼的《念奴娇·赤壁怀古》，词作描写内容阔大，气势雄健，因此，其节奏形式也趋于豪迈激越；而柳永的《雨霖铃》描绘的是"冷落清秋"，"杨柳岸，晓风残月"，因之呈现出的是哀婉而缠绵的节奏。其二，作者的不同个性气质，也表现出不同的节奏。曹明海先生在分析刘白羽与杨朔的气质不同从而形成不同的文学风格与不同节奏时认为：刘白羽的个性气质的基本特征是"激流勇进"，豪迈的军人风度，情感的外露、奔突使他的文章总是以燃烧的激情直抒胸臆、一泻千里，呈现出强劲开阔、奔腾汹涌的节奏和气势。从他的散文名篇《长江三日》可见一斑。杨朔个性气质的基本特征是深沉、执着、含蓄、细腻，是内向的。所以，他的文章总是把浓郁的感情浓缩蕴含在情景交融、娓娓动听的故事叙述里，呈现出优游舒缓、平淡有致的节奏，他的《秋风萧瑟》等作品均可看出这一明显的结构特征。[①]

由此可见，文学作品的内在节奏要受到作品题材、内容以及作家的个性气质的制约。虽然节奏有不同的形态，给予读者的感觉不同，但它们极尽异曲同工之妙，以其不同的感人力量，感染、震撼着读者的心弦，实现其作品特有的审美功能和教育意义。

（二）叙事的角度与技巧

文学作品包括以叙事功能为主与以抒情功能为主两大类，这两种不同类型的作品其形式上既有共性的地方，又有各自的特点。所谓文学的叙事，概括地讲，就是用话语虚构社会生活事件过程。

1. 叙事视角

视角是作品对故事内容进行观察和讲述的角度。视角的特征通常是由叙述人称决定的。对叙述角度分类有很多种，过去一般用第一人称、第二人称、第三人称叙述去进行分类，结合现代叙事学理论，下面从不同的叙事视角进行探讨。

第一，全知视角。这是传统小说里运用得最多的一种叙述视角，并且常常成为第三人称叙述者的专利。在早期的小说里，作者往往固定使用说书人身份的叙述者，在讲故事的幌子下迫使读者接受。这种叙述的特点是

[①] 参见曹明海《文学解读学导论》，人民文学出版社1997年版，第192页。

无视角限制，叙述者如同无所不知、无所不晓的上帝，可以了解过去、预知未来，还可随意进入任何一个人物的心灵深处。总之，这种叙述方式由于没有视角限制，使作者获得了充分的自由，但处理不好，也容易产生另一种倾向，即叙述者对人物命运、对所有事件可任意摆布，剥夺了接受者解释作品的权利。

第二，隐退视角。这是指作家有意识地把叙述者隐退到某一个人物背后，使这个人物成为整部小说的叙述者。若从叙述者来看，全知视角明显地存在于小说人群之外，而小说中的某一个人物充当整部小说的叙述者则使读者感觉到只是该人物的角度和眼光，叙述的一切人和事都经过该人物思想和感觉的过滤，所以这种视角又称受限制视角或不露痕迹视角。读者在阅读这类小说时，若想把握住作家的真实想法，必须将充当叙述者的人物给叙述的人和事赋予的个人色彩剔去，并且进一步把握住作家对该人物的真实想法之后，才能实现。现代叙述学理论认为，在作家和作品之间，存在一个叙述者。作家并不直接在作品里站出来叙事，而是通过叙述者来叙事。因而叙述者并不就是作家本人，他和作家总保持着一定的距离，但又往往体现了作家的某些思想规范、道德标准、价值判断、审美情趣和个性风格。所以，这是作家的一个潜在替身，是作家创造出来的一个"第二自我"。

第三，客观视角。这是指承担小说叙述者作用的小说中人物，不再卷入小说的主要事件和情节中去，也不再是小说的主人公，他在小说里更多的是一个不动声色的旁观者，尽管他也可能有自己的故事，也可能在叙述小说主人公的故事时夹带有自己不明显的感情色彩，但他从整体上来看仍然为小说提供了一个客观的叙述视角，叙述者在作品里常扮演一个冷眼旁观或联结事件的角色，使作品保持一种特有的真实感。

第四，观察视角。作家采取客观的态度，从旁观者的审美角度来描写人物的活动、刻画人物形象。作家让作品中的人物在特定的情景中去自我表现。它一般侧重人物的容貌、神姿、情状、语言、动作，以及客观景物等外在事实的描写。如鲁迅小说《药》开篇一段叙写："秋天的后半夜，月亮下去了，太阳还没有出，只剩下一片乌蓝的天；除了夜游的东西，什么都睡着。华老栓忽然坐起身，擦着火柴，点上遍身油腻的灯盏，茶馆的两间屋子里，便弥漫了青白的光。"在这里，作者作为"局外"观察的叙述者，对客观景物作了细腻的叙述，使我们获得了色彩和活动的生命，感到视觉形象真切。

第五，内心视角。作家提供了一个内心观察和体验的叙述者。这个叙述者总是由内向外或者干脆只向内进行观察和叙述，因而其叙述视角始终是一种内视角，一切外面的人和事都由内视角提供其在意识深处的投影。这种内视角在意识流小说中最为多见，也可以说是意识流小说最为主要的叙述角度。

2. 叙述动作

叙述动作，即"叙述"行为本身。叙述动作以各种方式影响着读者的态度和评价。

第一，叙述者与人称。小说叙述者往往容易与小说的人称混淆在一起，其实这是两个不尽相同的概念。在小说创作中，作家选择叙述者，同时也选择人称，叙述者和人称不可避免地要相遇在一起。一般来说，第一人称"我"的出现，常常使叙述者与小说人物合而为一。在这种情况下，不管"我"与小说作者相似到什么程度，"我"实质上仍然充当着叙述者和小说人物的双重角色，而不能把"我"理解为作者本人。第二人称是一种运用不多却极具特殊魅力的叙述称谓。当叙述者对其叙述中的人物以"你"相称呼时，叙述者在小说中便明显地从后台走到了前台，不必像第三人称叙述者那样努力地隐藏自己的存在，也不必如第一人称叙述者那样炫耀着自己的存在，而只需作为一个旁观者那样叙述着虚构人物的一举一动、一言一行。[①] 第三人称是小说创作中运用得最普遍、最长久的一种叙述称谓。叙述者，由于不在作品中出场，看上去就更像藏在故事背后的作者了。

第二，叙述者与接受者。叙述活动是双向的，叙述者在讲述故事时，心目中必然要有一个潜在的叙述接受者，接受者与叙述者共同实现作品的意义价值。中国传统叙事作品的叙述者就十分强调接受者的反应，如《三国志通俗演义》在叙述者的序言中就要求："若读到古人忠处，便思自己忠与不忠；若读到古人孝处，便思自己孝与不孝。"《红楼梦》的叙述者感叹："满纸荒唐言，一把辛酸泪。都云作者痴，谁解其中味？"显然也是在寻求真的知音、"解味"的读者。只不过传统阅读理论很少从接受者角度去探讨有关问题。有的第三人称作品的叙述人完全退居幕后，不

[①] 参见王纪人主编《文艺学与语文教育》，上海教育出版社1995年版，第147页。

露声色，以特定的叙述方式召唤特定的接受者，这也是接受美学谈到的文学作品中的召唤结构的问题了。

第三，叙述者与声音。故事中叙述者的存在不仅表现于叙述的内容以及叙述话语本身之中，而且表现于叙述动作之中，即用什么口气或什么态度叙述，这就是叙述者的"声音"。不同的叙述风格，也可以从叙述声音的差异上加以区别。从叙事的本来意义而言，叙述声音的功用只是传达内容意义，声音的表情特点也只是为了更准确、生动地表达内容的情感意蕴。然而在有些叙事作品中，叙述者的声音会脱离叙述的故事内容而凸显出来，声音本身变成被关注的对象。叙述者声音的突出把叙述者从故事的幕后推到了前台，使叙述者也成为读者欣赏的对象，换句话说是被戏剧化了。与叙述者的声音相对应，作品中还存在着其他的声音，如人物对话、独白、心理活动等人物语言的声音，但这些声音，都来自同一个叙述者的安排。在现代某些叙事作品中，我们还可能看到另一种不同的叙事方式。这一类叙事方式中叙述者的声音与主人公的声音之间存在着矛盾，好像不是叙述者在控制着主人公的行动，而是叙事者在与主人公对话，有时叙述者只能听凭主人公行动。在这里，作者把自己内心的矛盾、困惑通过叙述者声音与主人公声音的对立而表现了出来。这样在同一个叙事中并行着两个甚至更多的声音的叙述方式可以借用音乐术语称为"复调"式叙述。①

文学是一种审美意识形态。文学叙事的内容与方式都体现着一定的审美意识特征，意识形态性质在叙事中的体现应当从叙事活动的整体中去把握。

（三）现代作品结构分析

文学作品的结构系统，就是作品的构成和存在方式。过去我们简单理解为段落、层次，往往忽视作品结构层的意义与价值。下面我们从三个方面来探讨这一问题。

1. 文学作品的结构层次

中国古代文论对作品的结构问题有过许多十分精辟的见解。《周易·系辞》在探讨人类思想的表达问题时，曾提出"书不尽言，言不尽意"和"圣人立象以尽意"的观点。这里提出的"言、象、意"问题，虽然

---

① 参见童庆炳主编《文学理论教程》，高等教育出版社2004年版，第260页。

并非指文学作品而言，但对理解文学作品审美层次的构成具有启示意义。著名经学家王弼在对《周易》进行诠释时，则更为详明地理清了三者之间的关系。他说："夫象者，出意者也。言者，明象者也。尽意莫若象，尽象莫若言。言生于象，故可寻言以观象；象生于意，故可寻象以观言。意以象尽，象以言著。"(《周易略例》) 在王弼看来，"言、象、意"是由一个由表及里的审美层次结构。人们首先接触的是"言"，其次"窥"见的是"象"，最后才能意会到由这个"象"所表示的"意"。这种认识言简意赅、内涵丰富。著名的现象学美学理论家罗兰·英加登在他的《文学的艺术作品》中指出，文学文本是由四种异质的层次构成的有机整体，即语音层次、意群层次、作品描绘的世界、艺术世界。参照相关的研究成果，我们总体上可以将文学作品分为三个大的结构层次，即语言符号层面、艺术形象层面、文学意蕴层面。

言语符号层面是文学作品最外层的结构，它是文学作品首先呈现于读者面前，供其阅读的具体的言语系统。由于这是由作家选择一定的语言材料，按照艺术世界的诗意逻辑创造的特殊言语系统，所以这个系统中的"言语"已与一般的语言有了明显的不同。如杜甫的诗句"感时花溅泪，恨别鸟惊心"，句中的"花"和"鸟"虽然表面上与普通语言一样，但实际上已被赋予不同寻常的含义，它已被伤感的、悲戚的心情所浸染，并产生一种移情共鸣。言语符号层面具体来说，包括语音、语调、节奏、语序等相关内容，这是读者阅读时的最初感受。

艺术形象层面也还是处于文学作品的表层。读者在作品言语的感知基础上，经过想象和联想，便在头脑中唤起一系列相应的具体可感的艺术形象，构成一个动人心弦的艺术世界。文学艺术形象是艺术真实与生活真实的统一。文学艺术从某种意义上说需要虚构，但这种虚构要符合生活的真实，既合情又合理。所以，作品中的日月山川、草木虫鱼可以通人性，屈原可以上叩天庭之门，但丁可以下睹地狱之苦，孙悟空可以大闹三界。读者非但不指责其无稽虚妄，反而为这满纸"荒唐言"忧喜悲欢，产生共鸣。

文学意蕴层指内在意蕴与象征意蕴。内在意蕴层面是指作品所蕴含的思想、感情等内容，属于作品结构的纵深层次。作品形象总是指向、暗示一定的社会历史内容以及思想感情，作品的形象总是与一定的意义相结合，成为有内在含义的意象。象征意蕴层是文学作品最深层面。象征意蕴就是作品中的形象或意象所含有的象征意味，它突破了作品形象的具体意义，成为一种超越形象意义的带有普遍性和永恒性的心理、哲理内涵。象征意蕴使得作品意义超越了具象自身，上升为一种新的精神境界，它是作品最能表现审美意义的因素。

了解了文学作品的结构层面，是为了剖析作品的内宇宙。如戴望舒的诗《雨巷》，其意义内容、主题情思，就是由一个多种形式因素构成的复合体。一是轻缓、舒柔、悠旷的节奏音调；二是语感流向和意象运动的回旋感以及它们和上述节奏音调共同表现、暗示出来的缠绵悱恻、凄迷徘徊的情绪；三是直接来自"视觉形象"的孤寂、怅惘、凄冷的情绪体验及形象意义；四是整首诗的迷离感、恍惚感、梦幻感所构成的生命象征及审美意义。

2. 现代作品结构

传统意义的结构是指文学作品的组织方式和内部构造。所谓作品组织方式，其实就是体裁问题，即结构必须依据不同文学体裁的自身特点和需求作出相应的变通。作品的内部构造，则是指作品中的段落、篇章间的关系以及它们与整个作品的关系，而这种关系最终又受到作品主题的制约。所以，传统文学理论把结构问题具体地归结为材料的剪裁和布局，而把体裁单独地列出来加以研究。这种作品结构基本上符合作品的实际状况，因而也被中学语文教学不断沿用。即使如此，对有些作品来说，这种篇章结构分析仍然显得肤浅而得不到作品结构之精髓。特别是对现当代文学作品的分析更显得捉襟见肘，难以入手。随着文学观念的更新，作家也越来越自觉地为自己的作品尝试着各种各样的新结构，以至于当读者在阅读和鉴赏这些作品时不得不首先接受作家的新结构、新观点才能进入作品世界里。

文学作品的现代结构，概括起来主要有复合式结构、交错式结构、意识流结构。

所谓复合式结构，是指文学作品内存在着的两个不相同的、却又有某种关联的结构层次，其中最常见的是表层结构和深层结构模式，现实和虚幻两个世界的艺术复合模式。陶渊明在《饮酒》中写道："结庐在人境，而无车马喧。问君何能尔？心远地自偏。采菊东篱下，悠然见南山。山气日夕佳，飞鸟相与还。此中有真意，欲辩已忘言。"诗中所表现的闲适避世的生活情趣，可以通过言语结构层面直接感受得到，这是一种表层结构，而"欲辩已忘言"的"真意"，可以说是一种难以形诸笔墨的"象外之象""味外之味"和"言外之意",具有一种深层次的哲学意味,需要细致品味才可获得。深层结构是作品潜含的文化意义,它植根于一定文化中的深层社会心理,往往呈现为多义的状态,造成译解的困难和歧义。因此,对同一部作品深层结构的分析常常会得出多种结果。又如莫言的小说《透明的红萝卜》,也是由一个非现实的梦幻为契机,构筑了一个现实与虚构的双重世界。现实世界展示的是以黑孩为主体的物质、精神都极度贫困的农民现实生活;虚幻世界则表现的是以黑孩为代表的农民理想的内在生命力。在凝聚于黑孩这个人物的心理空间而融化为一体的双重世界里,现实世界——实际上又是虚幻化了的现实,而虚幻世界——实际上又是现实化了的虚幻,这就构成了两种世界同处于"似与不似"之间,使作品在纵面上增强了厚度,在横面上扩展了广度。

交错式结构是指作品中交错叠合多重世界的营构。有些文学作品,是以较单一的事件、人物、场景组构生活画面,从而使作品的容量受到不少的局限,那么,致力于这种多重世界构筑的作品,就是打破这种容量局限的一种方式。《红楼梦》这部世界名著就是营构了一种亦真亦假、亦梦亦幻的交错叠合式结构,作品既刻画了现实世界,描写了艺术的世界,同时也蕴含着作者理想的世界,使作品产生出一种巨大的张力与强烈的艺术魅力。时空交错是交错式结构的一种类型,它打乱时间与空间的秩序,根据作家所要表达的主题需要重新组织,形成多时态、多空间、多视角、多线索交织在一起的结构方式。茹志鹃的《剪辑错了的故事》就是将两个不同时空的故事打乱,交错地加以叙述,从而形成战争年代的干群关系和20世纪60年代的干群关系尖锐对比的效果,深刻地表达了这一故事蕴含的思想内容。

意识流结构源出于意识流小说。这是直接受了现代心理学的影响而发展起来的文学作品结构。"意识流"这个名称首先是由美国心理学家威廉·詹姆士提出的。他认为,人类的思维活动是一种斩不断的"流",而不是片断的衔接。意识流结构打破了传统小说以时间为序的结构方式,而采用以人的意识流动来结构整部作品的方法,其叙述顺序随着人物意识的流动而变化衔接,具有很大的随意性和跳跃性,并且叙述的事件也呈现出破碎、短暂和无序的状态。在意识流结构中,作家以心理意识及情绪的流动来交叠和组织生活的"瞬间性印象"。这种瞬间性印象的交叠不是连续性的长镜头,而是随着心理意识的律动,由此及彼地把呈散状的瞬间性生活断面贯通于一体。这种交叠结构，打破了客观世界的秩序，建立了主观世界的秩序，审美知觉圆转于各种瞬间性印象——生活断面和镜头之间，整体构图生成于无形涌动的"情绪流"的律动和跳跃的心理感觉。如王蒙的小说《春之声》，就是写主人公岳之峰坐在闷罐车里的心理意识，其生活断面时而连接北京和西北高原，时而又放射到德国的慕尼黑和法兰克福，时而连接到童年的生活和青年时代的初恋，时而又放射到眼前的生活现实，时而连接到广州人住的凉棚、易北河上的客轮、斯图加特的奔驰汽车工厂、天上的三叉戟飞机，时而又放射到美国的抽象派的音乐、杨子荣的咏叹调。这里，人物的思绪、心理意识打破时空界线四处流淌，自由飞越，形成了作品特有的结构形态。

必须指出，现代作品结构与传统的结构并不是一刀两断的关系，而是一种传承与发展的关系，这与社会的变革密切相连。

3. 作品结构分析

在文学作品中，其结构是繁复多样的，我们应根据不同作品作具体的解析。下面从三个方面来阐释作品结构分析这一问题。

第一，整体意义与局部意义。结构是文学作品的组合方式，它体现文学作品各个部分之间的关系以及它们与作品总体的关系。作品结构不是任意组合的，而是在作者整体构思中产生，为表现作品的意义而得到定型的。作品结构的分析不仅要分析作品的不同结构层面以及段落层次的意义，更重要的是在此基础上去把握作品结构所体现出的整体意义。在对作品的整体把握上，格式塔心理学的观点能给我们有益的启示。格式塔心理学是一种侧重于研究经验现象中的形式与关系的心理学，又称"完形心理学"。它的一个基本观点是：整体大于局部之和，形式与关系可以生成一种新的质，即"格式塔质"。如鲁迅小说《药》，如果仅从作品所提供的材料去分析夏瑜这一人物形象，其实是很单薄的。然而，作品的叙事结构的特点就是将主要人物隐于幕后（暗线），而实际上这个人物支配了前台（明线）人物的活动。小说始终没有正面描述夏瑜之死，夏瑜的故事通过康大叔及茶客的闲聊断断续续地表现出来，对夏瑜的认识只能来源于局部层次、段落之中，而小说这种结构的安排更突出了作品的意义。因为这表现出当时的社会群体对夏瑜之死的冷淡和漠然，揭示了当时民众的麻木和不觉悟，痛心于革命者的脱离群众。作品艺术形象层面的意义与言语符号层面的意义以及内在意蕴层面的意义必须整体把握，才能正确分析作品的结构意义来。

第二，表层结构与深层结构。作品的表层结构是作品的基本结构，没有表层结构就不可能有一个完整的艺术整体，因而表层意义也是作品的基本意义。作品的深层意义往往是作品的寓意所在，是艺术的真谛，它隐含在作品的深层结构之中。深层意义超越了作品所反映的特定的历史内容和作家的具体生活感受，深入事物的内在特征之中，因而具有超越时代和历史的永恒魅力。《狂人日记》的意义与其叙述结构很有关系。作品实际表现了两重世界，一是以大哥为代表的常规世界，一是狂人的病态世界。这两个世界的重叠分离，实际上是对于历史和现实把握方式的变换。其作品的深层结构就是隐喻性和象征性的，这样就表现出作品浓烈的主观意向。当然，并不是所有的作品都具有可供挖掘的深层结构与深层意义。有些作品的意义只停留在表层结构上，因而不要人为地将某些内容强加于作品。同时，在分析作品结构时，我们不可能越过作品的语言、形象去寻求意义，所以也就不能越过表层结构及意义去体验深层意义，而只能在对作品的不同结构层面的分析中去领悟更深层的意蕴。

第三，结构线索与结构张力。结构线索是指把多种本来呈散状的生活图像或材料营构为一个有机的艺术整体的线索。结构线索有的是以事件的进程为序，有的是以时空推移与转换为序，有的是以人物活动或心理情感的活动为序。单维结构线索其时间总是向着一个方向，即"始"一直是向着"终"进行的，而空间总是有其连续性。如蒲松龄的《促织》虽然整个情节跌宕起伏，扣人心弦，但它有头有尾，有始有终，事件按顺序发展，线索单纯，不枝不蔓。较为复杂的作品结构往往有两条或两条以上的线索。由于这两条以上的线索在作品中所处的地位和相互联系、相互作用不同，所以有多种不同的形式构成。或一正一副，或一明一暗，或双线并行，它往往于作者行踪、见闻之中，融进作者独特的感受，寓内在的情感脉络于作品的外在线索之中。两条线索若明若暗，互为映衬，既表现出外在线索明朗的美，又体现出内在线索含蓄的美。需要指出的是，现代许多作品往往采用多重世界的艺术营构，扩大、密集了作品的容量。但这种容量的扩大、密集，并不是依据篇幅或情节的增加，而是靠不同世界、不同事实的相互叠合而获得的。因而，作品时空的秩序、纵横的构置关系以及作品的线索均发生了不小的变革。这一变革主要表现是时间维度的浓缩、空间维度的扩大。体现在具体作品中便是作者或人物的意识空间扩大，因果事件、情节的链条被截断，代之以不连贯或不相关的生活断面进行横向组合，使作品的结构产生了一种巨大的张力，并具有了抒情化和生活化的特征。[1] 作品结构张力以及作品所表现的多重世界的分析是剖析结构时应该注意的。

第四，结构分析与要素分析。叙述内容的基本成分是故事，而内容的存在形态则是结构。叙事作品的结构是指作品中各个成分或单元之间关系的整体形态。因此叙事作品结构分析要把握叙述时间、叙述角度、叙述动作等各种要素与结构之间的内在关系；叙情性作品结构更多的是把握声音、节奏、画面和情感经验，以及它们与结构之间的关系。长期以来，语文教学的文本结构分析存在形式主义的倾向，好像简单地给作品分层划段、孤立地分析线索就是结构分析。如有一位教师教读《邹忌讽齐王纳谏》一文，他从向学生提出这样一个问题开头："这篇文章写人叙事结构上很有特点，下面请大家来寻找一下，课文中一共有几个'三'？"学生们被问得丈二和尚摸不着头脑，后来在老师的"启发"和示范下，开始尽心竭力地寻找、拼凑，最后得出结论，全文竟然有七个"三"："三看""三思""三答""三蔽""三策""三效"。这种结构分析，整个作品被拆得支离破碎，学生们"心无全牛"，当然就更谈不上对作品结构的深入理解了。

---

[1] 参见曹明海《文学解读学导读》，人民文学出版社1997年版，第158页。

语言学与语文审美教育

语言学是一门既古老而又年轻的学科。说其古老是因为人类最早对语言的研究是从解释古代文献开始的，是为了达到研究哲学、文学或历史的目的而研究语言的；说其年轻是因为现代语言学建立于19世纪前25年，只不过百余年的历史。语言学研究对象主要包括文字、语音、词汇、语法、语义等诸多方面。传统语言学主要着眼于一种静态的分析与研究，这与语文学科的发展极不适应。本章结合现代语言学理论，试图从动态的视角去观照语文教学的问题。因为，只有动态的语言学分析，才符合语文学科的特点，才具有审美的价值与意义。

一 现代语言学与语文审美教育

现代语言学理论具有一种时代精神，它将使语文教学获得更为广阔的文化视野和多角度的方法论的启迪。结合语文学科的特点，我们着重介绍以下几种语言学理论与语文审美教育的关系。

（一）索绪尔的语言学理论

瑞士语言学家费尔迪南·德·索绪尔（1857—1913）的《普通语言学教程》（1916），可以说是现代语言学的第一块理论基石。索绪尔在本书中提出以下三个主要的理论观点。

第一，语言的历时性与共时性。历时性是指语言的历史演变，所谓历时性研究就是对一种语言从一个时代到另一个时代的发展过程作纵向研究；共时性是指同一时代的语言，所谓共时性研究，就是截取一种语言的某一个时代的横断面进行深入的研究。索绪尔认为，研究语言不仅应该根据语言的个别部分，历时性地进行研究，而且应该根据语言的个别部分之间的关系，进行共时性研究。索绪尔认为语言有两种基本表现形态：语言和言语。语言是先于个人的、为一个社会所采用的、集体性的符号系统，而言语则是个别的说话者对这一符号系统的表演和操练，这种表演和操练不可能是完全的、纯粹的和系统连贯的。

第二，语言符号是由所指和能指两部分组成。索绪尔认为，词与词义是两个性质不同的事物。词是一种物质形式，具有形、声，他称为能指。词义是使用者要表达和理解的内容，他称为所指。词的物质形式与内容没有必然的联系，它们的联系是人为的、临时的。语言是自我界定的，因此，语言的所指和能指关系只有在语言的结构里才具有意义。

第三，语言是由相互依赖的诸要素组成的系统。语言是建立在各种关系之上的，而在这些关系中有两个向度尤为重要，这就是语言符号的句段的或水平的关系与联想的或垂直的关系。语言中的词与词的排列，句与句的排列，都是一种水平的或线性的关系。它所传达的意义便是从水平的或线性的排列模式中产生的。与此同时，每一个被挑选出来进入线性排列中的词语又和那些尚未被选中而又能够被挑选的词构成一种垂直的关系，或者说，被选的词的意义界定是由没被选中而又有资格被选中的词来实现的，这样，它们构成了词语的联想关系。[①]

索绪尔的这些语言学理论，对20世纪文学掀起语言实验潮流和文学理论上掀起结构主义浪潮都起到了直接的诱发与推动作用。语言和言语区分的观点，实际上是文学上结构主义理论的先导，直接诱发列维·施特劳斯等人对神话、童话、民间故事和小说等叙事作品的叙事结构的探讨。他们都把文学作品视为作家发出的"言语"，是作家对先于个人而存在的叙事结构亦即"语言"的一次具体演绎。索绪尔的关于语言模式水平关系和垂直关系等观点，在俄国形式主义学派的理论中也可以找到它们的影响。例如什克洛夫斯基提出的"陌生化"理论，即把诗歌艺术的基本功能看作是对受日常生活的感觉方式支持的习惯化过程的颠覆，是把习以为常的熟悉东西"陌生化"，以便重新构造对"现实"的感觉。形式主义大师雅各布森则直接把索绪尔的水平关系和联想关系运用到诗歌语言的隐喻和转喻研究中并取得明显的实绩。凡此种种，均可见索绪尔的现代语言学

[①] 参见王纪人主编《文艺学与语文教育》，上海教育出版社1995年版，第175—177页。

理论对 20 世纪文学的巨大影响。无疑这一切又最终影响到现当代小说、诗歌和散文的创作。

(二) 符号学与语文教育

符号学是在结构主义的基础上发展而来的，它的理论基础是索绪尔的语言学理论。符号学是研究符号的意指作用的科学。所谓符号，就是用来表达另一个事物的事物。这种表达，被称作意指，被表达的事物叫作所指，用以表达的事物叫作能指。符号是能指与所指的统一体。所有的事物都可以成为符号，而表现力最强的符号是语言符号。符号学的历史已近百年，它在西方学术界，已经成为显学，甚至有人说 21 世纪是符号学的世纪。我国符号学的系统研究是改革开放以后的事情。

符号学给予语文教学的启示首先在于进一步认识语文学科属性。索绪尔的语言与言语区分的理论，使我们找到了一个极佳的阐述语文学科属性的视角。长期以来，围绕语文学科的属性争论绵延不绝，争辩者从不同角度去认识与理解语言这一概念，又根据这一概念去论证语文学科的属性。由于语言的概念本身就存在不同的看法，因此，争论总不能完结。符号学认为，语言是用来表情达意的具有一定规则的完整符号系统，是一种社会现象，是全民性的交际工具。语言是由语音、词汇和语法等构成的，构成语言的那套词汇和语法是社会集体意志决定的，任何人要表达自己的思想感情，只有运用现实生活中那套约定俗成的、具有一定规则的口头和书面的语言符号系统，才能为社会所接受。而言语是人们对那套约定俗成的语言符号系统的掌握和运用的过程及其所形成的结果，包括听、说、读、写的活动和成果。语言和言语虽有质的区别，但又有着密切的联系，并且互为前提，互为因果。首先，语言离不开言语，任何一种语言都必须通过人们的言语活动才能发挥它的交际工具的作用，都必须从言语中汲取新的要素才能不断发展。同时，言语也离不开语言。任何个体只有借助语言中的语音、词汇和语法结构，才能正确表达自己的思想和情感，并借此接受别人言语活动的影响。符号学对语言和言语的认识使我们更容易理清语文教学中出现的诸多矛盾的关系，使我们更清楚地认识到语文学科的属性只能是言语，即语言的运用，而不能是语言知识。

符号学关于符号的意指关系对语文教学也具有启示意义。符号学认为，语词的声音是能指，语词所表示的意义是所指，对语言符号的把握是一种整体的把握，在感觉语言符号中的声音这一要素的同时也要把握语词的概念含义。正确地理解语词含义，必须结合具体的语言环境，从表层意义的理解进而深入到深层的意义。例如《吕氏春秋·察传》的第一段话："夫得言不可以不察。数传而白为黑，黑为白。狗似玃，玃似母猴，母猴似人，人之与狗则远矣。此愚者所以大过也。"首句"得言不可以不察"这个论点的论据是什么？难道仅仅是两种事物在传播中的失实吗？显然这里词句的所指并不是首句的论据。真正的论据在于这表层所指转化为能指所表达的深层意义，即传闻可能与事实全然相反，不断的量变的积累引起了质变。这既是首句的论据所在，也是传闻之所以与事实全然相反的原因。由此可见，句与句之间的关系表层意义与深层意义之间的关系是十分密切的。①

语言符号作为社会文化的重要载体还具有文化意义。比如"春天"就有"崭新""复苏""美好""欢乐""生机""耕种"等文化意蕴。这种文化意蕴在不同民族的语言中不尽相同。例如"松树"在汉语中具有"坚强"和"高洁"的意蕴，而在俄语中却没有这种意蕴，这也是语言民族性的表现。词语的文化性特征不是外贴的标签，而是汉语词汇中留下了太多的社会文化的痕迹，如现代的书籍以"页"或"本"为单位，而古代则是用竹简编在一起，一捆一捆地卷起来，其单位为"卷"。现代汉语的"开卷有益"和"行万里路，读万卷书"等俗语之中，还保留了"卷"的用法。词汇除了保留古代文化、外来文化的痕迹之外，还与当代文化生活密切相关。

（三）语用学与语文教育

语用学研究的是语言运用的问题，属应用语言学的范畴。如果说传统的语言学对语言三要素语音、词汇、语法的研究主要偏于静态、孤立、封闭的话，那么语用学的研究主要采用的是一种动态、立体、开放的方法。张志公先生认为静态的语言知识，如果不从运用的角度去考虑，对提高口头和书面语言的能力作用不大。他指出："这里需要一种过渡性的办法，乃至需要一种桥梁性的学科，把这两端联结起来。"② 张先生这里所说的

---

① 参见吴格明《语文教学与现代语言学》，《课程·教材·教法》2001年第12期。
② 张志公：《掌握语文教学的客观规律》，《文汇报》1992年6月12日。

"桥梁性的学科",就有语用的含义。语言运用是由语言运用者、语言运用环境和语言运用作品构成,它是一个动态的实践过程。例如有一位学者,见到一位多年不见的老同事,当看到老同事的女儿已长成大人时,他大发感叹:"小芒看上去像有三十多岁了,真快呀!记得我头一回来你们家的时候,她才这么高,像朵花似的……"这句话从语言学的角度来讲没有任何毛病,但从语言运用的角度来讲却问题不小。你的目的是与老同事叙旧,增进感情,可当着人家女儿的面说她当年"像朵花似的",言下之意就是现在不好看了,这就没有达到交流感情的目的。语文教学中,如果教师能从语言运用的层面去教学,可以加强学生语言学习的兴趣。例如,讲状语可以以《鞠躬尽瘁》中的句子为例:"那一年他才42岁。"教师首先说明,这里的"才"是状语,由副词充当,表示一种时间关系,表达了说话者对焦裕禄同志英年早逝的惋惜之情。去掉它试试,"那一年他42岁"。立刻变成冷冰冰的、纯客观的叙述,似乎对焦裕禄同志的去世漠不关心,由此可见状语的重要性。再换一个状语试试,"那一年他已经42岁"。这更糟糕,似乎嫌他活得太长了,人们会觉得说话者精神不正常。由此可见,状语的运用必须准确恰当。这样教学,抽象枯燥的语法就会变得生动、活泼、有趣。

语言知识需要从语用的层面去学习,而阅读教学和写作教学同样需要提高到语用的层面。有一位语文特级教师在教鲁迅的《藤野先生》这篇课文时,曾将藤野先生的自我介绍,另拟了两句不同的话,引导学生对照原话进行比较。

原话:我就是叫作藤野严九郎的。

拟话1:我是藤野教授。

拟话2:我叫藤野。

这三句话作自我介绍合乎藤野先生实际,都讲得通。然而,学生经过一番分析讨论,体味出这三句话确实有不同的情蕴:拟话1突出教授身份,口气略嫌高傲,令人敬而远之;拟话2只提姓氏不说名字,就像中国话中称呼"老张""小李"似的,口气又太随便,缺乏师生关系中必要的严肃性;原话的口气最为恰当,既完整地介绍了自己的姓名,又表现出平等谦和的风范,令人可敬可亲。语用在某种层面联结了阅读与写作教学,更能激发学习探究语言的盎然兴趣。

我们常说,语文既是一门科学,也是一门艺术。其实这两个命题在本质上是一致的。科学的目标是追求准确,而语文的准确就是指言语作品、言语主体、言语环境之间的切合。这种切合就是艺术,这种语言切合的教育就是语文审美教育的内容。

二 语境的适应美

语境这一语言学概念如果从不同层面、不同视角去认识它,就会得出不同的结论。一般认为,语境有广义、狭义之分。狭义的语境是作品内部的上下文或写话的前言后语,广义的语境即作品外的社会环境等方面的因素。李海林认为:"从言语活动本身来看,所谓语境,就是指言语活动赖以发生和进行的条件系统。"[1] 下面我们从四个方面论述语境的适应美。

(一) 语音与语境

语音是语言的物质外壳,它载负着一定的语义内容。在言语交际中语音形式的不同,直接影响着语义内容的表达,直接关系到言语交际的成败。因此,在什么样的语境条件下,选择什么样的语音形式,就成为言语交际者应十分重视的一个问题。

汉语声调变化起到了表意作用,这种声调变化的现象主要是根据"上下文"语境的不同而产生的。如语气词"啊"的音变,由它前面一个音节决定。也就是说,前面一个音节的形式决定了"啊"的不同语音形式。又如"一""不"等音变主要是受音节的影响。在阴、阳、上的前头,读去声;在去声的前头,读阳平。音节与音节的配合,也受制于语音的上下文语境。音节的数目、音节的响度、音节的平仄配合等,都依赖于语境条件。

郭绍虞先生在分析汉语的特点时指出:"……中国语音文字之特性,由于单音与孤立,所以很容易成为对偶的韵律;文有四六,诗有律体,其他如各种应用的楹联、游戏的诗,也无不是对偶的体制;即在日常口头所用的成语而言,如'青天白日'、'镜花水月'、'惊天动地'、'翻云覆雨'之类,也往往成为对偶的形式。于是对偶也成为中国文学修辞上利

---

[1] 李海林:《言语教学论》,上海教育出版社2000年版,第387页。

用语言文字特性之一端。"① 语音的音韵有其自己的节奏,这种节奏与汉语言自身的特点有关。汉语节奏形式大致有平仄律、声韵律、长短律、快慢律、重轻律、扬抑律等。平仄律指由声调阴阳上去(或用古平仄相对)对立中显出节奏周期平仄规律,成语中的绝大部分都有平仄规律。古代诗、词也按平仄规律的要求填诗、填词,读来朗朗上口、铿锵悦耳。声韵律是由声韵母的异同对立,形成周期性组合。如汉语的双声叠韵词、诗歌中的押韵等。如《诗经》第一首《关雎》,"关关雎鸠,在河之洲。窈窕淑女,君子好逑",就是运用了双声、叠韵等音节的词语,富有韵律特征的音乐美感。长短律指由音节的长音与短音有规律地交替出现形成的节奏。如朱自清的《春》中:"小草偷偷地从土里钻出来,嫩嫩的,绿绿的。园子里,田野里,瞧去,一大片一大片满是的。坐着,躺着,打两个滚,踢几脚球,赛几趟跑,捉几回迷藏。风轻悄悄的,草软绵绵的。"这里是由"长短—短长—短长"语句交错组合,整句散句交替出现,形成了长短律,读来动听优美,给人一种美感。快慢律指由音节所需时值的长短形成对比,产生快语速与慢语速的交替出现。如丘迟《与陈伯之书》中:"暮春三月,江南草长,杂花生树,群莺乱飞。见故国之旗鼓,感平生于畴日,抚弦登陴,岂不怆恨!"根据文意,前两句用慢节奏朗读,使读者有一种想象的回味,第三四句"杂花""群莺"用快节奏,富于一种春天式的气息。然后两句用快慢律,最后两句又用慢节奏,使陈伯之不能不在思乡中发出感慨。传说陈伯之不识字,丘迟是派送信人读给他听的,这时要劝归陈伯之,唯有朗读的节奏恰到好处,才能以情动人,达到目的。重轻律是由重音轻音有规律地交替出现形成的节奏。这是语音链上较普遍也是较明显的节奏形式。语言中由声音强弱形成的节奏,具体表现在音步与音步之间,由强音弱音交替出现构成。文句轻重的读音处理,也必须切合语境与语义。扬抑律主要表现在句调的高低变化上,由升扬调和降抑调有规律地相间交替,形成语音链上的节奏变化。

　　汉语音韵节奏是由于语音中音长、音强、音高、音色四种因素产生的对比与相间交替出现而形成的。在实际运用中,各种对比因素并不是孤立出现的,它们往往是相互配合的。如朱自清的散文名篇《荷塘月色》中这样的地方就不少。如:"有袅娜地开着的,有羞涩地打着朵儿的;正如

---

① 郭绍虞:《照隅室语言文字论集》,上海古籍出版社1985年版,第33页。

一粒粒的明珠，又如碧天里的星星。"这段话，每两个分句音步相等，音步与音步音联，分句与分句音联，形成了节奏。四个分句的音步音节为（4+3）+（4+5）+（2+4+2）+（2+4+2）。每个音步的音节不等，形成快慢语速有规律相间交替。每分句首字为仄声，尾字为平声，构成"仄—平，仄—平；仄—平，仄—平"音列的变化。句中出现的重叠式"粒粒""星星"及双声词"袅娜"形成声韵律；还有同音字有规律地相间交替。读来使人感到优美雅致，韵味无穷。这篇散文之所以一直为人们所喜爱，这与作者为表情达意而锤炼的语言形式是分不开的。

语音是听觉感知的一种形式，它是线性延伸。语音这个线性序列由一个一个的语音单位构成，语音单位是一种由小到大的递序结构。音组是音节的组合，它是语音的上下文语境的进一步扩展。音组不同，实际上是语音的上下文语境发生变化，其表达的语义内容也随之变化，所以在言语表达中，音顿是十分重要的。人们经常当作"音顿"不同、意义不同的例子"下雨天留客天留我不留"，其实就是音组不同，构成语音的上下文不同造成的。

下雨天，留客天，留我不留？（这是客人去问主人）
下雨天留客，天留我不留。（这是主人不愿留客）
下雨天，留客天。留我不？留。（这是客人问，主人答应留）

可见，音的组合与顿隔，与表达确切的语义内容密切相关。语音与语境适应关系还有多种情况，在此不赘述。

（二）词汇与语境

对词语的声音、形体、意义的分析是静态研究，对词语的运用分析是动态研究。词语的运用必须以对词的静态分析为基础，但这种分析与语境的关系更为密切，语言体系中的词语一旦进入言语，也就进入了语境。在词汇的上下文语境中，某一个词与另一个词或更多的词组合后，它们相互便形成了语境的参照系，透过由它们自己建构起来的参照系，我们可以判断词在语境中是否准确，是否恰当，是否变异。

准确是对词语运用的最基本的要求，所谓准确即要求切合上下文语境，符合作品的主旨、人物性格及特征。如鲁迅的《一件小事》中一段描写："刚近 S 门，忽然车把上带着一个人，慢慢地倒了。跌倒的是一个女人，花白头发，衣服都很破烂。伊从马路边上突然向车前横截过来；车夫已经让开道，但伊的破棉背心没有上扣，微风吹着，向外展开，所以终于兜着车把。"这段文字中"带着""横截""兜着"都能准确地表达作品主旨。用"带着"而不用"碰着""撞着"，说明程度之轻，用"横截""兜着"，既形象地反映真实情景，又说明责任在这个女人，又用"已经让开道"说明责任不在车夫。程度很轻，责任又不在车夫，车夫尚且能这样认真负责地对待，更显示出车夫的高贵品质。

切合作品情境，既包括切合客观的情境，如社会文化、自然环境、语体风格等内容，又包括切合微观的上下文的情境。如汉语中，"黄色"在古代是高贵、吉祥的标志，"黄袍"意味着地位的高贵。到了现代，"黄色"除了表示色彩意义之外，还增加了不健康的这种意思，诸如"黄色读物""黄色影片"等。色彩词在汉语的具体运用中具有某种"借代"功能，它不仅表示其颜色是某一事物的属性，还赋予了其特殊的意义所指。这就需要言语接受者善于领会和理解，适应由色彩词构成的特殊的言语表示方式。中国人对一些长寿的动物、植物都十分喜欢，常常用它们来寄托自己的主观的感情和希望，因而这些动物、植物便被赋予了具有浓郁民族文化心理色彩的文化意义。例如"龟""松""鹤"等词语就具有这种文化意义。但也不能一概而论，如"龟"，除了长寿的文化意义外，也还有一种负面的文化意义，这应该在言语交际时加以注意。微观的情景主要指切合上下文的关系，符合人物的性格特征等。例如汉语中，关于"死"的词语就有百余个，我们可以说这百余个词就有百余种情调。如果说"驾崩""仙游""牺牲""圆寂""香消玉殒"等词语所表示的情感意义完全不同的话，那么"上西天"与"归西"就词义而言几乎没有什么差异，它们之间的不同纯粹是由于个人风格、情调不同造成的。人们对这种不同的情境所用的词语都很敏感。20 世纪 50 年代有个小青年申请入团，由于他在自我介绍时对他父亲的死用了"逝世"一词而未获通过，因为他父亲是新中国成立初时被枪毙的。孔乙己就坚持"窃书不能算偷"，他觉得"窃书"是"读书人的事"，与"偷"一词的情调是格格不入的。

词语的变异是语境的生成功能所决定的，它的意义是一种临时性的。常见的有词义变异、词性变异、语素变异、色彩变异、词序变异、搭配变异等。词语在语境中不但可以生成新的意义，而且能生成新的言语形式。

它有三种表现：其一，是创造一个新词。这个语词只有在一个特定的语境中才成立，离开这个特定的语境这个语词就不能成立，也就是既不规范也无意义。例如"阳谋"离开"阴谋"即不能成立，"狭人"离开"阔人"也不知所云。其二，是使一个语词或句子或其他言语单位组成的话语产生一般情况下没有的意义。例如："在上海拍完大部分镜头之后，《清凉寺的钟声》又在东京敲响。"此句中的"敲响"在这里的意义是"拍摄"，这个意义是词典中绝对没有的，是由语境临时赋予的。其三，创造一种新的表达方式。例如："见了主任，我只得又操练起满脸的笑容。"这里的"操练"本没有这一用法，此处语境决定允许它有这一用法。词语的变异情况与种类十分复杂，可以这样说，几乎所有的言外之意大都来源于语境，语境是言外之意的源泉。

（三）语义与语境

词语的语言意义与语用意义在上下文语境中处于逆转或旁转的状态。词的逆转是指词在上下文语境中，其语义内容向着与其原本意义相反的方向转化；旁转即在上下文语境中词的意义从一个方面转向另一个方面。请看下面的例子：

(1) 我一个表姐（姨母的女儿）在民国初年还有抱过牌位成亲的"壮举"。（巴金《谈〈家〉》）

(2) 那时五哥六哥都刚上学不久，而七哥还在从事拾破烂的"事业"。（方方《风景》）

例（1）中"壮举"原指伟大的举动、壮烈的行为，含褒义。这里指可悲、可笑而又可怜的做法，含贬义。这是逆转的一种。例（2）中"事业"是一个意义范围大的词，一般用于重大场合，在这个上下文语境中，其意义发生了旁转，指"拾破烂的事情"。旁转的情况比较复杂，诸如中性词被赋予感情色彩，有感情色彩的词用作中性词，等等。

语义与上下文中语境形成的增义关系。形成增义关系的上下文语境主要有以下几种情况：一是言语表达者在上文提供了一些语言的背景材料，或者说是作了铺垫，打了埋伏，下文的言语表达中的某一个或某些个言语单位就会增加一定的语义内容。例如曹禺的《日出》中的一段台词："你的美丽的身体所发出的那种清香,就叫我想到当初我去巴黎的时候,哦,那巴黎的夜晚,那夜晚的巴黎!"其中"巴黎的夜晚,夜晚的巴黎"的语义就增加了"我所想念的巴黎"的内容。二是语言单位的组合而增加了语义内容。例如汉语成语很多都是上下文语境整合而增加新的语义内容的。如"悲欢离合"的原义就有悲哀、欢喜、离散、团聚等意义,组合后增加了"生活中经历的种种遭遇"这种意义。三是上下文语境中,言语单位获得了"言外之意"。如陈毅的《冬日杂咏·青松》:"大雪压青松,青松挺且直。要知松高洁,待到雪化时。"表面上的语义内容是咏诵青松,寓意则为颂扬革命者坚贞不屈、刚直不阿的斗争精神。这种"言外之意"不仅与上下文语境有关,也与社会大语境有关。[①]

　　语义与上下文语境形成一种歧义关系。一般说来,一个多义词在特定的语言环境中只表示某个意义,因为语言环境好像一把筛子,只筛下跟语境相应的意义,使得具体语境的词义比较明确。但是,有时由于某种原因,语言环境筛下的是两个意义,从而造成了歧义。一种是消极的歧义,如:"他已经走了一个钟头了。"其中的"走"有两个意义,一是"步行",二是"离开",造成两种意义的并存。这种歧义会影响交际,因此是消极的。另一种是积极的歧义,即故意利用语言环境制造歧义,以表达更为丰富的思想感情。如李英儒的《野火春风斗古城》中一段人物对话:"她在旁边提醒他:'别光顾说话,你可吃啊!''对,一定吃掉它。'杨晓东答非所问地挥动着胳膊,业已忘记了他手里拿的是烧饼。"这里的"吃"一语双关,既有吃烧饼之意,又有消灭敌人之意。歧义关系一般是利用了词语语音形式上的谐音关系和语义内容上的一词多义等而构成的。

(四) 语法与语境

　　语法分析与语境联系在一起,就是一种动态的语法。动态的语法分析,主要是分析语言结构的使用和功能,分析语言结构的隐性意义,分析语言环境对语言结构的制约。

　　语言结构的隐性意义由语用义和情态义构成。所谓语用义是指语言结构运用于一定语言环境而获得的意义,也可以说是语境赋予语言结构的特定含义。例如,"我‖喝酒"和"我‖酒喝"都是主谓结构;区别在于

[①] 参见冯广艺《语境适应论》,湖北教育出版社1999年版,第165页。

"酒"或者在动词"喝"之前，或者在"喝"之后。不同的位置，组合成不同的结构，用于交际，则形成不同的语义焦点。

（1）我喝酒，不吃饭。（焦点在对比动作）
（2）我酒喝，饭不吃了。（焦点在对比事物）

再比较：

（1）我‖喝酒，不吃饭。（主谓结构，主语"我"）
（2）我‖酒喝，饭不吃了。（主谓结构，主语"我"）
（3）酒‖我喝，饭我不吃了。（主谓结构，主语"酒"）
（4）喝我酒，不是喝你酒。（动宾结构）

"我""喝""酒"三个词，组合不同，结构不同，适用于不同语境；反之，不同的语境选择不同的语言结构，"不是喝你酒"只能选"喝我酒"作为最佳的上一分句。语言结构的语用义是由多种因素决定的，除了交际对象、目的等外，还受语义重点、语义焦点、语音、上下语句结构的影响。

情态义是隐含在处于一定语境的语言结构内，有的较为明晰，有的则较为隐蔽。《祝福》中，祥林嫂丧夫后来到鲁家，祭祀时她去分配酒杯和筷子。

（1）"祥林嫂，你放着罢！我来摆。"四婶慌忙的说。

祥林嫂到土地庙捐了门槛，冬至祭祖时"坦然"地去拿酒杯和筷子。

（2）"你放着罢，祥林嫂！"四婶慌忙大声说。

"祥林嫂，你放着罢！""你放着罢，祥林嫂！"词语相同，句子的结构相同，只是称呼语的位置不同。前者在语境中有祈使、劝阻的情态；后者在语境中有责备、恼怒的情态，表达者的情态成了语义焦点，因而使得祥林嫂"像是受了炮烙似的缩手，脸色同时变作灰黑"。

表达情态义,还可以用语助词,用语气语调,用表达语气、情态、程度的副词,可以变换句式,还可以用不同的修辞方法,如委婉、反语、双关、排比等。[①]

语言环境实际上构成一个语言场,这个语言场制约了语言结构以及语义的内容。请看下例:

咬死了/猎人的狗(动宾,叙述动作)
咬死了猎人的/狗(偏正,描写事物)

这是同形异构的情况,层次切分不同,表达不同的语义。在具体语言环境中,"咬死了猎人的狗"的结构,语义也是确定的。如:

狼咬死了小羊,咬死了/猎人的狗。
咬死了小羊的狼被抓住了,咬死了猎人的/狗被打死了。

由此可见,具体的语言环境对语言结构起一定的制约作用。

具体的语言环境还可以改变一般意义上的语法结构。如名词一般出现在主语、宾语、定语的位置上,但在具体语境中,这种词汇的语法意义经常被打破。如鲁迅的《药》中,康大叔的一段话:"吃了么?好了么?老栓,就是运气了你!你运气,要不是我信息灵……"这里的"运气"是名词,但在这里作动词用。这种变异,揭示了作品中人物的霸道、不学无术,凸显出康大叔人物性格的特征。

形容词一般出现在定语和谓语的位置上,做谓语的形容词一般不能带宾语,形容词出现在及物动词经常出现的上下语境中,即获得了及物动词的部分语法功能,这就是形容词变异为动词了。如"仍然美丽着今天",这里"美丽"在语境中获得了及物动词的部分语法功能,它是形容词变异为动词。其他词类也有这种情况。应该指出的是,以上一些词因变异而获得不同的语义,只是在具体的上下文语境中才获得的,离开了具体的上下文语境,它们便恢复了本来面目。

虚词一般不表达实在意义,只是通过组合语言单位来表现它们的事理

---

① 参见倪宝元主编《语言学与语文教育》,上海教育出版社1995年版,第263页。

关系，给人们提供理解句段的思路。但在具体语境中虚词也能传神，带来言外之意。如鲁迅的《阿Q正传》中阿Q画押时画圆的动作描述：

   他生怕被人笑话，立志要画得圆，但这可恶的笔不但很沉重，并且不听话，刚刚一抖一抖的几乎要合缝，却又向外一耸，画成瓜子模样了。

  阿Q从来没有拿笔画圈儿，这次立志画得圆，"但"笔不行，刚几乎合缝，"却"向外一耸，"画成瓜子模样了"。这句话两次转折，"但"和"却"表现了阿Q死要面子的心理状态，乃是传神之笔。这就是上下文语境所产生的新的语法意义。

三　修辞的运用美

  修辞活动起始于人的言语交际活动的需要。人们利用语言传递信息表达情感，当然就希望所选用的词语，所编排的句子能贴切地表达情感，能准确有效地传递信息。为了使自己发出的信息有功效，为了尽快得到预期的反馈信息，人们必然希望自己在信息加工方面、在信息载体即语言符号的选择编排方面做得更好，这就是人们修辞活动、修辞行为的动力。修辞行为贯穿于言语交际过程始终，是一种动态的过程。

（一）修辞活动与环境的协调美

  修辞活动所依存的环境，也就是语言环境。一句话是否得体、恰切，要看是否与环境相适应。

  比如在城市街头工厂院内可以张贴"生产搞上去，人口降下来"的标语，而要在殡仪馆火化场内贴这样的标语就极不协调。

  长时间天旱缺雨的炎热日子里，如果天气预报还总是说"天气晴好"，肯定会引起听众的反感。修辞活动要做到与语言环境协调一致可以从如下方面考虑。

  首先，要有角色意识，区别说写者与听读者的责任。交际过程中主体的说写身份或听读身份，叫角度。不同的角度，在修辞过程中地位不同，任务或责任也不同。说写者加工筛选信息，选择语言符号，组合成切情适境、符合"自我"又针对"对象"的言语的句子,它们是占主导地位的。听读者接收言语符号编制的信息代码,从中解析出负载的各种信息,并作出相应的反馈。听读者虽然处于被动地位,但并不是消极的,而是言语交际得以顺利圆满完成的不可缺少的一个方面,是说写者不可忽视的一个条件,是对说写者整个修辞行为的最终检验和评价。如《红楼梦》黛玉进贾府一段写道:随着一声"我来迟了,没得迎接远客"的笑语,王熙凤从后房进来。贾母笑着给林黛玉介绍说:"你不认得他,他是我们这里有名的一个泼辣货,南省俗谓'辣子',你只叫他'凤辣子'就是了。"贾母介绍得很明白,也告诉黛玉如何称呼王熙凤,而黛玉听后,却"不知如何称呼"。显然不是因为黛玉没有听明白贾母的话,而是在这个交际场合中,她清楚地认识"自我",认识自己与贾母身份地位的不同,明确自己同王熙凤的关系与贾母同王熙凤的关系完全不同,所以并不敢贸然称呼王熙凤为"凤辣子",还是听众姐妹的介绍"这是琏二嫂子"后,才"忙陪笑见礼,以'嫂'呼之"。可见,把握"自我",认识"对象",是修辞活动的重要条件。说与听在交际活动中是相互制约的。言说者必须根据交际环境选择负载信息的语言材料,并作出最优的组合编排,传送给听的一方;听话是从接受的言语符号中解析出各种信息,并作出相应的反应。有一位年轻人出外旅游,在途中迷失方向,遇见一老农在耕作,问:"喂,到县城还有多少里路?"这老农答道:"我们这里不讲里,只讲丈。"年轻人愕然。这就是由于说话缺乏礼貌而造成的尴尬局面。除了听说的言语交际要考虑语言环境以外,在书面语言的写与读之间也存在相同的情况。写作者是信息情感表达的传递者,因此,它必须考虑接受对象;读解者则是信息的接受者,它必须从读物作品的言语符号中获取信息、接受情感。由于读解者与写作者并不共存于同一个言语环境,时间、空间上都不尽相同,因此它还必须了解相关的背景、情景材料。读解者往往能从言语作品中开掘出比写作者有意传递的信息情感更为丰富的信息和情感,往往可以从写作者并不经意写出的言语句子中获取丰富的文化信息、美学信息等。

可见修辞活动并不是发送信息一方独有的活动,听者与读者是不应该排除在修辞活动之外的。

其次,修辞与客观背景协调。宏观背景包括自然环境、人文环境等。这些背景虽然不与交际活动发生直接具体的联系,但它对交际活动有着潜在的、深刻的影响和约束。鲁迅先生说:"燕山雪花大如席,是夸张,但燕山究竟有雪花,就含着一点诚实在里面,使我们立刻知道原来燕山有这么冷。如果说广州雪花大如席,那么就变成笑话了。"① 燕山的地理位置是北方,冬天寒冷,用"雪花大如席"符合地理环境,而广州在南方,四季都很暖和,一般情况下是不下雪的,说"广州雪花大如席"就与地理环境不相符。可见,言语表达者对地理环境也必须了解,才能做到与修辞协调。鲁迅先生在《藤野先生》一文中,利用日本特有的"富士山"这一自然环境来比喻盘在"清国留学生头上"的辫子,给读者留下深刻的印象。

我国幅员辽阔,南北东西,地理条件不同。北方的景象,在人们的诗句里是"千里冰封,万里雪飘""胡天八月即飞雪",而在四季如春的南方则是"杏花春雨江南""小桥流水人家",东边是"黄河入海流"的低洼之处,而西方则是"高不过那喜马拉雅山"的世界屋脊。南北东西这种地理上的不同,使言语修辞表达中出现了一些只有熟悉地理环境才能理解的表达方式。例如李白的"功名富贵若长在,汉水亦向西北流",李白用汉水不可能向西北流来说明功名富贵不可能长在,这种表达符合中国的地理特征,因为中国西高东低,江河一般自西向东流。苏轼的"大江东去,浪淘尽,千古风流人物",李煜的"问君能有几多愁,恰似一江春水向东流"等,都做到了修辞与地理环境特征相协调一致的表达。

从社会时代看,不同时代人们的审美情趣不同,对修辞活动的要求也不相同。古代时常用"樱桃樊素口,杨柳小蛮腰""肌如白雪,腰如束素,齿如含贝""指如削葱根,口如含朱丹,纤纤作细步"等语句作为美好形象来描绘女子,而"文化大革命"中描绘的女子都常常是"铁姑娘、铁肩膀,走路咚咚咚,说话如钟响"。显然,现在我们塑造一个美好姑娘的形象是既不会像古人那样,也不会像"文化大革命"那样描写的。

总之,言语交际的宏观背景,能给交际中每句普通寻常的言语,给每句着意安排的言语提供更深刻更丰富的信息,把握背景是交际中成功的修辞活动的重要条件。

最后,修辞与微观语境相协调。微观语境包括交际活动发生的具体时间、地点、场合以及交际行为所依存的具体事件、原因、过程和结果,还

---

① 鲁迅:《漫谈漫画》,《鲁迅全集》第4卷,人民文学出版社1981年版,第233页。

包括上下文语境等。在口语交际中，我们应根据上下文语境来调整和修饰语言。交际的情景、交际的句景以及各种因素都限制语言运用的形式。鲁迅《从百草园到三味书屋》中有一段："不必说碧绿的菜畦，光滑的石井栏，高大的皂荚树，紫红的桑椹；也不必说鸣蝉在树叶里长吟，肥胖的黄蜂伏在菜花上，轻捷的叫天子（云雀）忽然从草间直窜向云霄里去了。单是周围的短短的泥墙根一带就有无限趣味。油蛉在这里低唱，蟋蟀们在这里弹琴。"鲁迅先生笔下的百草园是儿童为之流连忘返的天堂，作者在这里描绘了百草园中静物的颜色、动物的姿态及各种不同的声响，写出了它的美丽、可爱。在描写园中小动物的各种姿态时，十分注意词语在上下文中的相互照应与配合：肥胖的黄蜂，配之以"伏"的动作，轻捷的叫天子则用"窜"这一动词与之照应。这些词语前后配合得巧妙自然，所以使得文气贯通，令人感到完整而和谐。假如把"伏"改为"趴"，把"窜"改为"飞"又如何呢？从语法的角度来看，没有成分残缺的毛病，只是换了动词谓语。但是，从上下文的语境意义来看，"趴"这一词语具有鲜明的口语色彩，它和上下文中词语的书面语言色彩不相适应。虽然"趴"和"伏"的意义相近，但在这一具体的语言环境中，还是以"伏"为好。"窜"和"飞"的词义是不同的，"窜"是乱跑的意思，跟"飞"字比较起来，"窜"更能表现叫天子从草间突然向高处飞去的矫健动态，因而能和上下文的"轻捷"这一定语恰当地配合在一起。

词语的选择、句子的安排以及辞格的运用不仅受宏观背景的制约，而且还要受由语言材料形成的语体、篇章、语段、上下文句的限制约束。

（二）修辞教学与能力培养

修辞是为了更好地表达思想感情，充分发挥语言的交际作用，根据题旨、情境，选择最恰当的语言形式来加强表达效果的语言活动。修辞教学的目标在于培养学生的言语能力，这与语文教学在某种程度上不谋而合。怎样在修辞教学中培养学生的言语能力呢？下面我们从三个方面来谈。

第一，常规修辞搭配的揣摩。交际活动中，言语里的某些关键词语、特殊词语往往负载了词面、句面理性信息之外更为丰富的信息。因此，认真揣摩关键词语是提高言语能力的重要方面。例如鲁迅先生在《为了忘却的记念》一文中，写了一首诗，其中有两句是"眼看朋辈成新鬼，怒向刀边觅小诗"。正式出版时，作者将诗中"眼看"改为"忍看"，"刀边"改为"刀丛"。这样的关键词语是值得读者去认真揣摩的,"眼看"是亲眼所见的意思;"忍看"具有强烈的感情色彩,在这里有"不忍看"的意思,改用"忍看",能准确地表达作者当时无限悲痛、无比愤怒的心情。"刀丛"准确地表现了反动统治下的一片白色恐怖的景象——刀丛林立,四面杀机,有力地揭示了反动统治者的凶恶残暴。这是对动词修辞的揣摩。

叹词、语气词的揣摩要注意其中的丰富内涵。叹词是独立于句子结构之外,表示感叹、呼喊、应答的词。但从表意上,叹词是句子不可缺少的独立成分。仔细体会不同叹词的意蕴,我们可以获取丰富的人物心理活动的信息。比如曹禺的《雷雨》中周朴园、鲁侍萍的一段不算长的对话中就用了四个"哦"。表面上相同的四个叹词"哦",实际上蕴含了难言说、难表露的复杂感情,像第一个"哦"的不经意,第二个"哦"的惊异与急切,第三个"哦"的痛苦后悔,第四个"哦"的无地自容,等等,都负载在并不惹眼的叹词上。

拟声词是描摹自然界和人发出的各种声音的词语,它可以使表达绘声绘色,增加言语的生动性、形象性。如孙犁的《荷花淀》中有两段对划船时水声的描摹:"她们轻轻划着船,船两旁的水,哗,哗,哗,顺手从手里捞上一颗菱角来,菱角还很嫩,很小,乳白色,顺手又丢到水里去。那颗菱角就又安安稳稳浮在水面上生长去了。"另一段是:"后面大船来得飞快。那明明白白是鬼子。这几个青年妇女咬紧牙,制止住心跳,摇橹的手并没有慌,水在两旁大声地哗哗,哗哗,哗哗哗!"前一段中的"哗,哗,哗"的声音,节奏匀称平稳,表现出"她们"的轻松、舒畅、清闲;而后段中"哗哗,哗哗,哗哗哗"则透露出她们紧张而不慌乱的心情,展示出几位青年妇女紧握橹把、越划越快的情景。这里的拟声词不仅是简单地模拟某种声音,而是传达了更为丰富的信息。

副词常常用作修饰动词、形容词,抓住一些关键的副词,可以深入领会作者的意图及情感心境。鲁迅的《祝福》中描写祥林嫂有一段文字:"她一手提着竹篮,内中一个破碗,空的;一手拄着一支比她更长的竹竿,下端开了裂;她分明已经纯乎是一个乞丐了。"这里三个副词连用,确实耐人寻味。"分明"是讲祥林嫂乞丐形象确凿、毋庸置疑,"已经"是讲现在的乞丐形象是变化的结果,暗含着原来并不是这样的,"纯乎"则是说这种变化的彻底。通过对句子三个副词的开掘,我们可以体会到封建社会对祥林嫂的摧残、折磨，感受到鲁迅对祥林嫂的同情和对封建社会的谴责控诉。

汉语中有许多虚词，如"之、乎、者、也、而"等，没有什么实义，但这些词语表现了语气、情态、感情，很值得我们去揣摩一番。如韩愈的《祭十二郎文》中有这样一句："吾年未四十，而视茫茫，而发苍苍，而齿牙动摇。"这个句子，如果只用第一个"而"，略去后两个"而"，是一个完全正常的句子；但是文中却连用三个"而"。韩愈之所以这样写，是为了表达出他为自己早衰而引发的伤感情绪。用一个"而"，这个句子念起来很流畅，节奏很快。多用了两个"而"，节奏就慢下来了，从而情调也就低沉下来了，表达效果完全不一样。

第二，超常修辞搭配的品味。为了取得某种理想的表达效果，言说写作者往往对词语进行超乎常规的组合搭配，从而使语言闪射出绚丽的光彩。这种出于修辞目的的超常搭配，更应值得我们特别关注。

变序是指词语内语素的变换，进行新的组合，以达到某种效果。例如有这样一则故事：三位朋友到餐馆就餐，其中一位是湖南人，一位四川人，还有一位江西人，当餐馆老板问客人放不放辣椒时，四川人说"怕不辣"，湖南人说"不怕辣"，江西人说"辣不怕"，这三句话把"不怕辣"中三个构成成分"不""怕""辣"充分地颠倒变换整合顺序，表达了不同的意蕴。听读者从中可以体会出言说者的态度来，如果从"不怕辣"的程度来看，四川人为第一，湖南人为第二，江西人为第三。

拟误是有意运用不合语法规范的语句，以达到对某种内容的强调。例如鲁迅的《狂人日记》中狂人说的一句话："这吃人的比不吃人的人，何等惭愧。怕比虫子的惭愧猴子，还差得很远很远。"就词语的组合来看，的确很混乱，表达内容不明白。但这句话是从精神失常的狂人嘴中说出的话，因而又是十分真实可信、深刻入木的。这是作者为达到一定修饰目的而有意为之，值得认真玩味。

拈连是指行为和对象的超常搭配。从句法结构关系看，"动"和"宾"两个部分超出规范的制约。例如："蜜蜂是在酿蜜，又是在酿造生活；不是为自己，而是在为人类酿造最甜的生活。"（杨朔《荔枝蜜》）句中"蜜蜂是在酿蜜"这是正常搭配，下文依据上文提供的条件，说"酿造生活""酿造最甜的生活"就构成超常搭配了，没有上文，这种搭配形式就无法联结起来。

移就是指性质和实体的超常搭配。把本应修饰甲事物的词语移用到与甲事物有某种关联的乙事物上，表面上看是词语搭配的不当，而仔细琢磨却有更深的意味，获得内容与形式的更深层的和谐与统一。例如："我将深味这非人间的浓黑的悲凉；以我的最大哀痛显示于非人间……"（鲁迅《记念刘和珍君》）"浓黑的"本应修饰"非人间"，而移用来修饰表示内心感情的词"悲凉"，由此我们认识到，这悲痛凄凉的情感正是由于这浓黑的"非人间"社会所造成。

褒贬色彩词语互易的超常搭配。这类词语往往令人感觉有点不协调，但其中含有言说写作者对所述客观事物的本质的总体评价及态度。例如赵树理的《小二黑结婚》中三仙姑的一段话："老相好都不来了，几个老光棍不能叫三仙姑满意，三仙姑又团结了一伙孩子们，比当年的老相好更多，更俏皮。"如果我们把握住作者对三仙姑的总体批判讽刺的态度，就不会认为"团结"一词在这里是正面的意思，而能够体会出这个词色彩变异所起到的讽刺作用和幽默效果。超常搭配的情况还有不少，例如倒装、比拟这些修辞格实际也是一种超常搭配。

第三，修辞与写作能力的培养。一个词语离开了特定的语境，孤立地看，它们能表达的就是词典上解释的这个词语的逻辑意义，它的形式就是词典上记录的那种标准的结构、标准的读音，它的功能就是人们千百次使用的那种通常的功能。但实际上，一个词语都可能从形式上、从意义上发生各种各样的变化，表达出比词典上更为丰富的含义。例如高晓声《陈奂生上城》其中一段："赚了钱打算干什么？打算买一顶簇新的、呱呱叫的帽子。说真话，从三岁以后，四十五年来，没买过帽子。解放前是穷，买不起；解放后，正当年青，用不着；'文化大革命'以来，肚子吃不饱，顾不上穿戴，虽说年纪越来越大，渐渐地也怕脑后风了。正在无可奈何，恰巧有人送了他一顶'漏斗户主'帽，也就只得戴上，横竖不要钱。七八年决分以后，帽子不翼而飞，当时只觉得头上轻松，竟不曾想到冷。今年好像变娇了，上两趟寒流来，就缩头缩颈，伤风打喷嚏，日子不好过，非买一顶帽子不行。好在这也不是大事情，现在活路大，这几个钱，上一趟城就赚到了。"这一段围绕"帽子"写了一大圈，语义转用得十分巧妙、自然、精彩。"无可奈何"之前的"帽子"用的是本义，是指戴在头上起遮阳、御寒、挡雨及装饰作用的东西。而在"无可奈何"之后的"漏斗户主帽""帽子不翼而飞"是用其比喻义，指不光彩的名声。特别精彩的是，实际上"帽子"的含义已经转用了，但在叙述中却还当作没有转用来对待，如"恰巧有人送""只得戴上，横竖不要钱""只觉头上轻松，竟不曾想到冷"等，使整段话显得轻松幽默，别有意趣。而紧接着几句叙述，又承上启下，既虚又实，全段话语组织得精彩绝妙，耐人寻味。[①] 从理论上讲，词语运用的方法是无限的，在适合语境的情况下，可以不必受到各种语义和结构的规范与限制。

利用修辞格组织句式、句群及段落。汉语中有许多固定的修辞格，如对偶句、顶真回环句、同语句、残断句，因此，可以把修辞格与句法联系起来进行教学。如汉语的句式丰富多彩，同一个意思可以用陈述句表达，也可以用反问句表达，可以用肯定句表达，也可以用双重否定句表达，可以用"把"字句表达，也可以用"被"字句表达，可以用正装句表达，还可以用倒装句表达，等等。这些不同的句子，表达基本意思相同，但情态的直婉、重点的安排、语气的强弱都有着细微的差别。把握住不同形式的同义句型，就能适应各种不同的交际环境和交际目的。

排比通常表现在单句内某几个词语的关系上，或复句内几个分句之间的关系上。这就是通常说的词语排比、分句排比。排比还可用在句与句的关系上，即用排比手法组织句群。就是篇章中的段落也可以用排比手法进行组合。例如魏巍的《谁是最可爱的人》中开头的一段："亲爱的朋友们，当你坐上早晨第一列电车走向工厂的时候，当你扛上犁耙走向田野的时候，当你喝完一杯豆浆、提着书包走向学校的时候，当你坐到办公桌前开始这一天工作的时候……朋友，你是否意识到你是在幸福之中呢？"这就是用词组构成排比组成的文气贯通的句子，这里分别向工人、农民、学生、机关干部提出了"你是否意识到你是在幸福之中"这样一个发人深省的问题，给人以思考。

反复是为了强烈地表达某种思想、感情，故意重复使用某些词语或句子。反复手法也可以组织句群或段落。例如茅盾的《白杨礼赞》中对白杨树的赞美就通过段落间隔的重复显示其内在的逻辑联系。

设问是先提出问题，然后再用一个句子或几个句子围绕问题作答。设问也常用来组织句群。例如："讲到长征，请问有什么意义呢？我们说，长征是历史纪录上的第一次，长征是宣言书，长征是宣传队，长征是播种

---

① 参见倪宝元主编《语言学与语文教育》，上海教育出版社1996年版，第339页。

机。"（毛泽东《论反对日本帝国主义的策略》）这里是先提出问题，然后围绕问题作总的概括的回答，构成一个设问句群。紧接下来的内容是对概括回答的分层阐述。这样条理分明，论述逐层深入，使整个段落结构缜密，内容严谨。

顶针是指前一句结尾部分词语，做后一句的开头，这种首尾相连、上递下接的修辞方式叫顶针。顶针也是组织句群的一种方式。例如袁鹰的《井冈翠竹》中的一段："竹叶没了，还有竹枝；竹枝断了，还有竹鞭；竹鞭砍了，还有深埋在地下的竹根。……"这句里的"竹枝"和"竹鞭"的顶针，起到了上下联结的作用，使语言表达绵密、紧凑，表现出竹子坚强的性格和无限的生命力。

用修辞方式来组织句群、段落、篇章是常用的方法之一，其他的修辞手法也可以用来组织句群、段落、篇章，这里不再列举。

文化学与语文审美教育

源远流长的中国文化，是中华民族智慧的结晶和精神风貌的体现。几千年的文字可考的文化历史与古代教育相伴相生、相依相存，同样它与语文审美教育有着十分密切的关系。本章从四个方面论述文化与语文审美教育的关系，力图使我们对这一问题有较为具体的认识。

一　文化学与语文教育

（一）文化学的内涵及现代意义

1. "文化"内涵界定

文化概念的界定，是一个复杂的问题。据不完全统计，关于文化的定义就有一百多种。"文化"一词，在中国古代本指"以文教化"，与武力征服相对应，即所谓"文治武功"。《周易》中有"观乎人文，以化成天下"之句，可看作"文化"的原始提法。孔颖达在《周易正义》中解释道："观乎人文以化成天下，言圣人观察人文，则诗书礼乐之谓，当法此教而化成天下也。"这已有从观念形态说文化的意思了。以后的各个不同时期也大都从这个角度来说文化。但这些说法与近代所说的"文化"，含义大不相同。今日通用的"文化"译自西语"culture"，该词源于拉丁词根，有加工、修养、教育、文化程度、礼貌等多种含义。而文化之受到专门研究，是在19世纪下半叶人类学、社会学、文化学等学科兴起之后，因为这些新学科均以文化为研究的主要内容。国内外的许多学者、专家从不同角度与认识出发，对"文化"的界定也是众说纷纭、莫衷一是。下面介绍几种较有代表性的观点。

文化学的奠基者泰勒在《原始文化》（1871年）中所下的定义是：

"所谓文化或文明乃是包括知识、信仰、艺术、道德、法律、习俗以及包括作为社会成员的个人而获得的其他任何能力、习惯在内的一种综合体。"

《苏联大百科全书》（1973年）将文化概念作了广义与狭义的区分。作为广义的文化，"是社会和人在历史上一定的发展水平，它表现为人们进行生活和活动的种种类型和形式，以及人们所创造的物质和精神财富"。作为狭义的文化，"仅指人们的精神生活领域"。

《大英百科全书》（1973—1974年）将文化概念分为两类。第一类是"一般性"的定义，即文化等同于"总体的人类社会遗产"。第二类是"多元的相对的"文化概念，即"文化是一种渊源于历史的生活结构体系，这种体系往往为集团的成员所共有"，它包括"语言、传统、习惯和制度，包括有激励作用的思想、信仰和价值，以及它们在物质工具和制造物中的体现"。

我国学者任继愈认为，"文化有广义和狭义之分。广义的文化，包括文艺创作、哲学著作、宗教信仰、风俗习惯、饮食器服之用，等等。狭义的文化，专指能够代表一个民族特点的精神成果"[1]。

庞朴将文化划分为"物质的—制度的—心理的"三个层次，其中，"文化的物质层面，是最表层的；而审美趣味、价值观念、道德规范、宗教信仰、思维方式等，属于最深层；介于二者之间的，是种种制度和理论体系"[2]。

由此可见，"文化"的内涵是发展、开放的。无论是在东方还是西方，有关"文化"的概念都有广义和狭义之分。多数学者认为，对"文化"作最广义的理解，如说它是人类创造的物质文明和精神文明的总和，使"文化"成了无所不包的概念，失去了它作为具体事物的特殊性，模糊了它的特质，显得过于宽泛。而将"文化"理解为文艺或文物的观点，则又显得太狭窄，使人们难以从内在精神和广阔的视野去把握其内容与特点。虽然说，物质文明与精神文明有时很难分割，但我们更倾向于认为，"文化"作为一个概念其界定应放在观念形态的层面。据此，所谓文化，

---

[1] 任继愈：《民族文化的形成与特点》，载《中国文化研究集刊》第2辑，复旦大学出版社1985年版。

[2] 庞朴：《要研究文化的三个层次》，《光明日报》1986年1月17日。

是人们的生活方式、存在形态、行为方法、思维特征、情感方式、价值取向、审美情趣等一切精神成果的民族积淀。①

2. 语文课程标准的文化视角

语文课程标准把语文课程性质界定为："语文是最重要的交际工具，是人类文化的重要组成部分。"关于工具性的问题我们在此不论述，那么怎样理解语文是"人类文化的重要组成部分"呢？

在人类社会中，文化载体也多种多样，如音乐、舞蹈、图画等，但语言文字是最重要的文化载体，是文化的重要组成部分。语言在交际功能中无不承载和反映着民族的事、理、情、志，表现着民族精神、民族情操、民族审美情趣等，承载着丰富的、灿烂的民族文化。中学语文教材中汇集着人类文化中各方面的知识，诸如政治、经济、军事、宗教、哲学、历史等社会科学，乃至还有各种自然科学知识。各种文化知识都必须以语言文字为媒介，都有赖于语言文字来传递。至于汉字，由于其独特的构造方式和结构特点，它在传递文化知识方面更有特殊的功用，往往一个汉字的形体本身就蕴含着某种文化知识。如"里"字，上为田，下为土，本指田土集中的地方，在古代农业社会里，人们"恃田而食，恃土而居"，故"里"也就成了人们集中居住之地。所以"里"字就揭示了古代人们的居住与农业生产的关系。又如"仁"字，《说文解字》解释说："仁，亲也，从二人。"段玉裁注曰："人耦（即偶），犹言尔我亲密之词。"这表明"仁"的本义是指人与人之间的亲密无间。显然，"仁"所揭示的是古代中国社会的道德文化内涵。单个的汉字尚能包含如此深邃的文化内容，一篇文章所反映的文化现象就更为完整、更为系统。就建筑文化而言，《中国石拱桥》一文介绍了中国古代的桥梁建筑文化，《故宫博物院》一文介绍了中国古代的宫廷建筑文化，《苏州园林》一文则从一个侧面介绍了中国古代的园林建筑文化。如此等等，难以尽举。中学语文教材的确是一座极为丰富的文化宝库，它也是语文必须承担的对学生进行文化教育的具体内容，文化精神的继承和弘扬是语文分内之事。数千年来中华民族就以"自强不息""厚德载物"的精神，改造自然与社会，创造了举世瞩目的文明。例如崇德重义的价值取向、自强务实的人生态度、见贤思齐的理想人格、乐善好施的道德规范、见义勇为的做人品性、礼仪修身的伦理准则

---

① 参见李宗桂《中国文化概论》，中山大学出版社1995年版，第8页。

等，这些民族文化精神是值得弘扬的。诺贝尔基金会主席本特·萨缪尔森在 2002 年 12 月 10 日诺贝尔颁奖典礼上致辞时说："近来，全球科技政策的重点之一，是在更大程度上满足自然科学和人文科学的整合，以弥补这两大学科的裂缝。如诺贝尔奖得主赫伯特·西蒙教授所言'创造力存在于艺术和科学之中'。应该看到，不同文化中孕育出的知识不但对个体而且对整个民众的创造力都是异常重要的。"中华文化是世界文化的一部分，我们不仅要弘扬民族优秀文化，还应吸收人类进步文化，为学生的终身发展奠定坚实的文化基石。

（二）传统文化以及中国文化的特质

中国传统文化在一个半封闭的北温带地状大陆得以滋生发展，其物质生产方式的主体是农业自然经济，社会组织以宗法制度和专制政体为基本形态。这样一种特定的生态环境，使中国文化形成富于自己的特色。江泽民同志在美国哈佛大学的演讲中指出：中国在自己发展的长河中，形成了优良的历史文化传统。这些传统，随着时代变迁和社会进步获得扬弃和发展，对今天中国人的价值观念、生活方式和中国的发展道路，具有深刻的影响。中国传统文化对当今中国与世界文化发展的走向都有着影响，对此，作为语文教育工作者必须正确认识语文教育与传统文化的关系，自觉地担当起传播优秀传统文化的责任，使祖国优秀的历史文化发扬光大，为社会主义精神文明建设发挥积极的作用。

中国文化是以人心和人生为观照，以趋善求治为特征的伦理政治型文化。中国文化的特质和文化精神，可以从以下几个方面来看。

第一，人文传统。中国文化价值系统的确立，以及基本精神和主体内容的嬗变，始终以人生价值目标和意义的阐明及其实践为核心，以心性修养为重点，这种以人生和人心为观照的价值系统有别于其他重自然（如希腊）或超自然（如印度、希伯来）的文化类型，中国文化自成一种"敬鬼神而远之"的重人生、讲入世的人文传统。在中国文化中，人颇受推崇，地位很高，所谓"人为万物之灵"，"人要赞天地之化育"，与天地"相参"。考察事物，明辨物理，既要"上揆之天"，又要"下察之地"，更要"中考之人"，将人与天地等量齐观，强调天人合一。这种认识使中国避免陷入欧洲中世纪那样的宗教迷狂，而发展出一种平实的经验理性。即使在中国繁衍的各种宗教也熏染上厚重的人文色彩。当然，中国的

"重人",并非尊重个人价值和个人的自由发展,而是将个体融入类群,强调人对宗族和国家的义务,构成一种宗法集体主义人学,与文艺复兴开始在西方勃兴的以个性解放为旗帜的人文主义分属不同的范畴。

第二,自强不息。这一文化精神是中国人文传统的另一个方面。《周易》中有"天行健,君子以自强不息""天地之大德曰生"之说,这是对中华民族刚健有为、自强不息精神的集中概括和生动写照。孔子提倡并努力实践"发愤忘食"的精神,他"发愤忘食,乐以忘忧,不知老之将至"(《论语·述而》),鄙视"饱食终日无所用心"的人生态度。从屈原放逐到苏武牧羊,从司史迁到辛弃疾,中华民族这种刚健不屈、自强不息的文化精神一直受到推崇。也正是这种刚健不屈、自强不息的精神,推动了中国社会和中国文化的发展,每当外族入侵特别是政权易手之后,中华民族总是以不屈不挠的精神,进行反侵略反压迫的斗争。无数志士仁人,为此鞠躬尽瘁,不息奋争,在中国文化史上留下了可歌可泣的灿烂篇章。

第三,伦理中心。由氏族社会遗留下来,又在文明时代得到发展的宗法传统,使中国一向高度重视伦常规范和道德教育,从而形成以"求善"为旨趣的"伦理型文化",同希腊以"求真"为目标的"科学型文化"各成一格。伦理为中心具体表现为重道轻器。在义利关系上,表现为重义轻利甚至弃利取义。生与义二者不可兼得时,舍生取义;在社会与自然的关系上,重社会轻自然;在名与身的关系上,重名轻身;在主客体关系上,重视对主体的"齐家、治国、平天下"的修身为本,不太重视对客体的探求与改造。这种文化特质应该说是利弊互见,在建设现代化国家的今天,它应注入现代意义,道器并重,使二者相伴而行。

第四,民为邦本。农业宗法社会的正常运转,要仰赖以农民为主体的民众的安居乐业,如此方能为朝廷提供赋役,保障社会所需的基本生活资料,社稷家国方得以保全。因此,"民为邦本"的民本传统也是农业宗法社会的必然产物。民为邦本的思想在儒家学说中有典型、集中的反映。可以说,儒家政治理论的基石,便是民为邦本的学说。孟子主张"民为贵,社稷次之,君为轻"(《孟子·尽心下》),强调政在得民,失民必定亡国灭身。荀子认为:"用国者,得百姓之力者富,得百姓之死者强,得百姓之誉者荣。三得者具而天下归之,三者得者亡而天下去之。"(《荀子·王霸》)他认为,君舟民水,水可载舟亦可覆舟,更是集中反映了其民为邦本的思想。应该指出,民为邦本的思想是在自然经济条件下,以人治为显著特征的文化传统对人民在社会生活中的作用的强调，是对统治者轻徭薄赋、与民休息的一种劝诫。这与民主思想有着明显的区别。但总的来看，它是一种具有积极意义的文化精神。

第五，中庸和贵。崇尚中庸是安居一处，以稳定平和为旨趣的农业自然经济和宗法社会培育的人群心态。"极高明而道中庸"，"执其两端而用其中于民"，显示出中国式智慧的特征。中庸和贵的思想，作为东方文明的精髓，作为中国文化精神的一个构成部分，它对于我们民族的影响是多方面的。由于全民族在中庸和贵的观念上的认同，使得中国人十分注重和谐局面的实现和保持。做事不走极端，着力维护集体利益，求大同存小异，成了人们的普遍思维原则。这些，对于民族精神的凝聚和扩展，对于统一的多民族政权的维护，有着积极的作用。但是，由于这种观念主要是认同"圜道"，顺从自然节律，这对个人的创造性发展起到抑制的作用，这也是其明显的弊端。

第六，求是务实。中国文化以人心和人生为观念，因而是面向现实、重视人生的。孔子主张"学而时习之"，"每事问"，"知之为知之，不知为不知"。孟子提出要知人论世，主张给民以恒产，从而使民有恒心，"无恒产则无恒心"。荀子否认生而知之，强调后天学习对人的知识才能的重要性。这些都是求是精神的反映。求是精神必然表现为务实态度。中国人历来黜玄想而务实际，从日常生活和人伦关系以及社会政治生活中表达自己的意愿，实现自身的价值，而反对不务实际的清谈玄想。中国传统史学坚持信史直录、不畏权势压迫的传统，也是中国文化求是精神的表现；中国文化史上，从来是王权高于神权，神权为王权服务，这也与中国人的务实精神分不开。甚至可以说，中国古典文学中一以贯之的现实主义传统，也与中国人重视务实的精神密不可分。在民族性格心理中，求是务实的精神也打下了深深的烙印。

中国文化的特质与文化精神还可以总结出一些来，这些传统文化对我国未来的发展都能产生极为深刻的影响。但我们必须清醒地认识到，传统文化中既有精华，也有糟粕，它往往是利弊交织。作为语文教师，需结合社会的发展现实，吸取精华，吸取那些在历史发展的长河中形成的优良的文化传统，并发扬光大，把提高学生文化素养、培养学生的文化精神作为己任，造就新一代的文化生力军，为我国社会主义新文化的建设作出贡献。

(三) 文化学与语文审美教育

语言是文化的载体，语文是人类文化的重要组成部分。著名教育家乌申斯基就曾明确指出："在民族语言照亮而透彻的深处，不但反映着祖国的自然，而且反映着民族精神生活的全部历史。人们一代跟着一代传下去，但是每一代生活的成果都保留在语言里，成为传给后一代的遗产。一代跟着一代，把各种深刻而热烈的运动的结果、历史事件的结果，信仰、见解、生活中的忧患和欢乐的痕迹，全部积累在本民族语言的宝库里。总之一个民族把自己全部精神生活的痕迹都珍藏在民族的语言里。"① 所以，从这个意义上说，语文教育实质上就是民族文化教育、民族思想情感的教育，语文教育活动的本质内容，就是学习民族语言与其所包容的民族文化精神，了解民族思想、情感和生活的历史。

汉民族的文化精神主要是通过汉民族语言来传播和发展的，汉民族语言浸透着汉民族文化的精髓。何况中国的语言文字的音、形、意都是特别讲究的，在使用语言表情达意或指称某事物时，对于其所处语境中的形式美因素从来都十分注重。用这样的语言文字写成的文章，无论是写景绘形、抒情言志、铺陈颂赞，还是雄辩论说，都能使得其审美内涵有更大的拓展。因为这时的语言文字已有了更确切的负载，有了作者审美意趣和复杂精神活动的参与，已达到所谓"神用象通，情变所孕；物以貌求，心以理应"的地步，成为人们最为理想的审美对象。例如张若虚的《春江花月夜》中："江畔何人初见月？江月何年初照人？人生代代无穷已，江月年年只相似。不知江月待何人，但见长江送流水。"字面上明白如画，很容易讲清楚，但如果从审美角度去审视，却有无穷意味。正如闻一多先生所言，"更夐绝的宇宙意识！一个更深沉更寥廓更宁静的境界！在神奇的永恒面前，作者只有错愕，没有憧憬，没有悲伤"。

情感是审美教育的核心，而审美感情一般来讲包括文化的内涵，它与民族心理、民族思维方式、民族的习俗都有着直接的关系。例如中秋佳节所凝聚的民族文化心理结构和情感结构，其丰富性仅次于春节，因而反映中秋节日习俗的诗、词、文也难以胜计。苏轼的《水调歌头·明月几时

---

① [苏联]乌申斯基：《乌申斯基教育学说》，范云门、何寒梅译，江苏教育出版社1987年版，第157页。

有》就是一首家喻户晓、妇孺皆知的中秋词。这首词以其清新优美的语言、浮想联翩的构思反映了世人共有的心理和情感：一是盼望亲人在中秋月圆之夜能团圆聚首；二是当亲人分离、难以团聚时总难免产生怨天尤人之感和思亲念故之情；三是亲人之间一时难以聚合那就衷心祝愿远在他方的亲人能长久健康，分享中秋明月给人带来的安宁和祥和。这首词之所以传颂不衰，一是由于语言以及构思的特点，二是它反映了中国人注重伦理亲情，注重中秋佳节亲人团圆的情感特点。又比如孟浩然的《过故人庄》就是一首典型的隐士诗，该诗作于诗人居襄阳鹿门山时。诗中写了他与农家的亲密关系，描绘了山村的自然风光，也写了他与农夫一边喝酒、一边拉家常的亲切场面："开轩面场圃，把酒话桑麻。待到重阳日，还来就菊花"。如此优美的田园风光，如此宁静的田园生活，如此亲切的人际关系，真要把人的五脏六腑都淘洗得干干净净。只有真正的隐士才能写出如此清雅脱俗的诗篇，也只有真正理解隐士文化的人，才能真正读懂、理解作品的思想蕴含。以上所举两例，又都与古代酒文化有关，苏轼的词开篇就是"明日几时有，把酒问青天"。如果不是对月把酒，又怎能生出下面的美妙遐想？如果缺少了这些美妙遐想，这首词恐怕就索然无味了。这里的酒与遣兴抒怀有着密切的联系。而孟浩然诗"把酒话桑麻"句是一边喝酒，一边拉家常话，更体现出一种隐士情怀。酒与隐士又有着直接的关系。

由上可见，要真正进入作品的情感世界，必须对作品包孕的文化内涵作深入细致的考辨。否则，所谓的理解可能只是皮毛，而难以进入审美的境界。

二　语文教材的文化内容

文化作为人类物质生产和精神生产的总和，其涵盖面非常广泛，有着多种类型和结构形态。语文教材中蕴含着深厚而丰富的文化内容，也有着不同的形态。下面我们从伦理型、应用型、心理型、艺术型四个文化层面试图去加以阐述。

（一）伦理型文化层面

中国的古代社会是一个宗法制社会，也是儒家思想占统治地位的社会。孔子认为"仁者无敌",孟子讲"仁政""王道",讲"为政以德"。显然,孔、孟所代表的儒家是注重仁义、强调德化的,他们主张仁礼一体,相辅为用,这也成为后来历代封建统治者所恪守的治国的政治思想与指导原则。教材《季氏将伐颛臾》就体现了孔子的这种思想。当孔子得知鲁国季孙氏的家臣放弃了规谏之责,就批评道:"丘也闻有国有家者,不患寡而患不均,不患贫而患不安。盖均无贫,和无寡,安无倾。夫如是,故远人不服,则修文德以来之;既来之,则安之。"在孔子看来,要治理好一个国家,一是物质分配要均匀,二是要推行礼乐教化,以德治国,以德化民。《孟子》中的《得道多助,失道寡助》一章说的是道义在决定战争胜负中的关键作用。在孟子看来,"得道者多助,失道者寡助。寡助之至,亲戚畔之。多助之至,天下顺之",只要拥有了"道",就可以"战必胜"。这个"道"当然是指道义、礼义、仁义,是以"仁"和"德"为核心的。拥有了仁义与道德,就拥有天下之心,也就拥有了天下。这种伦理型文化是以"格物、致知、诚意、正心、修身、齐家、治国、平天下"为其内核的,在这里家国同构,道德教化与政治互相涵摄。家族内部用以调整相互关系的道德规范,延伸到社会领域,便成为维护统治秩序的政治原理。孟子以不忍人之心的善性,推出不忍人之政的仁政,所谓"老吾老以及人之老,幼吾幼以及人之幼",就是通过推己及人的情感疏导,沟通人际关系,最终收到"天下可运于掌"(《孟子·梁惠王上》)的政治效果。从这种政治目的出发,伦理型文化对个人、家庭以及君主都提出伦理的要求。如君主要纳谏用贤,取信于民。《邹忌讽齐王纳谏》写邹忌用从日常生活中悟得的道理来进谏齐威王,讽喻国事,结果齐国大治。《出师表》中,写诸葛亮出兵伐魏之前就国之大事向后主刘禅提出种种意见,并告诫后主不要阻塞"忠谏之路",实为劝诫后主要广开言路、勇于纳谏。韩愈的《马说》、诸葛亮的《出师表》都表现了任贤使能的思想。民为立邦之本,故孟子说"民为贵,社稷次之,君为轻"。《曹刿论战》中曹刿认为鲁庄公"小大之狱,虽不能察,必以情"的做法是"忠之属也",做了分内的好事,是取信于民之举。有了这一条,就"可以一战"。

伦理型文化在语文教材中还有一类,即总结历史,从历史的兴亡盛衰中总结出有益的经验教训,从而作为现实政治的借鉴。贾谊的《过秦论》、杜牧的《阿房宫赋》、苏轼的《六国论》、欧阳修的《五代史伶官传序》等文章即属此类。《过秦论》称得上是最早的史论文章，其用意很明显，即"是以君子为国，观之上古，验之当世，参以人事，察盛衰之理，审权势之宜，去就有序，变化有时，故旷日长久，而社稷安矣"。这篇文章旨在总结秦朝二世而亡的教训，给西汉王朝提供历史借鉴。在贾谊看来，秦朝二世而亡的主要原因是"仁义不施"，一味实行暴政，搞得民怨沸腾，内部分崩离析，外部农民"揭竿而起"，这样，秦朝的统治也就土崩瓦解了。

"前车之覆，后车之鉴"。从历史的经验教训中吸取于现实有用的东西，是一条为政之道，于今天亦有借鉴的意义。

（二）应用型文化层面

所谓应用型文化，就是指与人类的经济活动、物质生产活动密切相关的文化类型，一般都是在人类从事经济活动、物质生产活动，或从事与此相关的其他活动时产生的。它们更多的是服务于人类的物质生活，为人类的衣食住行提供各种物质，或给人类的生存提供安全上的保障。应用型文化带有明显的功利性，而且有着很强的应用性。

古代经济文化。这里说的经济文化，不是指古人的经济活动，而是指人在策划治国原则、论述经济发展、改善国计民生方面所提出来的理论、方略、对策和思想等。中国是个传统的农业社会，农业是整个经济的基础和根本，因此以农为本、立本抑末、重农轻商成了经济方面的基本国策。例如贾谊的《论积贮疏》虽以论积贮粮食为主，但也明确地提到了重本抑末的问题。文章批评了"背本而趋末"的错误的经济政策，要求朝廷在经济上务必重本抑末，大力发展农业，努力增加粮食。贾谊认为，只有使天下之民，包括从事工商业的人都努力从事农业生产，那么粮食的储备就会充足，国家也就富足而安定了。洪亮吉的《治平篇》是专论人口增长与人民生活水平关系的文章，可以说是我国历史上最早的论人口经济的专文。作者对治平年代人口增长过快深表忧虑，他认为人口增长过快，势必造成有限的房屋、土地资源、食品供应之间的尖锐矛盾，并提醒统治者必须抑制人口过快增长。这类反映古代经济思想的文章为中国古代社会的稳定、经济发展和人民物质生活的保障起到了积极作用。

古代科技文化。科技与人类的物质生产活动关系至为密切，科技可以转化为生产力，直接推动人类的物质生产和精神生产。在世界科技发展史上，在相当长的时间内，中国的科学技术一直走在世界的前列，特别是中国古代的四大发明，对于推动世界的文明与进步，推动世界范围内科学技术的发展，更是起到了极为重要的作用。教材《张衡传》就记载了张衡发明制作浑天仪、地动仪的情况。张衡经过自己长期的观察、测定，认为天是圆的，地也是圆的。这种"浑天说"实际上就是认为宇宙是个大圆形，地球如球状，这与当今测定的地球的实际形状基本上是一致的。这种"浑天说"比天圆地方的"盖天说"前进了一大步。张衡为了印证、说明他的"浑天说"，特别模拟制作了"浑天仪"。此后又发明了预测地震的"候风地动仪"。这种地动仪"验之以事，合契若神"，能准确地预测到地震发生的方向，为世界地震科学的发展作出了卓越的贡献。著名的科技史专家李约瑟博士编著的《中国科技史》也真实地反映了中国古代科技成就。这方面内容在语文教材中还有不少，如《活板》等，这里就不再列举了。

古代军事文化。战争是政治的最高表现形式。军事是战争的基础，战争是军事的矛盾激化。军事的构成条件，离不开人力、物力和财力，离不开战略、策略思想，离不开指挥艺术。语文教材中反映战争、军事文化的文章不少。如《曹刿论战》《陈涉世家》《殽之战》《群英会蒋干中计》《鸿门宴》《赤壁之战》等。有些作品是直接描写战争，有些则是间接描写战争。虽然这些作品中所反映的军事方面的战略、策略思想和指挥艺术是时代的产物，受到时代条件的限制，但就战争的指导原则、基本的战略战术思想以及基本的指挥原则却并未过时，在现代战争中仍可发挥作用，因而它们仍然是传统文化中的宝贵财富。

古代建筑文化。中国的古代建筑体现了中华民族深沉、博大、宽阔、朴实、庄重的品格，也反映了古代中国人特有的审美追求。语文教材中涉及建筑的不同的类别，如《故宫博物院》写的是宫廷建筑，《中国石拱桥》讲的是桥梁建筑，《苏州园林》介绍的是中国园林建筑，《林黛玉进贾府》虽然不是直接以写建筑为主的，但人们从中可以大致了解豪门贾府的内外建筑情况。中国古代建筑文化十分丰富，并形成了自己的民族风格，而且这种反映着古代人居住习惯、审美意识的建筑文化至今还影响着现代中国人的意识。

以上介绍的应用型文化在语文教材中有些是间接地反映出来的，如《捕蛇者说》主要是讲述"苛政猛于虎"的道理，但其中又详细介绍蛇的多种药用价值与治病功能,这就涉及古代医药文化的知识。这种情况较多,教学时应加以注意。

(三) 心理型文化

每个民族的文化都鲜明地印记着她的心理品质、她的性格气质、她的精神风貌。像礼仪、习俗、宗教信仰、语言习惯、行为方式、价值取向等,既反映出一个民族的文化品位,也反映出一个民族的心理特征。

民俗文化。民俗作为一种文化现象是人们在长期交往中,在长期的物质和精神生活中形成的。它有着鲜明的民族性、地域性和时代性,印记着民族的文化性格和心理特征。中华民族的形成经历了一个曲折、漫长的过程,大家庭中的每一个成员在其发展过程中几乎都形成了自己独特的习俗文化,诸如语言、服饰、居住、饮食、婚丧嫁娶、礼仪礼节等,都与别的民族有很大的不同;即使同一民族,也往往会因为地域、宗教、文化氛围、自然条件等的不同而形成不同的民情风俗。因此,了解和研究民俗文化就成为传统文化研究中的一个重要内容。《鸿门宴》中刘邦听从项伯之劝于次日前往项羽营中寻求和解,项羽设宴款待,文中记载:"项王、项伯东向坐,亚父南向坐——亚父者,范增也;沛公北向坐;张良西向侍。"从这里可以看出:东面为尊,是主位,由项羽、项伯坐定;南面为主位的次位,范增位在项羽、项伯之下,故居此位;北面是客位,由来客之主刘邦坐定;张良是刘邦随从,地位较低,故不设座,只在西面站立。这种排列主客分明、主次清楚,反映了项羽自我称尊的意图。如果不了解相关文化的内涵,是很难深入、准确理解作品的。又如《范进中举》中范进卖鸡时插草标,《陌上桑》中女主人公罗敷取名的方式,《群英会蒋干中计》中周瑜设宴款待蒋干时设立监酒者,等等,都是古代民俗的反映。虽然教材中并无介绍民俗文化的专篇,但在语文教材中都星星点点地涉及这些方面的内容。

隐士文化。玄学在探求老庄哲学的基础上创造了隐士文化,这种文化几乎渗透在封建社会各个时期。这些隐士一般都有自己的人生哲学和处世态度,如厌弃尘世、淡泊名利、钟情山水、热爱田园;他们一般都有较高的思想、文化、文学和艺术方面的素养。例如,王维、孟浩然、张志和、陶渊明、苏轼等诗词中都表现了一种宁静高雅、淡远空灵的境界,如不能从隐士文化的角度去理解,很难深入作品的深层意蕴。张志和的《渔歌子》就是一首典型的隐士词:"西塞山前白鹭飞,桃花流水鳜鱼肥。青箬笠,绿蓑衣,斜风细雨不须归。"前两句写桃花山前清丽优美的景色,后三句写词人自身形象,景是那样优美,人是如此悠闲,真是一幅绝美的图画。作者张志和虽曾待诏翰林,但很快就隐居江湖,并自号烟波钓徒,其著述称《玄真子》,道家色彩再明显不过。据《新唐书》说,张志和"每垂钓,不设饵,志不在鱼也"。这种"钓胜于鱼"的态度,完全摆脱了世人常有的物欲,纯粹是在追求一种精神享受。相对于儒、道来讲,佛教是外来文化,但佛教在与儒道合流的过程中,已经中国化。在对自然的依赖上,佛教与道教一样。道人长期生活在远离世俗喧嚣的丛林险壑中,僧人也长期生活在高山峰峦里。道观与佛寺占据了我国绝大多数名胜,这不仅使我国自然景观中增加了独具魅力的人文景观,而且铸就了寺、观主人的主体心灵与大自然的和谐统一。也正因为如此,隐士和中国的山水、田园、自然结下不解的情缘。但对于每一个作者而言,由于所处历史阶段不同,个人处境不同,对佛、道、儒理解不同,在作品中的反映也各不相同,这也是在教学中需要加以区别的。

文化心理更多已融会在民族的习俗、思维、行动当中,例如民间神鬼信仰、禁忌习俗、传统节日等都含有文化心理的成分。《史记·陈涉世家》一文写陈胜、吴广为了组织、号召九百戍卒起来反抗暴秦而采取占卜的方式,借助鬼神的帮助来树立其威信;《范进中举》中范进考中举人,胡屠认为他是文曲星下凡,这些都与心理文化有关。

(四) 艺术型文化层面

艺术型文化层面更接近于狭义的文化概念。它不仅为了满足人们物质上的需求,更为主要的是使人们从精神、心理上感到一种审美愉悦。

音乐文化。中国古代的音乐文化有悠久的历史和丰富多彩的内容,是中国各族人民世世代代共同创造的辉煌成果。中国音乐之美妙、乐曲之丰富、乐器之多样,为世界所仅见。商周时代统治者就注重以礼乐治国,那时乐师地位很高,是政教制度的重要参与制定者和执行者,并负有教育贵族子弟的重要职责。音乐在政治生活与社会生活中都有着重要的地位。儒家自孔子起就注重礼乐教化,孔子本人就有着很深的音乐造诣,他整理过《诗经》,使"《雅》《颂》各得其所",整理的重点在音乐方面。他教授学生的内容有六科,其中礼与乐被置于前两位。荀子著有《乐论》,专论音乐的教化作用。历朝历代的统治者在治国教民方面都极为重视音乐的作用,一般都设有音乐官署专门掌管制礼作乐的工作,不仅统管朝廷专用的雅乐,还负责收集、整理和修订各类音乐资料,甚至有的皇帝还亲自参与修订音乐的工作。不少达官显贵、文人士大夫还是辨音审律、欣赏弹奏音乐的高手。中学语文教材许多文章都涉及音乐的问题。《荆轲刺秦王》中写到燕太子丹在易水边为荆轲送行,其中写送别场面,显得悲壮慷慨、荡气回肠,其之所以有如此效果,与音乐的描写是分不开的。文中写道:"高渐离击筑,荆轲和而歌,为变徵之声,士皆垂泪涕泣。又前而为歌曰:'风萧萧兮易水寒,壮士一去兮不复返!'复为慷慨羽声,士皆瞋目,发尽上指冠。"这里写了高渐离击筑,写了荆轲和乐而歌;写了变徵之声的感人效果,也写了慷慨羽声的动人效果。白居易的《琵琶行》更是多角度、多层次地直接描写琵琶演奏的效果,写得声情并茂、细腻形象,十分感人。

雅文化。中唐以来的经济、社会和文化转变,使君主集权专制下的官僚政治发展至崭新的高度。两税法和科举制度等机制,催生了一个新的官僚士大夫阶层,他们既是地主、商人,又是官僚和乡绅,更是深受儒、道文化熏染的文人知识分子,多种身份合而为一。这一文人士大夫阶层有着自己的文化追求,形成了以"雅"为主的个性特征。北宋名相、一代文宗欧阳修在其《六一居士传》中说:"六一何谓也?居士曰:吾家藏书一万卷,集录三代以来金石遗文一千卷,有琴一张,有棋一局,而常酒一壶。……以吾一翁,老于此五物之间,是岂不为六一乎?"欧阳修所述只是部分地表现了文人士大夫的精神追求和审美情趣,其实在藏书、金石、弹琴、弈棋、饮酒之外,近古文人还将诗词、书法、绘画、音乐、品茗、园林、游艺等活动加以雅化,赋予其高雅细腻、清逸脱俗的文化品位,在世界文化史上独树风景。

诗、词、文本身就是语文教学的内容,其中包括的文化内涵是显而易见的,在此不赘。下面就茶文化、酒文化、文人画的问题略加探讨。

中国是茶的故乡,种茶、制茶和饮茶均始于中国。上古时便有茶的记载(称"荼"),周秦时以茶作药用、菜用,汉魏时民间已有饮茶、种茶之俗。长沙马王堆和江陵马山汉墓中就有茶叶出土。唐代僧人坐禅时常饮茶醒神,于是转相仿效,遂成风俗。唐人陆羽著《茶经》一书,对茶的起源、产地、栽培、采茶制茶过程、饮茶品茶的历史和方法、茶具的选用等作了系统的总结，成为茶文化史上的里程碑。唐宋以后，饮茶在醒神益智、消食健体、升清降浊等实际功用之外，还被赋予很多文化内涵，成为文人士大夫生活中的一部分，趋于雅化。首先，饮茶的茶技文人化，对茶叶、茶具、茶水、饮茶环境等愈益讲究，将艺术品位和审美情趣赋予其中，由茶食茶饮上升至茶艺、茶道；其次，品茗与文人士大夫的其他活动如吟诗、作画、抚琴、弈棋等联系起来，不仅可借以修身养性、激发文思，而且还是风雅兴会、文人交流所必备。品茗饮茶的人文含义远远超出了它的实用价值。如小说《红楼梦》就多次写到宝玉、黛玉众姊妹品茗作诗的场面。

中国酿酒的历史非常悠久，殷商时造酒业已非常发达，西周时更设有专管酒业的机构和官员，西汉时酒业成为国家财政的重要来源之一。魏晋之时因社会动乱，统治阶级内部争斗激烈，士人常有朝不保夕之感，往往借酒韬光养晦，浇愁解闷，文人与酒的关系开始密切起来，从而使酒增添了几分文化内涵。可以说酒与古代中国人的经济生活、精神生活和情感生活关系至为密切，酒中所积淀的中国古代文化，酒中所蕴含的古代中国人的精神世界和情感世界极为丰富与深厚。语文教材中有不少课文都蕴含酒文化的内容。如"对酒当歌，人生几何"（曹操《短歌行》），"酒酣胸胆尚开张，鬓微霜，又何妨"（苏轼《江城子》），"劝君更尽一杯酒，西出阳关无故人"（王维《送元二使安西》），"今宵酒醒何处？杨柳岸，晓风残月"（柳永《雨霖铃》），"明月几时有，把酒问青天"（苏轼《水调歌头》），"三杯两盏淡酒，怎敌它，晚来风急"（李清照《声声慢》），"忽与一觞酒，日夕欢相持"（陶渊明《饮酒》），等等。在这些诗、词中，酒成了激发诗兴、施展诗才的兴奋剂；"李白斗酒诗百篇"，酒成为抒发英雄抱负的催化剂；酒可以借以消愁，酒可以遣兴抒怀。宴饮酬酢、饯行送别都离不开酒。酒，成为情感、心灵和意绪的一种物化。它可以其自身的热量和酒精刺激人的情绪、灵感和思维，使人热血沸腾、精神兴奋、文思泉涌，使人或产生创作的冲动，或产生情感的激变，因此，多少文人骚客借酒起兴，酒中兴怀，酒后成篇。这时的酒往往成为诗人、词家心路、情感历程的符号。

古代士大夫参与绘画，向绘画输入自身特有的文人气质，形成文人画之说。将绘画纳入上流艺术的观念早在唐代便已出现，王维等人在作画中已融入文人意识。至宋代，这一观念日益强烈。苏轼在《跋宋汉杰画山》

一文中说："观士人画，如阅天下马，取其意气所到。乃若画工，往往只取鞭策皮毛槽枥刍秣，无一点俊发，看数尺许便倦。"文人画在艺术上有其明显特征：其一，诗画同体。随着文人士大夫群体意识的日益强烈，使这些文人渐益明确地意识到绘画同言志抒情的诗歌以及任情恣性的书法有着内在的共通联系。正如杨维桢所言："以诗为有声画，画为无声诗。盖诗者心声，画者心画，二者同体也。"(《东维子文卷》卷十一《无声诗意序》)。其二，格调高雅。古人爱以画的内容寓示自己的雅趣。梅、兰、竹、菊成为画家笔下永久描绘的对象，因为它们寓寄了作者的情感。周敦颐在《爱莲说》中说："予谓菊，花之隐逸者也；牡丹，花之富贵者也；莲，花之君子者也。"就是表达这种旨趣。其三，神韵超然。文人画强调神韵，反对形似。苏轼曾说："论画以形似，见与儿童邻。"

语文教材中许多作品的语言文字所描绘的就是一幅画面，有的是表现了画的意趣，还有的是诗画一体，这给我们解读作品提供了一个视角。

上面提到的种种文人雅趣，一方面是文人士大夫的遣兴自娱、寄托情感的手段，另一方面还在于借以凸显文化的品位，标榜自我存在，客观上造成一种"附庸风雅"的文化氛围。然而，正是因为帝王和文人士大夫的附庸风雅、刻意营造，使得本来情趣盎然的雅文化，渐渐脱离了鲜活的生活源泉，构成一个精致而又森严的贵族世界。

俗文化。中国的文学艺术从一开始其发展就有两条不同的路子：一条是由社会的知识阶层开辟的正统的文学和艺术的道路；一条是由社会的下层，即名不见经传的民间人士开辟的、非正统的民间文学和民间艺术的道路。他们一般以口头形式进行创作，创作出来后也多在口耳之间流传。但这两条道路从来就不是平行的，发展到一定时候，它们就会交叉、融合、重叠，变得你中有我、我中有你。因此，这种"雅""俗"之分也是相对的一种说法。古代神话最初都是以故事的形式在民间口耳相传，见之于文献记载都是以后的事。

《诗经》中就有大量的民间诗歌，像《氓》《伐檀》《硕鼠》都是来自民间。这些诗不论是形式上，还是内容上都有其独特的意义与价值。

《孔雀东南飞》这首民歌不仅标志着五言叙事诗的成熟，也表明中国叙事诗的源头在民间，是民间作者奠定了中国叙事诗的艺术传统。

除此之外，东汉民歌《陌上桑》，南北朝民歌《木兰诗》《敕勒歌》都以其独特的创造风格而在中国诗歌史上别具一格。如果从文学发展的整个历史来看，不仅诗歌中的四言、五言、六言、七言和杂言等体式来自民间，词和散曲亦来自民间，而且叙事文学中的戏剧、通俗文艺中的子弟书、鼓子词和弹词等形式，不但由民间创造，而且在很长一段时间里也只在民间流传，只是后来才转到文人手里。戏剧同样如此。由中唐开始发端的市民文化至宋代有了更大的发展。北宋画家张择端的《清明上河图》就展现了开封城生动具体而又典型化的历史画面。为适应市民阶层的需要，在一些豪华的大都市，出现了市民文化表现自我的固定游艺场所——瓦舍。瓦舍是百戏荟萃之地，每个瓦舍里划有"勾栏"。众多勾栏，上演令人眼花缭乱的文艺节目，如杂剧、杂技、讲史、说书、说浑话、皮影、傀儡，等等。正统文士将瓦舍称为"放荡不羁"之所，正表明这是一个充分展示市民情趣、市民口味的另一个文化世界。语文教材也选了部分这类课文，如《口技》《明湖居听书》《柳敬亭传》等。这些由瓦舍勾栏锻铸出来的艺术随着都市经济的发展，迅速流泽四方，直接孕育了光彩夺目的元杂剧的诞生。就是我国长篇章回体小说，如《水浒传》《西游记》《三国演义》等，亦是在讲唱文学和说话艺术的基础上发展而来的。这些以消遣和娱乐为主要功能的市民文化，在内容和形式上都带有强烈的"俗"的印记，然而也正是由于此种野俗才使市民文化比文人的雅文化更具活力。

三 传统文化与语文教育

（一）传统文化与优秀文化传统

传统文化就是世代相传的文化，是具有稳定结构的共同精神、心理状态、思维方式和价值取向等精神成果的总和，具有承传性、连续性、发展性的特点。就历史发展的整个过程而言，并不是每一种文化都可成为世代相传的传统文化，有些文化可能已经消失在历史的尘封中了，有些则可能世代相传，延绵不绝。如四大文明古国中的中国与希腊，其文化的发展就带有很大的连续性和承传性，古希腊和古中国的文化在很大程度上形成了一种牢固的传统而保存下来。而今日之印度和埃及的文化与其古代文化就有很大的不同，甚而可以说发生了质变：古埃及的圣书字不复存在，成了博物馆中的古董；古代印度的佛教今日也成了遗迹，要研究佛教还得求助于中国、日本、泰国等国家。这就表明，并非任何一种古代文化都可以成为传统文化。

中国几千年封建社会所创造的文化是一个庞杂的系统，也必然留下旧时代的痕迹，这就决定了我们在接受这笔文化遗产时首先必须进行甄别，分清哪些是具有进步性、民主性的精华，对于今日的新文化建设依旧有用；哪些是属于封建主义的糟粕，或者说是落后于时代的东西。只有做好甄别工作，分清精华与糟粕，才能决定取舍。作为传统文化中主体的汉文化，历史悠久，源远流长，在几千年的历史发展长河中，汉文化在不断地丰富、充实、发展、完善，从而更为绚丽多姿、光彩夺目。那么，建构汉文化的核心又是什么呢？这就是儒家思想。儒家创始人孔子、孟子都主张仁爱、仁政，反对暴政，强调仁民、爱民，反对残民、害民，讲为政以德，认为"天下者，天下人之天下也，唯有德者居之"，提出"民为贵，社稷次之，君为轻"。这种仁爱思想和民本主张，应该说有其合理性与进步性。儒家特别重视人格修养，主张静修、慎独、思过，认为人应该懂得礼义廉耻，要具备"仁义礼智"四端，要培养做人的浩然正气，培养善行，养成"富贵不能淫，贫贱不能移，威武不能屈"的崇高气节。这对于培养中华民族的优秀品格、孕育历史上的气节之士起到了积极作用。儒家美学讲以善为美、以和为美、以大为美的审美思想，主张统一，反对分裂，不仅具有历史的意义，而且也具有现实的意义。此外，敬老爱幼、尊师重道、重义轻利、乐善好施、自强务实、见贤思齐等都是我们民族的优良传统，值得我们弘扬。

（二）传统文化教育与语言学

中国传统文化主要是通过语言文字记载下来，通过学习语言对学生进行文化陶冶，是语文教学的重要任务。文化语言学是研究语言文化的科学。在语言和文化的研究中，文化语言学代表一种新的方法论体系。语文与文化关系之密切，也许可以用"水乳交融"来形容。下面举一例子加以说明。

在汉语词汇中，由"狗"构成的词和短语（包括由"犭""犬"构成的汉字）往往含有贬义，中国人也习惯用"狗"作为詈词。例如：走狗、疯狗、恶狗、癞皮狗、哈巴狗、狗奴才、狗腿子；狗血喷头、狗急跳墙、狼心狗肺、狐群狗党；狗眼看人低、狗嘴里吐不出象牙。

尽管在日常生活中，"狗"这种动物常常是一些人的宠物，狗对主人的忠心常被人们称道,"狗不嫌主贫"也用来比喻忠诚,但是,为什么"狗"进入词汇后就带上了贬义成为詈词了呢?这个问题不属于词汇学,我们光从词义着手分析是解释不清的,应该从中国传统文化的大一统民族心理出发去分析、理解。所谓"大一统"就是集中、统一的意思。对于一个国家来说,就是只能有一个权力中心、一个统治者。《礼记·礼运》:"以天下为一家,以中国为一人。"这正是大一统观念的写照。毫无疑问,大一统心理在封建统治阶级建立政权后,对于保持国家统一、防止民族分裂、维护正常的国家运作机制是有积极意义的。在中国古典小说或戏剧里,往往有种大团圆的结局,这也是大一统心理在文学艺术中的表现。我们不妨从"挂羊头卖狗肉"这一俗语来更深入理解这一问题。这句俗语的意思是打着好的幌子来推销劣质货色,或者干坏事。这里有一点可以肯定:挂出来的东西(样品)绝不会比实际的差劲。这句俗语表现出了明显的褒羊贬狗的倾向,于是随即产生了两个问题:为什么没有人说"挂狗头卖羊肉"?人们为什么要褒羊贬狗?

在古人看来,"羊"是一种具有吉祥意义的动物。《说文解字》说:"羊,祥也。"羊就是祥,古代鼎器上的铭文通常把"吉祥"写成"吉羊"。古人出于这种文化心理,在造字时用"羊"做"群"字的形符,"群"字本义为辈、类,凡类聚之称就是群,羊聚集在一起就成为羊群,这些正符合大一统的价值要求。和"群"字意义相反的字是"独","独"以"犭(犬)"为形符。《说文》说:"独,犬相得而斗也。"即狗咬狗,其结果当然是离散,离散了当然也就"独"了,这就违背了以"合"为标志的大一统的价值要求。所以《说文》"独"字条后接着说:"羊为群,犬为独。"群、独成为一对反义词。褒羊贬狗的民俗文化心理就这样在大一统观念的支配下逐渐形成。"美"字从羊从大,羊大为美,本义是"甘"(滋味好),也就是今天所说的"美食""美味""美餐"之"美",引申为一切事物之好,如"美德""美名""美言"。"善"字从羊从言,本义为"吉"(话说吉利),《考工记》注曰:"羊,善也。"《说文》"美"字条说:"美与善同义。"可见美、善等字最初都有吉祥、美好的意思,这一意义是从共同的构件"羊"来的。因为"犭"(犬、狗)有违背大一统观念的离散义,所以在汉字结构上,带有"犭"(反犬旁)或"犬"的字常包含贬义,例如:犯、猥、狠、狎、狂、犷、猖、獗、狰狞、狡猾、狱、戾等,这与由"狗"组成的词或短语多有贬义在语言心理上取得了一致。①

又如上古汉语中，"伦"的常用意义是指人与人的关系，对这一意义最有影响的阐释是《孟子·滕文公上》所言："饮食暖衣逸居而无教，则近于禽兽。圣人有忧之，使契为司徒，教以人伦：父子有亲，君臣有义，夫妇有别，长幼有叙，朋友有信。""伦"与"人"组合成"人伦"。人与人的关系为什么要称为"伦"呢？段玉裁在《说文解字法》中认为："伦"和"论"皆以"仑"会意，而"仑"本来有次第、条理的意思。由于"仑"的这种含义，因而源于它并以它为素材构成的新词"伦"，不仅有类、辈、次序、条理、顺从、秩序等意义，而且在人与人的关系这一意义中也隐含着次序、顺从的评价意义——这恰恰流露出中国古代伦理观念中所蕴含着的基本精神。从这里我们还可以进一步认识与之相关的语词。如哥哥的妻子何以称为"嫂"？《释名·释亲属》释为："嫂，叟也。叟，老者称也。"贾公彦在《仪礼注疏》中指出："名兄妻为嫂者，尊严之称。……嫂犹叟也。叟，老人称也。"王力先生也认为，"叟"和"嫂"是同源词。"嫂"得名于"叟"，因为年龄稍长而得到了"尊严之称"。可见，尊敬嫂嫂是为了顺从长兄。这也反映了中国伦理文化所体现的以长为大的排列次序。语言是文化的符号，它不仅能记载古代物质文化以及文化制度的层面，也照见文化心理的层面。

（三）传统美德教育与语文教育

中国传统文化是一种伦理型的文化，伦理道德为传统文化的核心。在语文教材中，蕴含着丰富的传统美德内容，对学生进行传统美德教育是教师的职责所在，也是语文教育内容的规定性要求。中国是一个具有五千年历史的文明古国，历来注重礼仪。在先秦儒家整理、编订的为数不多的文献中，就有《周礼》《仪礼》和《礼记》三部，西汉时期朝廷确立的儒家经典中就有《周礼》，至南宋，《仪礼》《礼记》亦收入《十三经》中，成为儒家的重要经典。伦理道德与礼仪制度是密切相关的。孔子创立儒学，从一开始就特别重视伦理教化和道德修养，他整理文献，其中就有《周礼》《乐书》，意在突出礼乐教化的重要，希望恢复西周礼乐制度，故孔子既注重礼，又注重德；既讲政治道德，又讲人伦道德；既讲道德规

---

① 参见沈锡伦《中国传统文化和语言》，上海教育出版社1995年版，第31—32页。

范,又讲个人修养。中国传统文化中一些最重要的道德范畴和概念、术语均来自儒学,如忠、孝、仁、义、忠恕、中庸等。西汉之时,经学家将儒家的伦理思想系统化、规范化,将人伦道德概括为"三纲""五常"。"三纲"是:君为臣纲、父为子纲、夫为妻纲。"五常"是:仁、义、礼、智、信。此外,还提出"五教"以配合"五常"的实施:父义、母慈、兄友、弟恭、子孝。应该看到,两汉之时的纲常名教完全封建化了,完全代表了统治阶级的利益,这与原始儒教中的道德伦理思想有着一定的区别。

传统道德文化从产生到现在,时间长达千年。传统道德中的一些观念,至今还活跃在现实社会中并得到了人们的承认。譬如忠、孝、信、义等,这些概念、范畴所具有的道德内涵还在日常生活中发生作用,或有形或无形地制约或规范着人们的行为。"义"这一概念,可以表示十分丰富的内涵,如"道义""信义""忠义""义气""大义"等。《孟子·告子上》的《鱼我所欲也》章,是一篇短小的论说文,说的是因为人有羞恶之心,所以要做到"舍生取义"。这里所说的"舍生取义"不是一般意义上的道德问题,而是超越了一般道德层次而进入了一种精神境界。这种精神境界是道德的升华,也是人格的升华,古代多少仁人志士都追求这种境界。教材中就有出使匈奴,不辱使命,在任何艰苦卓绝的情况下都坚持民族大义的苏武;有不愿为五斗米折腰,而始终维护自己独立人格的陶渊明;有弹尽粮绝,仍坚持死守睢阳城的"不可为不义屈"的志士南霁云;有高唱"人生自古谁无死,留取丹心照汗青",至死不屈的民族英雄文天祥,等等。从古到今,中华民族多少仁人志士都在用自己的行动实践着"舍生取义"、追求人格的最高境界,他们的事迹可以惊天地、泣鬼神,他们的人格、意志、品德,确实是光芒闪烁,给人启迪,催人向上。

(四) 传统的人生观、价值观与语文教育

历史上,中国是个宗法制社会,注重以人为本位,由此推及家庭,推及国家。同时,中国传统文化又是伦理型文化,注意品德和个人人格修养是这种伦理型文化的一大特征。这些特征,也决定了中国社会的传统人生观、价值观有其鲜明的个性。

其一,奋发进取、正道直行的精神。孔子说:"士不可以不弘毅,任

重而道远。"这是孔子鼓励士人要立志,树立一种严肃、庄严的责任感。孔子躬亲实践,"知之不可而为之",他一生都在为自己的目标去积极奋斗。这种奋发进取、百折不挠的精神无疑给后来的有志者树立了榜样。儒家文化还强调坚持正义,勇于向前,崇尚气节,重视情操,培养强烈的民族自尊心和刚直不阿的浩然正气。孔子推崇"士可杀而不可辱""三军可夺帅也,匹夫不可夺志也"的精神;孟子提倡"富贵不能淫,贫贱不能移,威武不能屈"的节操。在中国历史上,数不清的仁人志士为了国家和民族的兴盛、富强,广大人民的幸福、安宁而奋斗不息,表现了强烈的为正义的事业奋发进取的精神。

其二,礼仪修身、经邦济世的人生追求。在中国古代,所谓人生理想和人生价值观,主要是指"修身、齐家、治国、平天下"。这是步骤分明的四部曲,也是人生价值不断升华的四个阶段。这种理想的人生道路是以个人的修身为起点,由修身而齐家,由齐家而治国,由治国而平天下。儒家认为"平天下"是人生的终极目标,是人生价值的最大体现。儒家特别重视"礼"在修身中的重要作用。荀子说,"人无礼则不生,事无礼则不成,国家无礼则不宁";他还十分强调师在崇礼方面的作用,"礼者,所以正身也;师者,所以正礼也"。正因为人生的最大理想和最大价值是"治国""平天下",所以"经邦济世"也就成为善人君子、仁人志士的人生追求。明末清初志士顾炎武说的"天下兴亡,匹夫有责",正道出了仁人志士的共同心声,也成了近代史上许多爱国者的巨大精神力量。这些内容在教材中多有反映,这也是对学生进行爱国主义教育的极好教材。

其三,忧国忧民的意识。所谓忧患意识,就是指出于对国家、对人民前途、命运的深切关心而表现为思想上、情感上的一种经常性的忧心和思虑状态。这种忧患意识正表现了古代仁人志士对国家、对人民的高度关心,对社会的严肃责任感。伟大的现实主义诗人杜甫就具有强烈的忧国忧民意识。他一生以"致君尧舜上,再使风俗淳"为己任。他的"三吏""三别"等诗篇不仅是历史的真实记载,同样也表现了他那负荷沉重的忧患意识。又如范仲淹的《渔家傲》:"浊酒一杯家万里,燕然未勒归无计!羌管悠悠霜满地。人不寐,将军白发征夫泪。"抒发了对边境未宁、国事未安的深沉忧虑,对戍边将士久戍未归、思乡心切的同情与关心。至于他的《岳阳楼记》,更是渗透了作者"先天下之忧而忧,后天下之乐而乐"

的深沉、博大的忧患意识。

其四，博取功名以报效国家。古人认为，个人的价值如何主要取决于他在一生中所建立的功名，功名越大，其个人价值就越大。如苏武出使匈奴，历尽艰辛，饱受折磨，却始终不辱使命，保住了汉家气节，维护了国家尊严。所以李陵祝贺他说："今足下远归，扬名于匈奴，功显于汉室。虽古竹帛所载，丹青所画，何以过子卿！"（《汉书·苏武传》）这正说明苏武是在报效国家、为国立功中赢得个人功名的。南宋抗金名将岳飞将一生献给了抗金复国大业，他在《满江红》词中说："三十功名尘与土，八千里路云和月。莫等闲，白了少年头，空悲切。"词人要趁着年轻力壮之时驰骋抗金复国的战场早立功。"靖康耻，犹未雪；臣子恨，何时灭！……待从头，收拾旧山河，朝天阙。"讲述建功立业的内容是报仇雪恨，重新整顿河山。一旦完成了这一功业，作者就"朝天阙"，向皇上请功，从而成就自己的功名。为报效国家，不惜以死去成就功名。例如司马迁《报任少卿书》中言："死，有重于泰山，或轻于鸿毛。"死有不同，为了国家和民族去死比泰山还要重。爱国志士文天祥则更以其生命谱写了一曲"正气歌"，为山河增色，为日月增辉，在历史上留下了不朽声名。"人生自古谁无死，留取丹心照汗青"（《过零丁洋》）二句如黄钟、大吕震撼了多少人的心灵，激励后世爱国志士为正义事业而斗争，为国家的兴盛而献身。

其五，独善其身与兼济天下。这是在不同的境遇中去如何面对人生价值的问题。孟子说："古之人，得志泽加于民；不得志，修身见于世。穷则独善其身，达则兼济天下。"这里说的是人在仕途得志则可将恩泽加于百姓；如果仕途不得志则加强修身以君子风仪表现于世。穷困时独自加强个人的修身养性，显达时则要兼顾天下，匡时济世。陶渊明如此，苏轼如此，明末清初的顾炎武、黄宗羲、王夫之均是如此。

传统的人生观、价值观对学生的人生观、价值观形成具有启示和借鉴作用。语文教材中荟萃了许多古代仁人志士、正人君子的事迹，如屈原、苏轼、陆游、辛弃疾、岳飞、文天祥等，这都是对学生进行爱国主义传统教育的极好教材，使学生在学习语文知识、提高语文能力的同时，又能受到爱国主义熏陶，培养一种对国家、对民族、对人民的深沉、执着的爱，这对学生形成正确的人生观、价值观是有着积极作用的。但我们也必须看到传统的人生观、价值观也有不少与当今社会发生冲突的内容，甚至还有些消极的东西,这都是我们应该作具体分析的。我们既要站在历史的高度肯定其合理性与进步性,肯定其对于中华民族的生存与发展所起的积极作用,看到其在今日精神文明的建设中仍具有的价值;又应注重到有些内容中消极的一面。这些都是语文老师在教学中应该认真把握的。[①]

[①] 参见郭瑞林《中国传统文化与中学语文》,湖南师范大学出版社1999年版,第87—90页。

语言幽默在语文教学中的运用

　　语言的幽默是指通过语言的要素——语音、文字、词汇、句式的变异使用和各种修辞方式的创造运用而造成的幽默效果。教学语言幽默是教学艺术的特殊表现形式，具有极高的教学审美趣味。

　　语言符号话语的组合方式通常有两类：一类是常规的，一类是超常规的。前者即符合语言形式逻辑的一般规律，文字的形式和内容的联系是规范，词语之间的搭配是常规的，因而，一般与语言幽默无缘。后者即在辩证逻辑的制约下，突破语音学、文字学、词汇学、语法学和形式逻辑的一般规律，变格运用语言材料，使教学语言幽默氛围能够成功地在交流中得到动态显现。因此，当语言组合方式一旦出现"变异"，语言幽默的客观基础也就开始形成。而那些"变异"性越强的语言组合方式，其幽默的氛围通常也就越浓。当然，也并非所有的"变异"性的语言组合都能产生幽默的效果，只有当这种组合方式有机地与认识主体的特殊心理活动过程相结合时，语言的幽默氛围才会产生。这些"语言、心理"的特殊结构主要有：语流暗示的语义方向突然改变，造成一种心理上的期望突然失落；言语的组合明显违拗语言规则和社会习惯，造成一种情感的巧妙释放。下面分别述之。

　　语流暗示的语义方向突然改变。在话语中，由于某些语词的暗示，语义逻辑地呈现出一种发展方向，但"谜底"所揭示的都是一种似乎与前面很不相同但细想又并非不相关的事实。心理轨道的突然中断，使期望之车轻松地随之而猛然翻为谑笑。例如特级教师方仁工在讲授例证中材料的选择问题时启发学生选用哪些实例来论证"学习要重视基础"这一观点，引导学生讨论：

学生甲:"司马迁从小借父亲在朝廷任职之便博览群书,为写《史记》打下了基础。"

学生乙:"司马光小时候常把自己关在房内,凡读过的书不能熟背,绝不出门跟小伙伴去玩,积累了丰实的知识。"

"哦,我也想起一个材料:我家隔壁有个王小二天天在家一笔一画练写毛笔字,不几年……"方老师突然横插一句,话还未完,就引起了全班同学的一阵哄笑。方老师适时抓住契机,问:"你们笑什么?"

"我们奇怪哪儿来的这么个'王小二'。"

"你这个'王小二'怎么能和司马迁、司马光的声望相比呢?"

"就是说,所举的人或事之间必须对等,要在同一层次上。"方老师笑着赞许了这两位同学。用一句近似戏谑的话语,突然改变了语流方向,形成了一种短暂的"空白",这既诙谐、幽默,活跃了气氛,又启迪了思维。自然妥帖地解决了例证中材料选择问题,一石数鸟。

语言运用时明显的违拗语言规律和社会习惯,有时也能产生幽默的效果。语言是约定俗成的符号系统,话语中的词语组合,既要受到语言体系的制约,又要受到该语言体系的使用者的共同习惯的制约,当听话人发现接收到的言语现实信息不合乎语言组合规则和使用习惯时,原先凝结的一种规范认识和目前话语事实发生了矛盾冲突,而当在新的层次上理解了话语的意义,便产生了幽默的效果。

钱梦龙老师有一次在课堂教学中要求学生回答问题尽可能不要看书。他对学生说,如果实在忘了,怎么办呢?有个学生说,那就偷看一下。钱老师说:"偷看一下?说得好啊!别笑,偷看也是一种能力呀!"(学生大笑),钱老师接着说:"很快地在书上一眼打过,就马上找到你所要的那个词,那个句子,不也是一种能力的培养吗?不过,请注意,考试的时候可不要培养这种能力啊。"引得学生哄堂大笑。

"偷"是一种不道德的行为,而"偷看也是一种能力"明显与语言的使用习惯相悖,造成了学生认识上的落差,产生了矛盾效果。而后面一句的补充,则对学生进行善意的劝告和批评。这种幽默使学生感到老师和蔼可亲、平易近人,充满了一种友善和温和的气氛。

语言运用的出奇技巧。言语理解的过程是一种特殊的认识过程,要引起学生的注意，言语的新奇十分重要。这种新奇感本身不包含深邃的思想，但它可强化刺激，使学生感到一种对日常感觉和认识方式的背离，从而形成一种精神愉悦。有位老师给学生讲《谈修改文章》一文时，设计了这样一段导语：

> 什么叫"文章"呢？辞书上说："画绘之事，青与赤谓之文，赤与白谓之章。"人的脸皮，有青有赤亦有白，可见，每个人的脸皮就是一篇天生的"文章"。
>
> 许多女同胞都是非常讲究"修改文章"的。你看：她们每天早晨梳妆，对着镜子，用奥琪增白霜反复"揣摩"（涂抹），再用高级胭脂、唇膏精心"润色"，还要用特制的眉笔仔细地修改"眉题"。甚至，连标点符号也毫不含糊——非要用手术刀将"单括号"（指单眼皮）改为"双引号"（指双眼皮）不可！你们看，这是何等严肃认真、高度负责的态度呀！
>
> 我们每个人都有自己的文章，要想使语言出类拔萃，成为好文章，不在修改上下番苦功夫，行吗？①

这段导语设计，运用了多种修辞手法，新颖别致，委婉含蓄，使文章具有一种新奇感，既引人入胜，妙趣横生，同时也启发思考，令人回味。

幽默也是人对客观事物的一种审美评价，离开了人，就没有什么幽默可言。一则语言材料，只有当它得到审美主体——理解者的心理认同，从中获得幽默感，这则语言材料才能获得幽默的审美评价。因此，从这个意义上说，幽默与否，幽默的理解者（学生）和幽默的创造者（老师）具有同等重要的地位。倘若幽默的创造者不考虑作为审美主体的理解者在文化修养、生活阅历等语言的、非语言的背景差距，不去考虑如何引起双方的心灵沟通，那么，即便是很幽默的东西，对于理解者来说也丝毫不知其幽默所在，更无从去会心会意、去领略幽默所发出来的妙趣和味道，幽默的审美价值也将荡然无存。因此，学生的年龄特征和思维水平都直接影响对幽默语言的理解。一般来说，初中生和高中生的思维有所不同。在初中生的思维中，抽象思维虽然开始迅速发展，他在很大程度上还是经验型

---

① 汪缚天：《教师的语言修养及训练》，高等教育出版社1994年版，第76页。

的，他们的抽象思维主要靠感性经验的直接支持。而高中生的抽象思维则已逐步进入理论性，他们已经能够用理论作指导来进行分析和综合，辩证思维发展迅速，能够理解深层的语言内涵。因此，教师运用幽默的内容与水平应与学生对幽默的理解力和接受水平相一致。否则，就不会产生令人愉悦的幽默效果。有位老师在作文讲评时对一个差生的作文大为恼火，顺口评道："月明之夜，鱼跃三更。"这个学生大惑不解，问老师道："老师，这是啥意思呢？"老师答曰："不通是也。"这里，老师利用谐音象声词"扑通"对学生挖苦了一番。且不说这种幽默成分与效果如何，单就这"谜底"着实够学生琢磨一阵，即使悟出真意，心里也不是滋味。哲人莱卡尔说："幽默不是轻蔑，而是爱。幽默应该是一种享受，但不能以牺牲别人而为之。"这也许是幽默的真正含义。

语言的幽默能够保持学生大脑的兴奋性，活跃课堂气氛，消除紧张和疲劳，增强学生的学习兴趣。语文教师要提高自己的语言幽默技巧，首先就要努力培养自己开朗、乐观的性格，树立辩证唯物主义的世界观，提高哲理修养，培养和锻炼感情与意志。其次要注意收集有幽默感的格言、警句、妙语、急智之言、故事、笑话。对于这些材料，不仅要理解，而且要懂得如何使用得当，万万不可生吞活剥，机械搬用，否则会弄巧成拙。最后，要有创新意识和教学机智，善于创造是获得教学幽默的重要途径和方法。语言幽默从本质上来说就是一种教学语言艺术的创造。教学幽默的迅变性要求教师有敏锐、灵活的教学机智。没有创造，就不会有幽默，只有机智的教学，才能产生幽默的效果。

语言的幽默在语文教学中的各个环节都有用武之地。语言幽默，轻松发笑只是其外壳，精辟透彻才是其内核。列宁就曾指出："幽默是一种优美的健康的品质。"所以，它不单关乎人的个性、风格，也根于人的见识、涵养。奇妙的幽默，常需随机应变，意趣横生，看似随口而出，实则是深厚功力与敏锐思维的能量迸发。

原载《中学语文》1995年第7期

第三编

语感教学探讨

试论语感的性质要素和语文能力的培养

在语言能力的系统中，语感能力是最基本、最重要的一种能力。叶圣陶先生很早就指出："至于文字语言的训练，最要紧的是训练语感。"虽然，语感是语言学中经常提到的一个概念，但语感的本质究竟是什么？怎样对语感作出科学的界说？这方面论述还是较为少见。下面我们就此作初步研究。

一　语感的基本特征

语感的基本特征有以下几个方面。

第一，直觉性，这是语感的主要特征。语感是对语言信息的直觉反应，在短暂的读听过程中便能感知语言文字的含义、正误、情味等。郭沫若在谈及这一问题时说："大凡一个作家或诗人总要有对于言语的敏感，这东西'如水到口，冷暖自知'，实在也说不出个所以然。""说不出个所以然"就是凭借这语言的直觉。语感和对语言的感性认识不同，语感虽说是对语言文字的直接反应，但又包含有理性的因素。也就是说，语感在对语言文字的直觉中暗含着理性的认识，积淀着逻辑理智的基础。语感是在人的语言活动中形成的，人们在长期的语言信息交流实践中，对词语、句子的含义、情味等有了认识，通过反复的实践、认识，在大脑皮层的细胞之间，逐渐形成了牢固的联系系统，只要遇到一定的语言文字信号的刺激，就会不假思索地感知词语、句子的含义、正误和情味。这是产生语感这一现象的主要原因，也是语感的一个本质特征。

第二，整体性。语感的整体性指的是要把语言文字放在具体的语言环境中，完整地感受其表达的深厚意蕴，而不是逐字、逐句去考察字典、词典以理解字词含义。语境是语感产生的具体语言环境，是和字、词、句一起而作为感知的对象，语感离开了语境，活的语言文字就会成为词典中的词条。语境既指上下文的联系、静态的语言环境，又指与言语行为有关的各种因素所构成的交际情境，它包括语言交际时的社会环境、交际场合以及交际双方的有关动态的语言因素。《红楼梦》第四十八回香菱评诗一段这样写道："我看他（指唐代诗人王维）《塞上》一首内一联云：'大漠孤烟直，长河落日圆。'想来烟如何直？日自然是圆的。这'直'字似无理，'圆'字似太俗。合上书一想，倒像是见了这景的。"为什么香菱开初会觉得"直"字无理，"圆"字太俗，而合上书细想，却认为妙不可言？原因就在于香菱开初是把这两个字孤立起来看，脱离了语境进行评价，自是体会不到两字的妙处，但一旦把这两字放入"大——长"这一特定的语境中进行联想品味时，便嚼出味来了。试想昏昏晚至，茫茫沙漠，给予人们平行线的外观，必是孤烟"直"上的感觉，日自然是圆的，但诗中是"落日"，在大漠长河之上，古漠一片荒凉，长河沉沉一线，紧贴长河水面的落日就以其"圆"给人以突出的印象。一个"直"，一个"圆"，活画出一幅大漠落日图，难怪香菱说："倒像是见了这景的。"这两个看似平常的词在这特定的语境里显得新颖奇异、生动形象。这种情况就是把词语和语境联系起来，加之以想象来整体地感知对象。

第三，经验性。语感虽然离不开记忆、分析、联想、比较等理性认识活动的参与，但它到底是以"感受"为基本形式的，因而，它主要依靠的是体验与积累，它是带有经验色彩的心理活动。语感是由学生自己对言语对象的直接感受积淀而成，是学生"感"的结晶，而非教师"授"的产品。理解和感受既有联系，又有区别。理解主要是通过抽象思维把握言语对象的意义，而感受则是在一定程度理解的基础上调动知觉、表象、联想、想象、情感等心理功能去触摸言语对象的整体存在，品味它说什么，怎么说以及为什么要这样说。感受基于理解，又能加深理解；理解只能深化感受，却不能取代感受。

语感又是一种能力，任何能力都是多种特征的综合，具有自己独特的结构。在能力结构中，有些要素占有主要地位，有些要素则处于次要和辅助的地位。语感是以直接感受为主要特征，以心智为主的能力。语感是听、说、读、写能力的基础，离开了语感，听、说、读、写就无法进行。语感要有一定的语言知识作为基础，但这种知识是在实践中领悟得到的活的语言知识，而知识可以帮助加深理解，形成语感。正如毛泽东所指出的："感觉了的东西，我们不能立刻理解它，只有理解了的东西才能深刻地感受它。"语感正是在理解的基础上形成感觉。那种把语言知识传授当作唯一目的，忽视感觉，不注意学生的语感能力培养的做法，如同缘木求鱼，是不能收到良好效果的。因此我们认为：语感是人对语言这一对象的直觉的、整体的感受，是由语言文字而引起的复杂心理活动和认识活动的过程，是把握语言文字这一对象的一种能力。

二　语感能力和要素

敏锐的语感是由多方面构成的有机体，它包括以下几个要素。

第一，语言的协调感。任何语言都是语音和语义的有机统一体，当人们借助语言进行交流时，就必须依靠语音负载着语义去完成表达思想和传播信息的任务。书面交流看似不需发音，但人们的发音器官同样在参加活动，因而不管是口语还是书面语，都要讲究语音形式和语义内容的协调，追求一个声情并茂的境界。俄国著名小说家契诃夫在介绍自己写作经验时曾说："我通常在校样上最后完成我的小说，而且不妨说是从音乐性一面来修改它。"我国南梁的沈约也曾说："文章之音韵，同弦管之声曲。"语言的协调性指对语音、语调、停顿、重音、语势和表达思想感情之间联系的敏感程度。古人说："言之不足，故磋叹之。"这是指的语义内容借助语音的表现化而加以传情表意。索绪尔曾经指出：语词的声音变化本质上是属于心理的。正因为这个缘故，情感内容才能借助语音、语调的变化而得到强调。朱自清在《绿》的开头这样写："第二次到仙岩的时候，我惊诧于梅雨潭的绿了。"这句话成为作品情感蕴蓄的特有基调，它是作家在心灵经历大惊大喜之后浓缩成的一种独特物化的形态，显得极为率直情深、诚挚动人。鲁迅先生在《为了忘却的记念》中写道："柔石和其他二十三人，已于二月七日夜或八日晨，在龙华警备司令部枪毙了，他的身上中了十弹。原来如此！……"这几句蕴含着复杂的内容和深意，作者此时的强烈感情完全凝聚于字里行间。要很好地体现作者的这种感情，朗读时就要读音缓重，要有停顿、间歇，这样可以使听者形成一种较强烈的刺激，使学生更好地感知客体（内容），这是语言形式和语言内容的完美结合，也是作者留给读者的思考空间，是一种"此时无声胜有声"的艺术境界。在听和读的过程中，就要有这种对语音形式和表义内容协调性的直感，判断出形式和内容是否一致与统一。

第二，语言的分寸感。分寸感主要是对语言运用的准确性感受和把握。语言表达思想，反映客观事物，首先要准确。因此，分寸感的训练可以说是其他类型语感训练的基础。分寸感是说话和作文的一个很重要的衡量尺度。所谓分寸就是不过头，得体，恰如其分。毛泽东同志说："射箭要看靶子，弹琴要看听众，写文章，作演说倒可以不看读者，不看听众吗？"这是指要根据环境和对象来安排、选择内容，也是语言分寸感的基本要求。语文教材中《向沙漠进军》一文有这样一句话："这种固定的沙丘，只要能妥善保护草皮和灌木，防止过度砍伐和任意放牧，就可以固定下来。"这里说明的是保护草皮和灌木同当地人民经营林业、牧业之间的关系，不是不可以砍伐，而是不能"过度"，不是不可以"放牧"，而是不能"任意"，用词非常准确。利用语文教材中这个方面的材料，对学生进行语言分寸感的训练，不费举手之劳，就可收到事半功倍之效。

第三，语言的通畅感。通畅感指对语言文字的通顺以至畅达的敏感。说话也好，写文章也好，都是由压缩的语言信息——"语点"联结而成的。这些"语点"通过修饰、加工，又逐渐形成一种连续的、线性的意义体系，即说话人或写话人的思路和语流畅达、连贯、清晰、明白，就说明废话少，垫话少，杂质少。有了分寸感和通畅感，在说和写的时候就可以达到"清通"。

第四，语言的语气感。语气感指语言的气势。一个娴熟地驾驭语言的作者，能根据叙事状物、表情达意的需要而灵活地运用恰当的修辞手法和选择最佳句式，从而使他们笔下的作品或如风行水上，气韵流动；或如江河奔腾，气势磅礴；或如泉流飞泻，一气呵成。培养学生这种语气感一方面可以从辞格和句式的研究着手。可指导学生将文中具有特殊表达效果的某种句式改成另一种句式，然后通过两种句式的对比，加深认识，并探求一些规律性的知识。另一方面，还可以通过指导朗读来体味文章语言的那种节奏鲜明、音调铿锵、爽心悦耳的美感，以及前后贯通、一气呵成的语势。这样就能将表现于视觉的文字诉诸听觉，让学生受到美的感染。

第五，语言的情味感。情是思想情感，味是审美趣味。语言传递情味有时通过生动的叙述、形象的描绘、强烈的抒情让读者直接受到深刻的感染；有时在叙述或描绘中蕴含着一种"弦外之音""言外之意"，要读者经过咀嚼才能深刻领悟。对于课文中某些蕴意含蓄的语段，可根据作品的语言环境并借助于生活中曾经感知的类似情况，深入体验，让自己设身处地地进入作品的境界，挖掘出隐含的情感与意趣，从而使那些内蕴较深，意象朦胧之处明晰化，以达到心领神会。情味感的训练对于说话、作文，甚至语言品格的形成都是十分有益的。

第六，语言的形象感。形象感指的是对语言所表达的情态、意境的敏感。如王安石的"春风又绿江南岸"一句中的"绿"字，作为概念，具有概括的抽象性，各色各样的"绿"都为它所包容。但当它出现在"春风又绿江南岸"这一特定的语言环境中时，人们就会勾起记忆的有关表象，代之以清晰度极高的具体形象的"绿"，春风吹到之处，万物复生，草木萌发，一片葱绿，眼前呈现一派生机盎然的江南春景，鲜明的形象油然而生。要实现欣赏，就必须突破语言关，从语言的内涵中去展示它所描写的形象。形象感是对语言文字表情达意的整体性感受，缺乏形象感就容易使形象支离破碎，难免犯"盲人摸象"的错误，达不到赏析、品味作品的目的。

语感能力的要素也是语感训练的具体内容和要求。但要完美地达到这些要求，并不是一件容易的事情，需要在实践的基础上严格要求，反复磨炼，加强指导，逐步培养学生理解和运用语言文字的能力。

三　语感能力形成的途径

敏锐的语感是基于丰富的语言知识的积累，在大量的语言实践的基础上形成的，是可以通过多种途径进行培养的。具体说来，语感的培养可以从如下方面着手。

第一，加强语言实践，丰富生活体验。语感是以直接感受为特征，具有实践性的品格。作为基础工具的语文学科，它与社会的发展紧密相连，它应该是多方位、多渠道地发挥其教育与教学的作用，应该是开放的、立体的，这样才可适应现代社会的大语文教育。所谓大语文教育就是把语文教育看作是一个开放性的大系统，它包括学校语文教育系统、社会语文教育系统和家庭语文教育系统。这种全方位的语文教育的整体网络结构，给学生提供了语文实践的广阔天地。听广播、看电视、电影、读报、看戏、社会交际都是在进行着语文实践活动。在大量的语文实践和有意识的语言训练中，语言文字的规律、词句的含义和情味等就会以"格"的形式在头脑中固定下来。这样，当再重新接触到类似的语言文字时，自己头脑中的"格"就会与之相印合，或匡正，或重合，并迅速领会，理智顿然地作出判断。

在实践中不仅可以积累丰富的语言知识，而且还可以加深对生活的体验。这种生活体验越丰富，那么，他对语言文字的理解能力就越强，对语言文字的敏感性就越强。叶圣陶先生曾举过一个例子，说一位作者在作品中描写一个人从事体力劳动，末了，说那个人"感到了健康的疲倦"。对此，有的读者就不觉得这个说法有味，他不明白"疲倦"的前面为什么要加上"健康"这个形容词；而另一个读者则以为这个形容词用得很好，有分寸，表达出那个人的实感。为什么会有两种不同的理解呢？因为后者有过体力劳动的体验，他觉得劳动后的疲倦确实与一味懒散所感到的疲倦不同，他是一个语感敏锐的人，他敏锐的语感是通过他自己的生活体验获得的。[1]

第二，在阅读教学中培养学生的语感能力。阅读是由视觉转向大脑对书面信息符号获得意义的感知、理解和情感以及进行语言实践活动的复杂过程，它具有明显的客观性、思想性、情感性和实践性。阅读要获得意义，就必须把书面信息符号这种外部语义转化为内部语言，只有经过这种内化过程，才能了解书面语言的意义。这种转化、吸收，实际就是语言的实践活动，它可以丰富语言知识，培养语感能力。在阅读教学中加强朗读的训练，可以强化学生认读效果，深入体味文章的思想感情，密切读和写、语和文的关系，有助于培养学生敏锐的语感。朗读可以激起听觉形象，调动各种心理因素，给人以强烈而完整的形象感觉。所以叶圣陶先生指出："是语文学科，不该只用心与眼来学习，须在心与眼外，加用口与耳才好。吟诵就是心、眼、口、耳并用的一种学习方法。""吟诵的时候，对于讨究所得的不仅理智地了解，而且亲切地体会，不知不觉之间，内容与理法化为读者自己的东西了，这是最可贵的一种境界。"[2] 可见，朗读有眼和心所不及的功力，这种功力实际上就是在语言环境中的审美体验，

---

[1] 参见《叶圣陶语文教育论集》上册，教育科学出版社 1980 年版，第 13、257 页。
[2] ［美］P. B. 邓斯、E. N. 平森：《言语链——说和听的科学》，曹剑芬、任宏漠译，中国社会科学出版社 1983 年版，第 12 页。

它能给阅读欣赏者以强烈而鲜明的形象感觉，这对于语言的情味感、形象感、协调感的形成都是极为有益的。在教学中，还应结合具体实例，教给学生一定的词法、句法等方面的语文知识，加强语言的修养。语感虽是一种直觉感受，但这并不等于说不需要教语文知识就可以。在具体地感知、理解、品味课文的过程中，通过学习有关语音、词汇、语法、修辞等语文知识，可以使学生对语言文字的正误、是非、情味有所知，并在此基础上使其有所感、有所悟。语感是在理解的基础上形成的感觉。教材中有大量文学作品，这些作品存有不少的意义空白，它召唤着读者进行创造性的填补与充实。"一千个读者有一千个哈姆雷特。"在教学中教师不能用自己的理解去代替学生的感受、思维，要诱导、启发、点拨，让学生自己去感知、体味，独立地去填补、充实文本的意义空白。这样，可以培养学生独立地对语言的细致品味，认真辨析的习惯性语言的敏锐性。

第三，在作文教学中培养学生的语感能力。阅读是写作的基础，写作是阅读的延伸。阅读是语言的吸收，写作是语言的运用。写作过程也是一个自觉进行语言实践的过程。在对语言文字的运用中，人们从遣词造句到布局谋篇都要亲自实践一番，这可以从规范化的高度检验自己语言文字的掌握运用情况，提高对语言文字的敏感性。修改作文，要字斟句酌，反复推敲，这就是凭借自己原有的语感基础。有些教师采用一题多做的办法，一个题目反复练习几次，逐次提高，达到最佳表达效果。每一次修改，语感能力就会上升一步。

第四，在听说教学中培养学生的语感能力。听说教学就是教学生听懂会说，善于通过口耳交流思想。听话者边听边思考说话者说的是什么，而说话者则用口语形式把自己思考的结果传达给听者。不管是听话还是说话都得有语感作为基础，听说反过来又可丰富语感实践。美国学者 P. B. 邓斯和 E. N. 平森认为：从说话人传递到听话人的信息，首先是以语言形式排列的，即说话人选择恰当的词和句子来表达他想说的话。然后，这些信息经过一系列的转换，成为生理学的和物理学的形态，并最终在听说人一端又重新变成语言形式。听话人使他的听觉去适应一系列的词和句子，在他听懂了说话人所说的话的时候，这个过程就完成了。听话就是听话人将说话人使用的外部语言（有声语言）转化为自己的内部语言（思维）的过程，说话就是先产生内部语言，而后进行编码，至外部语言的输出过程，联结说话人和听话人头脑的许多事件有一条"言语链"，它包括语言表义的规律和语言排列的构成形式。在听说教学中，教师要注意口头语言吸收和表达的特点、规律，利用语音、语调、语量、语气、语汇、语法、语速、语脉、语境来对学生进行语言方面的训练，增强学生的语感能力，并使之上升到理性的认识，再来指导语言的理解和表达。

原载《湖北大学学报》1993年第2期

语感教学的心理机制探讨

语感是对语言文字的敏锐感觉，是由语言文字而引起的复杂心理活动和认识活动的过程。要准确把握语感的本质就必须重视对语感的心理因素的研究。黎锦熙先生在谈汉语的特点时曾说过："国语底用词组句，偏重心理，略于形式。"[①]王力先生也曾把汉语和西语进行对比，认为："西洋的语言是法治的，中国的语言是人治的。"[②]不管是"偏重心理"，还是"人治"，都道出了汉语的特点，即重视言语主体的感受和心理。而语感正是窥视言语主体的感受和心理的一扇窗口。

一 语感的心理过程

言语感受的心理过程是从感知开始的，对口头言语、书面文字符号的敏锐感知是构成灵敏语感的首要条件。对语言文字的敏感不是生来就有的，也不是自然而然形成的，而是长期训练反复实践的结果。人们在长期语言实践和有意识的语言训练中，语言文字的规律，词句的含义、情味等，就会以"格"的形式在头脑中固定下来。这样，人们再重新接触文字时，就会与自己头脑中的"格"相契合，就能迅速感知，作出判断。

语感始终渗透着思维。从思维的形式来看，直觉思维是构成语感的核心因素。直觉思维和分析思维是相互联系的两种思维形式。直觉思维是一种潜意识思维，或者说是通过某种潜意识直接地把握对象的思维过程。它的特点是不需要经过明确的思维步骤，没有经过严格的逻辑推理，它往往是凭着"感悟"，表现为一种"意会"，一种"知其然而未必知其所以

[①] 申小龙：《中国语言的结构与人文精神》，光明日报出版社1988年版，第58页。
[②] 同上。

然"的经验性领悟。而分析思维则表现为形成概念和运用概念进行判断、推理的逻辑思维过程,是一种理性的思维。当然,语感的直觉思维同分析思维不是截然分开的。在言语感受中,虽能经过直觉思维作出某些猜测、推想,甚至产生顿悟,萌发灵感,但这些大都未经证实,需要分析思维的帮助。语感虽说是对语言文字的直接反应,但又包含着理性的因素。也就是说,语感的直觉中暗含着理性的认识,直觉中积淀着理智的基础。

在语感中,过去的经验和知识是以表象的形式保留着,是用形象来显现的。因此,联想、想象是积极参与语感的认识过程的,它是发展语感的重要因素。叶圣陶曾以读王维"大漠孤烟直,长河落日圆"的诗句为例,说要领会这两句诗,必须在想象中睁开眼睛来,看这十个字所构成的一幅图画:大漠、长河、孤烟、落日,传出北方旷远荒凉的印象。给"孤烟"加上个"直"字,见得没有一丝风,当然也没有风声,于是来个静寂的印象。给"落日"加上个"圆"字,说落日挂在地平线上的时候才见得"圆"字,圆圆的一轮"落日"不声不响地衬托在"长河"的背后,这又是多么寂静的境界啊!像这样想象,就可以接触到作品的意境,得到一种美的享受。如"鸟宿池边树,僧敲月下门"中所包含的"推敲"之典故就是在一瞬间运用语感,利用表象快速解决问题的佐证。韩愈不在头脑中浮现"和尚夜归图"的形象画面,是很难在极其短暂的时间里对是用"推"好,还是用"敲"好作出顿然判断的。

情感是人对外界事物感受时所产生,并对行为动力进行制约的一种内心体验。在表现形态上,情感本身并不是一种能单独存在的东西,它往往通过感觉、知觉而"黏附"于一定的表象之中。古人所谓:"情动于中,而形于言,言之不足,故嗟叹之;嗟叹之不足,故永歌之;永歌之不足,不知手之舞之,足之蹈之也。"(《诗·周南关雎序》)就是指的这种现象。语感的认知结构是表象系统,因而,通过情感与表象的这种联系,语词也就借助于表象意义而表现相应的情感含义。唐朝诗人崔护的诗:"去年今日此门中,人面桃花相映红。人面不知何处去,桃花依旧笑春风。"则是表象和情感相融为一体的例子。去年今日桃花少女构成了表象,今日桃花依旧,人面已去,由桃花立即唤起了少女的表象。这种由桃花和少女引起过的情绪依然萦绕在他的记忆里。诗人触景生情,引起无限的缅怀和感慨。从概括的语词表象中,我们能捕捉到一种具体的情感含义。

语感是由语言文字而引起的复杂心理活动和认识活动过程,包括感觉、知觉、记忆、联想、思维等心理因素。语感的心理活动是快捷的、直觉的，这是和一般的语言心理的不同之处。

二 语感的心理结构及特征

语感具有特殊认知心理结构，这种心理结构表现如下。

第一，语感的认知结构是表象系统。心理学告诉我们，过去的经验和知识总是以表象和词的形式保存着，并因之形成表象系统和概念——语词系统。两个系统相互制约、渗透、影响、配合，最终构建成网络状认知结构。抽象思维的概念——语词进行逻辑推理，形象思维则以表象为材料进行想象。二者之间既有联系，也有区别。它们同属思维，因而都能反映出事物的联系和本质，但前者用理论阐明，后者用形象显示。比如李白的"两岸猿声啼不住，轻舟已过万重山"，当语词的表象意义在我们言语知觉屏幕得到真切的显影，我们就能大致体验到诗人所曾产生过的"朝发白帝暮到江陵"的惊喜与快意。为什么会产生这种情况呢？这因为表象系统的组合离不开语言的参与，而且表象也能够以语言形式储存、再现。语感的认知结构就是这样一个渗透着理性的表象系统。

第二，语感的心理结构是图式系统。实际上就是人的认知结构对言语的同化和顺应。皮亚杰说："刺激输入的过滤或改变，叫做同化；内部图式的改变，以适应现实，叫做顺应。"（《儿童心理学》第7页）这种内部的"图式"是指人的认知结构和情感经验，它是人们认识事物的基础与前提。在语言学习中，它又称为"前结构"，即在认知活动前已有的知识经验结构。现代心理学的研究成果表明，人类的认识活动并不是刺激—反应这种单纯的单向活动，而是一种主客体相互作用、相互影响的辩证运动。在新的语象刺激下，这种在人们头脑中已有的结构会发生变化，而语感的认知结构正是这样一个动态的结构图式。如陶渊明的"采菊东篱下，悠然见南山"，不同的人大概会获得不同的感受吧！这感受和读者的内部"图式"结构有着直接的联系。在这一认识过程中，主体把言语对象整合于主体正在形成中和已完全形成的结构之内，即所谓同化。主体的内部心理结构改变才能适应言语对象，即所谓顺应。在这个系统中，表象与表象的结合是以类似为契机的，表象和情感也总是以象征关系互为依存的。

语感的心理结构主要有如下特点。

一是敏锐性。语感的"感",往往表现为在"一瞬间"就把握住某种语言现象的本质特征的那种顿悟。语感是一种心智技能。就技能的生理机制而言,它是人们在长期的语言实践中对语言的内容形式以及各种变化有了认识,并在大脑皮层的细胞之间,逐渐形成了牢固的联系系统,所以只要遇到一定的言语信息的刺激,就会不假思索地快速感知。运用语感解决语言运用中的某些实际问题,往往比用理性分析来得迅速轻松。

二是间接性。语感的最终目的是领会作者语言表达的情和意,要达到这个目的就必须通过"语言文字"这个桥梁。语感就是通过语言文字这些"符号"与作者进行思想感情的交流。语感的过程就是将这些"符号"释出并转换成"声音""形象"而贴近作者意旨的过程。这种通过"释码"才能感知对象的特征,也就是语感的间接性。语言文字的表意是多重的,它有字面意义、文体意义、情境意义几个层面。语感的本质就是在这些层面上对具体的语言文字信息进行释义,并把不同层次的意义联系起来,做到准确的理解和感悟。

三是模糊性。模糊性是客观事物（包括语言）类属以及人们心理的不清晰性、不确定性。语感是一个外延极大的概念,在实际运用中它一般又表现为多种语言感知能力的综合,因而它对语言现象的把握也是呈现一种"模糊"状态的。但"模糊"并不同于含糊,含糊是认识不清的表现。语言现象千姿百态而又变化万千,如同其他事物一样具有不确定性、变化性和随意性。用单一的非此即彼的单值判断是很难穷尽语言现象的各种复杂变化的,而运用语感解决语言运用中的某些问题,正体现了人们对于语言的不确定性、变化性和随意性的模糊因素的一种感性的把握。

三　遵循规律,培养能力

把握语感的心理机制及特点,是为了找到培养语感能力的正确途径和有效方法,力求获得最佳效果。

丰富生活内容,加强情感体验。言语感受同生活经验直接相关,离开了生活经验,作为第二信号系统的语言就会同第一信号系统的现实刺激物失去联系,不能成为信号的信号,因而也就难于获得具体的语感。叶圣陶认为:"要求语感的敏锐,不能单从语言文字上揣摩,而要把生活经验联系到语言文字上去。"① 这说明语感学习一定要联系生活经验,将语言文字同它所涉及的客观事物、生活情趣联系起来,从而具体体会它的意义和情味。如唐朝诗人贺知章的诗:"少小离家老大回,乡音无改鬓毛衰,儿童相见不相识,笑问客从何处来。"如果没有一定的生活阅历,即使从字面上能读懂诗的意思,但很难真正把握诗所包蕴的复杂心态。古人云:"读万卷书,行万里路。"也就是说的这个意思。

把握汉语言的特点,注意对语言的涵泳品味。汉语的特点对人们的语言认知结构直至思维方式的形成都有影响。汉语言注重心物感应、直觉体悟、朴素辩证、整体综合,而偏于笼统模糊的思维结构,这都特别能够促进形象思维、经验思维、直观思维和类比能力的发展,也更能促进语感的形成。这种语言现象,德国著名语言学家洪堡特也注意到了。他认为:"在汉语的句子里,每个词排在哪里,要你斟酌,要你从各种不同的关系去考虑,然后才能往下读。"② 因此,传统的语文教学非常重视对语言的"涵泳"。用"涵泳"的方法学习语言、培养语感是符合汉语学习规律的。如吟诵、属对、推敲、揣摩、品味、鉴赏都是涵泳的具体方法。

吟诵是训练语感的重要方法。吟诵可以将视觉转化为听觉形象,它有多种心理因素渗入,能给人以强烈而完整的形象感受。吟诵固然是为语文学科的性质所决定的,而尤其是与汉语言的特点有关。由于汉语是由一个个单音节的方块字构成的,因此,一方面只有在反复吟诵过程中才能实现识字悟义的目的,另一方面也只有在反复吟诵过程中才能深切地感受到汉语特有的审美表现力。如像汉语那种抑扬顿挫的节奏感、和谐悦耳的韵律感,如果不是通过吟诵是很难品味的。叶圣陶就认为"吟诵就是心、眼、口、耳并用的一种学习方法"。他主张,吟诵必须理解为先,然后读到传出情趣与畅发感兴。这是最为可贵的一种境界。

推敲。所谓"推敲"就是咬文嚼字的功夫,或者说是比较的功夫。作家写作,往往反复斟酌,无非是要找到一些能表达文章题旨、意趣的贴切恰当的语言文字。所以,读一篇作品,也得细细咀嚼,并常联想到相近或相同的词,进行比较,这样才能透彻地了解语言文字的意义和情味,接近作者的旨趣。例如郁达夫《故都的秋》中一段话:"秋天,无论在什么

---

① 《叶圣陶语文教育论集》,教育科学出版社 1980 年版,第 268 页。
② 申小龙:《中国语言的结构与人文精神》,光明日报出版社 1988 年版,第 58 页。

地方的秋天，总是好的；可是啊，北国的秋，却特别地来得清，来得静，来得悲凉。"作者对北国的秋景特征有着十分敏锐的体察和独到的感受，传达出一种浓郁的韵味和情调。如果我们改为"秋天无论在什么地方总是好的，可是北国的秋却特别来得清静和悲凉"。效果如何呢？尽管这种表达大体无损于原意，而情调却没有了，韵味也消失了，情感的表达顿觉黯然失色。再看原文，作者在不算很长的句子中，安排了七次停顿，一处反复，一处排比，读来只觉迂徐舒缓，一唱三叹，深切地体现了作者的感受。经过这样一番"推敲"、比较，就能较为准确地贴近原文的情味和韵调，加深对句意的理解。

品读。品读即边读边细细品味，揣摩作品的语言、意境，形成语感。品读时要注意词语的语气、褒贬、分寸、情味以及所蕴含的意义。如鲁迅的《药》中，"运气了你"这句话，从蛮横无知和目中无人的康大叔口里说出来，很值得品味。这是词性的活用、妙用。语境是语言的具体环境，和字、词、句、段一起作为感知的对象，活的语言离开了语境就会成为词典中的词条。品读时，不仅要知道它的内容，了解它的形式，更重要的是深入其中，通过想象、联想，去再现文章所表现的情境，理解其思想意义。

当然，强调语感的培养，并不排斥对语言的理性分析。学习语言知识是为了取得理性认识和经验，重在实用。这种理性经验越丰富，就越能在不经具体的语言分析的条件下进行直接感受、直觉判断，从而获得高层次的语感能力。

原载《湖北大学学报》1995 年第 5 期

浅释"移觉"

"移觉"就是把人们的不同的感觉器官，如听觉、视觉、嗅觉、味觉，触觉沟通起来，使人们获得一种具体、可感的形象。许多领域都存在"移觉"现象。

我国珍贵的音乐文献《礼记·乐记》中就有关于这方面的记载："如歌者，上如抗，下如队（坠），曲如折，止如槁木；倨中矩，勾中钩，累累乎端如贯珠。"音乐本是诉诸听觉，但在这里音乐不仅变化无穷，使人感到悦耳，而且从听觉引起人的视觉、触觉，进入了"声入心通"的境地。

美术上，人们把红、橙、黄色叫作暖色调，把蓝、青、绿叫作冷色调，就是"移觉"的作用。

在音乐创作和音乐欣赏中，"移觉"的地位更显得重要，可以说没有"移觉"就没有音乐，音乐创作是作曲家把视觉形象变成了听觉形象；音乐欣赏又是把听觉形象变成了视觉形象。

在文学作品中，"移觉"作为一种独特的修辞手法，更是大放异彩。它不仅可以构成比喻、拟人等修辞格，而且能增强表达效果，使语言别开生面，给人以美的享受。如朱自清《荷塘月色》中的一句话，"微风过处，送来缕缕清香，仿佛远处高楼上飘来渺茫歌声似的"。用歌声比喻香气，这是用通感构成的比喻。宋祁的名句"红杏枝头春意闹"，则是由通感构成的拟人。杜牧在《阿房宫赋》铺陈歌舞之盛时，用了这样的句子："歌台暖响，春光融融；舞殿冷袖，风雨凄凄。"一"暖"一"冷"，对仗工稳，音调和谐，使你不仅看到歌舞的场面，更感受到那盛大热烈的氛围。下面对韩愈的《听颖师弹琴》的前一节略作剖析，看诗人是如何运用这种修辞手法的。"昵昵儿女语，恩怨相尔汝。划然变轩昂，勇士赴敌场。浮云柳絮无根蒂，天地阔远随风扬。喧啾百鸟群，忽见孤凤凰。跻攀分寸不可上，失势一落千丈强。"诗人以形象的语言、生动的比喻、细腻的刻画、绘声绘色的描写使仅有声而无形的琴音，具体可感，给人留下了难忘的印象。琴声一开始是轻细温柔、婉转缠绵的，就像一对青年男女低眉细语，诉说情话。笔锋一转，琴声由婉转变为雄健高亢，使人联想到勇士奔赴战场冲锋陷阵。五、六句是形容琴声的境界开阔，如浮云柳絮在辽阔的天地间随风远扬，使读者从视觉所获得的形象之美去体味听觉所体会到的声音之美。"喧啾百鸟群，忽见孤凤凰"给人一种新颖别致、富于变化的听觉感受。琴声喧杂如同百鸟争鸣，其中一只凤凰引吭长鸣，声音响亮悠扬。最后二句形容琴声达到极高之时，猛然又低了下来，好像一个人跻攀高处，要想再上一分一寸都十分困难，终于失手，一落千丈。这里不仅听觉通于视觉，而且，还通于肌肉运动觉。全诗阴阳开合，腾挪变化，节奏时而急促，时而舒缓，气势时而猛烈，时而平和，使人形象地感到了琴声的变化，给人以美的艺术享受。

是不是所有运用了"移觉"手法的诗句都能产生美感呢？不是的。美感是人的主观对于客观的一种感受，而这种感受之所以美，是因为作品所描写的客观事物能启迪读者的想象，合乎情理，它是诗人对生活独到的观察和深切感受的凝结。

李贺的《天上谣》中的两句诗"天河夜转漂回星，银浦流云学水声"就是能产生联想的好句子。流云不会发声，乍看一眼，这样说好像没有理由，但诗人正是通过这种表现手法来唤起读者的联想，把云的流动比成水的流动，流云也似流水一样发出美妙的声音。这既丰富了读者的想象，又深化了诗的意境。

杜甫的《夔州雨湿不得上岸》中有"晨钟云外湿"句，叶燮说："隔云见钟，声中闻湿，妙语天开。"这句诗妙就妙在诗人不拘泥于表面，不落俗套，"从至理实事中领悟，乃得此境界也"。杜甫因雨不得上岸，晨钟从寺庙传到船上要通过云和雨，所以说钟声被雨沾湿。

王勃的《郊兴》中有"雨去花光湿，风归叶影疏"。钟惺批："'雨去''去'字妙，才于'花光湿'，'光'字有情。若直言'雨'，则'湿'在花而不在'光'矣。"诗人如写成雨去花湿，那将索然寡味，平淡无奇，花是不能发光的，然而作者是通过细致、深入的观察，捕捉住一刹那，才把客观事物反映得如此准确、生动、有情。杜甫的《春夜喜雨》

也有描写春雨的诗句："……随风潜入夜,润物细无声……晓看红湿处,花重锦官城。"诗人的观察十分精细,但前者和后者不同,王勃写的是雨下的时间很短,雨后日出,在日光的照耀下,花更见滋润,富有光泽,而杜甫写的是绵绵细雨下了一夜,所以第二天早晨看到花后就有"红湿""花重"之感。由此可见,"移觉"手法的运用要合理、合情、合景。如果滥用这种手法,不仅不能增强表达效果,产生美感,相反会破坏诗意的完整,使人不知所云。

原载《中学语文》1989 年第 8 期

《最后一次讲演》教学实录及评点

洪镇涛　执教；潘纪平　评点

第一课时

（上课）

师：现在，我们一起来学习语文课本第四册上面的一篇文章《最后一次讲演》。（板书：最后一次讲演　闻一多）闻一多先生是什么人？他的这篇讲演是在什么情况下作的？为什么取名"最后一次讲演"？请同学们认真阅读课本上面的注释①，准备回答上面的问题。

（学生看书，教师巡视并提示学生：要聚精会神地看书，力求把内容记住）

【点评：利用注释巧妙释题，这是高明的做法。】

师：看完了吧！请举手回答问题！（过了一会儿，有两名学生怯怯地把手举了起来。教师指定其中的一个答问）

生A：（把书上的注释①念了一遍）

师：你主动举手回答问题，这很好，但不要照着注释念。我们要求看了以后，迅速记住内容并用自己的话说出来。以后注意。

抗日战争胜利以后，蒋介石在美帝国主义的支持下，阴谋发动反共、反人民的内战，遭到全国人民的反对。在中国共产党的号召下，一个"反内战、反独裁"的爱国民主运动，在全国范围内蓬勃兴起。国民党反动派狗急跳墙，对人民力量疯狂镇压，甚至采取极其卑劣的暗杀手段。1946年7月11日，著名爱国民主战士李公朴先生在昆明遇害。7月15日下午，在云南大学礼堂召开追悼会。当时闻一多先生的处境也相当危险，大家都劝他不要去参加追悼会，但闻一多先生一定要去。本来没有安排闻先生发言，但是会场上混进了一些国民党的特务，当李公朴先生的夫人报告李公朴被暗杀的经过的时候，这些特务分子在会场上抽烟说笑，故意捣乱。看到这种情景，会场上的人都很气愤。闻一多先生更是怒不可遏。李夫人刚离开讲台，闻一多先生立即走上讲台，拉过话筒，发表了这篇慷慨激昂的演说。会后，闻先生到《民主周刊》社参加了记者招待会，进一步揭露反动派的罪行。在回家的路上，他被事先埋伏在路上的特务分子开枪杀害了，同时遇害的，还有他的大儿子。因此，这篇讲演就成了他的"最后一次讲演"。因为是即席讲演，没有写讲稿，这篇讲演词是当时听讲的人记录下来的，题目是后来人们加上去的。

这篇讲演词，表现了闻一多先生崇高的革命精神，我们要怀着对烈士无限崇敬的心情来学习这篇讲演词。下面，请大家听我读一遍。

【点评：这段导语设计，不仅提供了生动的背景材料，而且营造了气氛，调动了感情，为后面的学习奠定了基础。】

师：（饱含感情朗诵全文）下面，请同学们认真阅读前三个自然段，也就是课文第一部分。思考这样一个问题，为什么说杀害李公朴先生是"最卑劣、最无耻的事情"？作者在痛斥敌人和赞颂烈士的时候，用了哪些富有感情色彩的词语来表达他那憎爱分明的感情？

（学生阅读课文第一部分。教师巡视并提示学生：最好看两遍，第一遍，了解这一部分的大意，顺手把富有感情色彩的词语画出来，第二遍，边看边思考：为什么说杀害李公朴先生是最卑劣、最无耻的事情？找出关键的句子，然后用自己的话概括成几点意见。）

【点评：提出具体的阅读要求，这对养成学生认认真真的读书习惯极为有用。】

师：看完了吗？（生齐答：看完了。）

好，现在按小组相互议论一下。

（学生相互议论，但声音都比较小，不十分热烈。教师鼓励学生：大声说话，敞开议论，不要害怕。）

师：现在我们一起来讨论：为什么说杀害李公朴先生是最卑劣、最无耻的事情？请举手发言。（有十多个学生举手。）很好，要求发言的人很多。请你说！

生B：因为，他们杀害李公朴先生不是光明正大的。而是偷偷摸摸地暗杀的；还有，他们在杀死李公朴先生以后，还制造谣言，说什么"桃色事件",说什么"共产党杀共产党"。

师:答得很好,他答出两点来了:①他们不敢公开地杀,不敢光明正大地杀,而是暗杀;②杀了人还要制造谣言诬蔑人。还有没有补充?(学生举手)好!你说。

生C:李公朴是因为参加爱国民主运动而遭到国民党杀害的。

师:讲得非常好。我们把两位同学的意见综合起来就完整了,是不是这样几点:①李公朴先生是著名的爱国民主人士,他不过是写写文章,说说话;而他所写的,所说的,都无非是一个没有失掉良心的中国人的话。反动派居然杀害这样一位著名的爱国民主人士,是不是卑劣无耻啊?(生齐答:是的!)②反动派不敢光明正大地来杀,而是采取什么手段啊?(生齐答:偷偷摸摸地暗杀。)这更加卑劣无耻!③杀了人又不敢承认,还要诬蔑人,这尤其卑劣无耻!刚才两位同学回答得非常好,很有水平,说明很会读书,就要像这样学下去。

【点评:综合概括本身就是一种思维训练。】

师:下面,我们来讨论这个问题:作者在痛斥敌人和赞颂烈士时,用了哪些富有感情色彩的词语,来表达他那憎爱分明的感情?(学生纷纷举手。)啊,举手的很多,很不错。请你说说痛斥敌人的有哪些词语。

生D:最卑劣、最无耻。

师:对!(板书:卑劣无耻)

生D:偷偷摸摸,不敢光明正大。

师:对!(板书:不敢光明正大 偷偷摸摸)没有啦?请坐下,谁有补充?

生E:诬蔑。

师:对!(板书:诬蔑)大家看,这些词语感情色彩非常鲜明,痛斥了敌人。(板书:痛斥敌人)我们再想想,赞颂烈士的有哪些词语?你说。

生F:光荣,骄傲。

师:对!(板书:赞颂烈士 光荣 骄傲)还有没有?

生G:宝贵。

师:对!宝贵,作者就是运用这些富有感情色彩的词语,痛斥了敌人,赞颂了烈士,表达了憎爱分明的感情,对李公朴被杀事件表明了自己的态度。(板书:憎爱分明对李公朴事件表明态度)

下面，我们来朗读这一部分，深入体会作者的思想感情。哪位同学读第一自然段？（学生举手）请你读。

生 H：（朗读第一自然段）

师：好，读得很有感情。我们进一步研究一下，"在昆明出现了历史上最卑劣、最无耻的事情"这一句，读的时候要把重音落在哪里？

生（齐）：最卑劣、最无耻。

师：为什么重音要落在这些地方呢？（有几个学生举手）请你说。

生 I：这两个词表现了作者对敌人的痛恨。

［点评：抓住词语教学，结合朗读指导，分析感情色彩。语感训练落实在词语上。］

师：对！这两个词有力地揭露了敌人的罪行，又集中表达了作者对敌人的痛恨。（示范朗读）下面，"李先生究竟犯了什么罪，竟遭此毒手？"这个问句是设问，还是反问呢？（学生举手）请你说。

生 J：反问。

师：反问。有没有不同意见？（学生举手）好，你说。

生 K：设问。

师：这就有争论了。我们先来回顾一下学过的知识，反问句和设问句的共同点是什么？不同点是什么？（学生举手）请你说。

生 L：反问句，就是不知答案，设问句就是事先知道答案。

师：都同意这个意见吗？（学生举手）好，你说。

生 M：反问句，作者知道答案没有说出来；设问句答案说出来了。

师：对！反问句和设问句的共同点，都是无疑而问，就是明知故问。不同点，设问是有问有答，反问是有问不答，因为答在其中。这句，"李先生究竟犯了什么罪？"后面回答了这个问题没有？（部分学生答：回答了。）回答了。他不过用笔写写文章，用嘴说说话，而他所写的，所说的无非是一个没有失掉良心的中国人的话。他没有犯罪嘛，他是爱国嘛！可见这是个设问句。

【点评：抓住句式教学，把语感训练落实在句式上。】

读的时候，要把质问敌人的语气读出来（示范朗读）再看下面这几句话，"有什么理由拿出来讲啊！有事实拿出来说啊！为什么要打要杀？"重音应该落在哪里？

生（齐）：讲、说、打、杀。

师：为什么？（学生举手）请你说。

生N：李先生是用笔用嘴来说事实、讲道理，敌人没有事实可说，没有道理可讲，而采取打和杀的法西斯手段。

师：回答得很好。李先生是摆事实讲道理嘛，他没有拿起武器来对付你们嘛！你们有事实就讲嘛，有道理就说嘛，为什么要打要杀呢？这里的"讲""说"与"打""杀"形成了鲜明的对比，有力地揭露了敌人的法西斯罪行。读的时候要突出这四个字。"这成什么话？"是个什么问句？（生齐答：反问）这句话包含的答案是"这太不成话！"读这句话要读出痛斥敌人的语气。现在请同学们各人练读第一自然段。

（学生放声朗读）

师：集中。哪位同学给我们读一下？（学生举手）请你读。

生O：（朗读第一自然段）

师：读得好。我们一起来读一遍。（全体学生齐读）我们再来研究第二自然段。这位同学，请你读一下。

生P：（朗读第二自然段）

师：读得不错，只是读掉了一个字。"今天，这里有没有特务，你站出来！"这里为什么改换人称，用个"你"字？

生（大部）：是对特务说的，会场上有特务。

师：对！这时是面对面的斗争。"你站出来！是好汉的站出来！你出来讲！凭什么要杀死李先生？"这句话后面有个括号，后头还有些话后面有括号，这是用来记录会场的气氛和闻先生当时的情绪的。"厉声"是什么意思？（生齐答：严厉的声音）对，这一句要读出厉声质问敌人的语气。（示范）"说什么'桃色事件'，说什么'共产党杀共产党'"，读的时候，语调要特殊一点。（示范）为什么要这样读？为什么不这样读呢？（表演一种不正确的读法）（学生举手）请你说。

生Q：因为"桃色事件""共产党杀共产党"是敌人说的，是造谣的话，所以读的语调要特殊一点。

师：对！这些话太荒唐、太无耻了，闻一多先生引用这些话的时候是很愤怒的。后面"无耻啊，无耻啊"，为什么连用两个"无耻啊"？（学生举手）请你说。

生R：为了加重语气。

师：回答得对。我们还可以细致研究一下，听我读一下。（示范）第一个"无耻啊",是闻一多先生对敌人的卑劣行径表明自己的看法,读的时候要咬牙切齿,声音要低沉一些;第二个"无耻啊",是闻一多先生愤怒地发出控诉,读的时候,要大声疾呼!下面,连续三个"光荣",是对烈士的高度赞颂,要用最饱满的热情读出来。现在,请各人练读这一段。

(学生练读第二自然段)

师:集中。哪位同学给我们读一下?(学生举手)请你读。

生S:(朗读第二自然段)

师:读得不错,但还要进一步体会感情。我们现在要设想,不是在课堂里读给同学和这些听课的老师听。我们要设身处地地想,闻一多先生,当时面对敌人,这时的感情应该是很激愤的。(示范朗读)请同学们一起把第一部分朗读一遍。

(学生朗读第一部分)

(下课)

【点评:语感训练继续落实在语气、语调上。讲演词是讲出来的,因此,也要让学生动口朗读,模拟讲演。朗读也不能放任自流,而要具体指导,这样才能卓有成效。洪老师几次进行朗读指导,具体、实际。一讲一读,知识进去了,情感出来了。语言和思想水乳交融,相辅相成,教师的主导作用就应在这些方面得到体现,这也是最见功力之处。】

第二课时

(上课)

师:上一节课,我们学习了前面三个自然段,也就是课文的第一部分。在这一部分,闻一多先生对李公朴被杀事件表明了自己的态度,痛斥了敌人,赞颂了烈士。而在表明态度的基础上,还要进一步对这个事件进行深刻的分析。现在,我们来学习第四、五两个自然段,也就是课文的第二部分。学习这部分,请考虑这样一个问题:闻一多先生预言敌人"快完了",人民一定胜利,有什么根据?

(学生阅读课文第二部分,教师巡视并提示学生:①看书的时候把跟思考题有关的语句画上横线;②根据思考题的要求归纳几点,能够用原话的,尽量用原话。)

师:看完了吧?相互议论一下。

（学生相互议论，比较热烈。教师巡视、指点。）

师：集中。我们一起来讨论：闻一多先生预言敌人"快完了"，人民一定胜利有什么根据？请回答问题的时候，明确说出一点、二点、三点。谁发言？（学生纷纷举手，有三十多人）呵，这么多举手的，太好了！请你说。

生A：第一点就是：广大人民是打不尽、杀不完的；第二点就是：我们的力量大得很、强得很。

师：请停一下，这两点意思是不是差不多啊？不能列为两条吧？我打断了你的话，请继续说。

生A：第三点，人民的力量是要胜利的。

师：这一条跟上面的意思还是差不多。你再动动脑筋，请坐下。谁补充？（学生举手）请你说。

生B：历史上没有一个反人民的势力不是被人民毁灭的。

师：这一条是历史的证据，补充得好。谁能系统地归纳几条？（学生举手）你说。

生C：第一点：他们这样疯狂地来制造恐怖，这是他们自己在慌，自己在恐怖；（师：好，说得好。第二点？）杀死一个李公朴，会有千万个李公朴站起来；（师：好。第三点？）历史上没有一个反人民的势力是不被人民毁灭的。

师（激动地）：这三点概括得多好啊！这位同学多会读书啊！就要像这样读书。自己动脑筋，自己分析问题，这才能锻炼出真本事。我再把她的意思阐述一下。为什么说敌人"快完了"，我们一定胜利呢？闻一多先生是怎样透过这个事件，揭示这个事件的本质的呢？（板书：透过事件揭示本质）闻一多先生说出了三点：①敌人制造恐怖，说明他们自己在恐怖。（板书：敌人在恐怖）因为他们害怕人民起来推翻他们，想用恐怖的手段把人民吓倒。②杀死一个李公朴，千百万个李公朴站起来。因为敌人的暴行不仅没有把人民吓倒，反而激起千百万人民的愤怒，使千百万人民看清了敌人的本质，自觉地起来反抗。（板书：千百万个李公朴站起来）③历史证明，没有一个反人民的势力是不被人民毁灭的。（板书：历史证明）闻一多先生把这件事情分析得很透彻，给我们的感觉深刻有力。（板书：深刻有力）

【点评：提出问题，阅读课文，具体指导，综合归纳，这是阅读教学

中的一个小常模。】

下面，我们来朗读第四自然段。谁读？（学生举手）好，你读。

生D：（朗读第四自然段）

师：读得有感情。我们来研究一下，"我心里想，这些无耻的东西，不知他们是怎么想法，他们的心理是什么状态，他们的心是怎样长的"这句后面的括号里写的什么？（齐声答：捶击桌子。）可见闻一多先生当时是怎样地气愤！他讲这些话是越来越激动。读的时候句与句之间要接紧些，情绪越来越激昂，最后要把拳头捶下去。（示范读）不要从形式上模仿我，要体会感情。只要体会了感情，这拳头是捶得下去的。下面，又是面对面的质问："特务们，你们想想，你们还有几天？"这句重音在哪里？（大部分学生答：想想，几。）对。（示范读）"你们以为打伤几个，杀死几个，就可以了事"，"就可以了事"重音应该落在哪里？（生齐答：了。）是吗？（教师试读，强调"了"字）行吗？（大部分学生答：重音在"事"字上。）对！（示范读）再看，"就可以把人民吓倒了吗'"重音在哪里？（生齐答：吓。）吓？我们试试看？（教师试读，强调"吓"字）行吗？（生齐答：应该是"倒"字。）对的！（示范读）现在请同学们根据刚才分析的，各人练读。

（学生放声朗读）

师：读完了？谁把这一段读给全班同学听一听？（学生举手）你读。

生E：（朗读第四自然段，有感情）

【点评：别小看这"捶桌子"的效应。它能激发情感，震撼心灵，引起共鸣，是一种教学的艺术。】

师：读得非常好。（以上是指导学生朗读第四自然段，花六分钟）下面，我们来研究第三部分，也就是最后一部分，闻一多先生对李公朴被暗杀的事件，表明了态度，痛斥了敌人，赞颂了烈士。接着对这一事件进行了深刻的分析，揭示了事件的本质。最后，闻一多先生对青年发出了号召，同时表示了自己的决心。闻一多先生对青年发出了什么号召？他自己表示了怎样的决心？请同学们认真阅读最后一段，然后准备回答上面的问题。

（学生阅读第三部分。教师巡视并提示学生：这道思考题只要求简略的回答，请同学们根据书上的意思，概括几句就行了。）

师：就看完了？（学生纷纷举手，有四十人左右）请你讲。

生F：闻一多先生号召青年：第一，要发扬云南的光荣历史；第二，我们昆明的青年，绝不让特务们这样横蛮下去；第三，要争取民主和平的胜利。

师：很好。谁还发表意见？你说。

生G：闻一多先生向青年发出号召，第一点是，要用李先生的血换来政协会议的重开；第二点是，要发扬云南光荣的历史；第三点是，青年们要携起手来，争取民主和平的胜利。他自己的决心就是，像李先生一样，前脚跨出大门，后脚就不准备跨进大门。

师：说得多好啊！看来同学们学会读书了，很会读书了。这部分的意思简单地说，就是热情地号召青年，继承传统，争取民主和平的胜利；（板书：发出号召　继承传统　争取胜利）坚定地表示决心，誓死战斗，不怕牺牲。（板书：表示决心　誓死战斗　不怕牺牲　热情坚定）我这都是同学们说过了的意思，同学们说的都对。不是同学们说的不对，老师的才对，千万不要这样想。要有自己读书的信心。

学习了这篇讲演词，大家有没有这样的感觉：觉得它非常激动人心，有一种鼓舞人心的力量。这篇讲演词为什么这样感人、这样有力量呢？请大家总结一下两节课的收获，请从感情、道理和语言三个方面去归纳，用自己的话说。在各人思考的基础上，再相互议论一下。

（学生认真思考，有的边想边写。一会儿，相互议论起来，比较热烈。）

师：集中。请举手发言！（学生纷纷举手）你说。

生H：从感情方面来说，闻一多先生在讲演词里面，表现了对李先生的怀念和对国民党的痛恨。道理方面，总结出一条，人民的力量终究是要胜利的。语言方面，通过一些设问、反问、感叹句，表达了愤慨和激动的心情，所以这样感人。

师：讲得很好。但我们不是固定一种答案，大家还可以讲，各人发表自己的意见。（学生纷纷举手，情绪热烈，争先恐后地要求发言，教师放手让他们讲。）啊，大家都想讲，好，一个一个地讲。

生I：这篇讲演旗帜鲜明，感情强烈，对进步力量和反动派的态度截然不同，所以这样感人。

生J：①这篇讲演抒发了作者内心的不平；②这篇讲演向人谈述了国民党的卑劣无耻；③……

师：停一下，向人什么？（生J：谈述了。）我跟你商量一下，这个词能不能换一下？（生J：揭露了。）揭露了，这个词换得好，往下讲。

生J：③这篇讲演赞扬了人民的力量。所以能感人和鼓舞人。

生K：这篇讲演词，①憎爱分明，热情坚定；②分析透彻，深刻有力；③通俗简短。

师：他提出"通俗简短"，这是补充的新的内容。接着发言。

生L：这篇讲演语言生动，感情逼真，道理深刻。

生M：这篇文章在感情上有两点：第一点，闻一多先生用贬义词表现出自己对国民党反动派的无比痛恨；第二点，用褒义词表现了对李先生的赞扬，说明自己憎爱分明的阶级立场。……

师：停一下。"说明"这个词换一下好不好？

生N：（思考了一会儿）表现了。

师："表现了"合适些。说下去。

生N：在道理方面，深刻分析了这次暗杀事件，揭露敌人的罪行，指出敌人快完蛋了，语言方面，生动充实，而且有力量。

生O：这篇讲演还表现了闻一多先生大无畏的革命精神。

师：同学们充分发表了意见，都很有见解。我要说的都被你们说完了。我只能把大家的意见稍微归纳一下。

这是一篇讲演词。讲演就是把道理和意见公开向群众阐述。作者是怀着对烈士无比敬仰、对敌人无比仇恨的感情来作讲演的。爱什么，恨什么，都是很明确的。感情强烈，旗帜鲜明，所以能够激动人心。（板书：憎爱分明　感情强烈）一篇讲演，仅仅有真挚的感情还不行，还要对所讲的事情作透彻的分析，讲出深刻的道理来，这样才能真正地说服人、鼓舞人。（板书：分析透彻　道理深刻）这篇讲演词，紧紧扣住李公朴被暗杀这个事件，表明态度，分析整理和发出号召，我们回顾一下文章的思路：①反动派暗杀了李公朴先生—这是最卑劣、最无耻的事情；②这件事是反动派的无耻，是李先生的光荣；③这件事不仅不能说明敌人有力量，恰恰相反，正表明他们在恐怖，他们快完了。这件事将激起千百万人奋起斗争。历史证明，反人民的势力一定要被人民毁灭的；④李先生的血不会白流。我们青年要继承革命传统，争取和平民主的胜利。一篇讲演，要使听众听得明白，听得亲切，语言要通俗，要口语化，句子要简短。因为短句容易听明白，也比较有力量。此外，还要适当用一些设问、反问、感叹

等句式，加强语气、加强力量。这篇讲演词就有这些特点。（板书：语言：通俗简短　多用感叹、设问、反问等句式）

总的来看，这篇讲演词，以憎爱分明的感情、犀利的语言，揭露了敌人，赞扬了烈士，鼓舞了人民，同时表现了作者视死如归的大无畏精神。毛主席曾经说过："闻一多先生拍案而起，横眉冷对国民党的手枪，宁可倒下去，不愿屈服……我们应当写闻一多颂……"

【点评：归纳中心，讲清特点，理顺思路，一切都是顺理成章，自然而然，而不是生硬贴上去的标签。】

课后，有感情地朗读全文，在熟读的基础上背诵第一、二、三自然段。

（下课）

【点评：教师多次示范读，多次指导学生读，学生多次自己读，这都是实实在在的东西，而不是花拳绣腿、好看不管用的假把式。】

总评

这是洪镇涛老师在湖北省中学语文启发式研究会期间的一次公开课的教学实录。成功的语文教学往往是自觉或不自觉地遵循了某些语文教学规律。从这篇教学实录来看，笔者以为它遵循了如下几条教学规律。

首先，遵循了语文教育与思想教育相结合的规律。我们知道：语言是思维的物质外壳，是思想的表现形式；思想是语言的精神内核，是语言产生和存在的依据和前提。语言形式和思想内容相互依存，不可分离，它们是辩证统一的关系。在语文课中进行思想教育不是去进行空洞的说教，而是结合课文实际和学生实际进行潜移默化、情感熏陶。其主要的特点是"渗透"。所谓渗透，就是寓思想教育于语文训练之中。在教学中，洪老师紧紧扣住闻一多先生大义凛然、视死如归的强烈的爱憎感情，切己体情，以情激情，取得极好的教学效果。上课伊始，教师就从释题开始设计了一段精练概括的导语，并要求学生"怀着对烈士无限崇敬的心情来学习这篇讲演词"，使学生进入一种情感氛围，奠定了该课的情感基调。然后，提出问题，为什么说杀害李公朴先生是"最卑劣、最无耻的事情？"并抓住词语的感情色彩，引导学生进行概括、分析，提高认识。洪老师的示范朗读更是融思想教育于语文训练之中的极好方式。"反动派暗杀李先生的消息传出以后……不知他们是怎样想法，他们的心理是什么状态，他们的心是怎样长——（同时猛捶桌子）的！"

洪老师感情激昂，声音深沉，抑扬顿挫。最后一个"长"字，是从肺腑里喊出的，震撼人心！那落在桌子上的拳头，无异于霹雳千钧。顿时，全场寂然。闻一多先生那疾恶如仇、大义凛然的高大形象，一下子在人们眼前浮现出来。

全班学生默默颔首，似有所悟。

"只要体会了感情，这拳头是捶得下去的。"

学生显然是被教师的情绪感染了，全都"进入角色"。

虽然，老师没有去讲很多的大道理，但是，思想教育在这里如春风化雨，水到渠成。

其次，遵循了以学习语言为主的规律。语文学科的工具性决定了在语文教学中必须以培养学生的语言能力为主，不能离开语言训练去讲大道理。语文不是一种知识体系，而是一种技能建构，语文教学第一位的任务，应该是组织和指导学生学习语言，培养学生正确理解和运用祖国语言文字的能力。

讲演词属口语语体。学习讲演词就应训练学生的朗读能力、模拟讲演的能力，在教学中，教师多次示范，并进行具体的指导，让学生通过朗读体会讲演人的感情；还让学生设身处地想象闻一多先生当时面对着敌人讲演时的语言环境，在那特殊的语境中，讲演时的情绪和语调、语气。这就是注意了语境对言语表达的限制和生成作用。请看一段实录。老师问："有什么理由拿出来讲啊！有事实拿出来说啊！为什么要打要杀？重音应该落在哪里？"生："讲、说、打、杀。"师："为什么？"生："李先生是用笔用嘴来说事实、讲道理，敌人没有事实可说，没有道理可讲，而采取打和杀的法西斯手段。"师："回答得很好。李先生是摆事实讲道理嘛，他没有拿起武器来对付你们嘛！你们有事实就讲嘛，有道理就说嘛，为什么要打要杀呢？"这里的"讲""说"与"打""杀"形成了鲜明的对比，有力地揭露了敌人的法西斯罪行。

这一段既讲出了语流的前后关系，又品味了语言的感情色彩，既研究了读法，又启迪了思维，一箭双雕，令人拍案称绝。洪老师对学习语言有他独到的见解。他认为，培养学生的语感能力，是语文教学的重要任务。在教学实践中，他采取了许多行之有效的方法，而运用美读，指导学生品味语言，就是其中一法。叶圣陶认为："吟诵的时候，对于讨究所得的不仅理智地了解，而且亲切地体会，不知不觉之间，内容与理法化而为读者自己的东西了,这是最可贵的一种境界。学习语文学科,必须达到这种境界,才会终身受用不尽。"目前,语文教学中的确存在忽略朗读教学的倾向,这实在是语文教学的一大误区。

最后,遵循了"教是为了指导学生学"的规律。洪老师在教学中充分发挥学生的主动精神,让学生自己通过思维活动去获取知识,提高能力。他从课文的三部分提出了五个带有启发性的问题,犹如一根红线,把文章的思路、结构有机地联系在一起,并要求学生带着问题有目的地去阅读、思考,教师则边巡视,边点拨。对回答问题好的同学加以肯定,对回答问题不准确、不完整的地方进行补充、指点,培养学生自己读书的良好学习习惯。如在讨论第二部分问题时,学生回答问题概括得较全面、准确。这时,洪老师鼓励学生,树立信心,他动情地说:"这三点概括得多好啊!这位同学多会读书。自己动脑筋,自己分析问题,这才能锻炼出真本事。"从开始提问"两个学生怯怯地把手举起来"到最后提问"学生纷纷举手,情绪热烈,争先恐后地要求发言",从学生不善归纳概括,到能有条理地回答问题,这不都说明了学生的能力在逐步提高吗?

古人云:"授人以鱼,不如授人以渔。""鱼"是死的知识,而"渔"则是活的方法、规律。语文教学就是要传授学生活的读书、作文之法,这样才能有效地培养学生的自学能力,达到叶老说的"教是为了不需要教"的最高境界。

原载《中学语文教材研究导论》,东北师范大学出版社 1997 年版

《为学》教学实录及评点

洪镇涛　执教；谢先莉　潘纪平　评点

授课时间：1998年7月

授课时数：1课时

师：我们一起来学习一篇文言文《为学》。（板书：为学　彭端淑）先听我朗读一遍。

师：（范读课文）请同学们各自把课文朗读一遍。

生：（各自朗读课文）

师：同学们感觉这是篇讲道理的文章，还是篇讲故事的文章？

生：（齐声说）讲道理。

师：讲的是哪方面的道理呢？

生：讲的是为与不为、做与不做的道理。

师：为什么，做什么？

生：为学的道理和做事情的道理，做学问的道理。

师：对，是讲做学问方面的道理。既然这篇文章是讲做学问的道理、为学的道理，那后面大量的篇幅却是讲两个和尚的故事。那这两个和尚的故事跟这篇文章的中心有什么关系呢？好，那位同学（手指一举手的学生）说说？

生：我觉得作者是借用这贫富二僧的故事来阐述为学的成败在于为与不为的道理。

师：这两个和尚的事不是求学问的事，他们是……（学生插话：去南海）去南海这个事情跟求学有什么关系呢？好，请你（手指一举手的学生）说。

生：这说明只要你亲自去做了，你就会成功，如果你不去做，再简单的事也会做不了。

师：好，你（手指另一举手的学生）说。

生：我觉得是用一贫一富两个和尚的事来证明这个学与不学的道理，形成了一种鲜明的对比。而且还突出了穷和尚坚忍不拔的精神，说服力很强，就是说你如果去做了你就一定会成功。

师：这两个和尚的故事，跟求学之间肯定有相通之处，是不是？相通处在哪里呢？

生：一个人事业的成功。（师插话：一个人事业的成功在于什么呢？）在于自己努力而不在于外界条件。

师：在于自己的努力。要立志，而且要努力去实现自己的志向。然而也不能说不在于外界的条件，外界条件也是重要的，只是这里强调了个人的努力。这就是它们的共同之处。所以下面写了两个和尚的故事。（戴眼镜、翻书）

【评：以上是教学的第一环节——感受语言，触发语感，约七分钟。】

师：哪位同学把第一段给我们读一下。

生：（朗读第一段）

师：这段话其实只有两句话，是吧？如果我把这两句话换个次序，开头就说："人之为学有难易乎？学之，则难者亦易乎，不学，则易者亦难矣。"因为题目就是为学嘛，开门见山，首先谈为学的道理。再接着说："天下事有难易乎？为之则难者亦易矣，不为则易者亦难矣。"这样可不可以呢？（取眼镜，手指向后面举手的同学）

生：我认为这样不可以，因为题目是"为学"，就是从天下事有难易乎这个引出来的，而不是从做学问的难易来引出天下事的难易。

师：你觉得这样摆是强调做学问的，是吗？摆在后头是强调它，是不是？（点头）好多同学举手了，好，你（手指一举手的同学）来说。

生：天下事有难易乎？人之为学有难易乎？这个"天下事"就包括了"为学"，所以它是一个从大到小的顺序。相反就是从小到大，我认为就有点不通顺了。

师：噢，他发现这段是从大范围缩小到小范围。好，请你（手指一举手的同学）说。

生：在第一段，先概括说天下事没有难易之分，而在于为与不为，然后再突出课文的重点，说学习也没有难易之分，只在于学与不学。这样很有次序，如果更改了它的顺序的话，就显得没有层次感了。

师：（走下讲台）我同意同学们的意见，你们有没有这个体会呀，两件平列的事情，放在后面的往往是强调的。我举个例子，班主任跟同学们讲话："同学们，我们学校的形势大好，我们班的形势也大好。"那下面是该讲班还是学校呀？

生：（齐声道）班。

师：反过来，"同学们，我们班的形势大好，我们学校的形势也大好。"下面该讲什么？

生：（齐声道）学校。

师：该讲学校了。那么，把"人之为学有难易乎？"这样一个问题放在后面，实际是强调它。它是主句，为主的，前面是个陪衬句。同学们体会得很好。"天下事有难易乎？为之则难者亦易矣，不为则易者亦难矣。"从天下事这个大范围，再具体到为学这件事情，其道理是一样的。那么下面接着就自然地过渡到讲"为学"的道理。这个顺序是不能颠倒的。还有没有意见哪？（转身走上讲台）

生：（齐声说）没有。

师：下面说"人之为学"，"学之"。这两个"学"字的含义相同吗？人之为学，这个学字是什么意思？

生：（齐声说）学问。

师："人之为学"，学问。那么"学之"呢？

生：（齐声说）做学问、求学。

师：对，求学，就是做学问的意思。前面是个名词，后面是个（学生齐答：动词），这个区别一下。我读了这篇文章，我感受作者好像不大承认事情有难易之分（转身走向黑板，板书：难——易），他一会儿说难的可以变成容易的，一会儿又说易可以变难。作者是不是不承认事情有难易之分呢？

生：（齐声说）不是。

师：噢，那作者是什么意思呢？

生：作者在文中已经承认了有难易之分，只是说难事和容易的事只是在于你对待这件事的态度。一件再容易的事情你不去做，它永远不会完成，所以变难了。如果一件再难的事情，你不停地去做它，它也会做成的。

师：（走向讲台，手指板书）那就是说这种变化是有条件的，是不是，"难"变"易"是什么原因呢？（生齐声道：为）这个"为"字很重要。（边说边板书：难$\xrightarrow{\text{为}}$易）为什么很容易的事会变难了呢？（生齐声道：不为）。对了。（边说边板书：难$\xrightleftharpoons[\text{不为}]{\text{为}}$易）看来作者强调的是"为"，什么事都要"为"，要去做。好，那么下面我们分角色来朗读两个和尚的故事。（同学纷纷举手）一个当叙述人，谁来当叙述人？要个女生（走到同学中，指向一位举手的女生）你来当叙述人好吗？（女生说：好。）

生：（一男生自荐）我当穷和尚。

师：好，你当穷和尚。好，你（指一举手的男同学）当富和尚。

生：（学生有感情地分角色朗读）

师：好。你看这句话，"吾欲之南海何如"，这个"之"当什么讲？（生齐声道：到、去）往，对了。那么我想到南海去你看怎么样呀。我想把这一句改一下，"吾欲之南海（走向黑板，板书），汝信乎？"汝也当你讲，是吧？可不可以？（生纷纷读出声）比较一下，这个穷和尚和富和尚说话的时候，原话是"吾欲之南海何如"，我现在改为"吾欲之南海，汝信乎？"（眼睛望四周学生）好，请你说（指一举手的学生）。

生：我认为原文表现的穷和尚是一个很谦虚的人，如果改成了"汝信乎"，那他就很骄傲自大。

师：你觉得这个"汝信乎"显出一种（生齐声道：高傲）傲气：你相信吗？我就能去。有点不谦虚，是吧？原文是怎么说的？（生齐声道：何如）对，在征求他的意见，看来我这一改就有损穷和尚的……（生齐声道：形象）我们再看这里前后有两句"子何恃而往？"（走向黑板，板书：子何恃而往？）前面一句富者曰："子何恃而往？"后面又有一句（边说边板书）"子何恃而往！"这两句话语气是一样的吗？

生：（齐声道）不一样。

师：说说怎么个不一样。好，这位男同学说。

生：第一句是普通的发问，富和尚问穷和尚你怎么去。后面就是富者讲自己数年来想买船到下游去，但是没有成功，而问的"子何恃而往"。就是你凭什么去？这里就有一种轻蔑的语气。表明富者瞧不起穷者。

师：很好。开头富和尚不了解穷和尚的条件，只是普通的发问，句后，用的是问号。当穷和尚说出了自己的条件，条件是什么？（生齐声：一瓶一钵）意思是凭讨饭可以去。富僧听了就嘲笑他"吾数年来欲买舟而下，犹未能也，子何恃而往！"后面用的是叹号。读第一个"子何恃而往"重音应该放在哪里呀？（生齐声道："何恃"）对，"何恃"（边说边板书：凭什么）。读第二个"子何恃而往"重音应该放在哪里呢？（生："子"）对，"子"，你。我都不行，你还能成！谁来把这两句的区别读出来。

生：（朗读，读出了区别）

师：好。"吾数年来欲买舟而下，犹未能也。"如果去掉这个犹字，对表达有没有影响？好，（指一举手的同学）你说说。

生："犹未能也"意思是说，我有这么好的条件，我还去不成，你现在的条件这么差，你还去？这里强调了我条件这么好。而没有这个犹字，只是说我去不成了。

师：这个"犹"字表现出什么语气呀。

生：一种傲慢的语气。

师：傲慢。你能不能把这种语气读出来？

生：（朗读，没有读出傲慢的语气）

师：这个"犹"要强调呀，（示范读）你（指一举手的学生）来试试。

生：（朗读，读出了"犹"的重音）

师："子何恃而往"，"子"用重音。（示范读）你再读一遍。

生：（朗读，读出了"子"的重音）

师：重音是强调了，感情投入还不足。谁来读一读，读得更好一点。（生纷纷举手）你（指一举手的学生）来读读。

生：（声情并茂地朗读）

师：很好。下面贫者说"吾一瓶一钵足矣。"那么去掉"足矣"，可以吗？

生：足矣，是足够的意思，说明这个贫者要去南海有非常坚定的决心。

师：也充满信心，是不是？有坚定的信心，而且充满信心。好，这一段，我们来分角色朗读。

生：（纷纷举手）

师：哪个当叙述人，找个女生，好不好？请你（指名）当叙述人，好，你（指名）当穷和尚，你（指名）当富和尚。

生：（声情并茂地分角色朗读）

师：读得不错。同学们想一想，在"越明年"之前，和"以告富者"之后，省略了哪些内容？后面那位同学说说。

生：省略了贫者跋山涉水去南海的这些经历。告富者之后，省略了他和富者说的话。

师：同意这个意见吗？

生：（齐声道）同意。

师：那为什么不把这个内容写出来呢？好，请你（指一举手的同学）说。

生：这个小故事重在说理，并不是重在叙事。

师：噢，重在说理，并不是重在叙事。这是我开始问了的，这篇文章是一篇讲道理的文章还是叙事的文章？

生：（齐）讲道理。

师：讲道理的文章里面有时也要写到一些事例，但是目的是证明道理。所以在讲道理的文章里面，写事例要越简练越好。只要它能证明道理就够了。但是写故事的文章就不同了，就要写得怎么样？（生齐道：有头有尾），对，有头有尾。还要尽量具体生动。这就是写故事的文章和讲道理的文章的区别。最后一段，各人把它朗读一下。

生：（大声朗读）

师：如果把最后一句去掉，行不行。好，请你（指一举手的同学）说。

生：我觉得不行。因为最后一句"人之立志……"是回应了前面第一自然段讲道理。去掉的话，文章还停在写事情的结果，整篇文章不完整。

师：对，倒数第二句总结了这两个和尚的故事。那么最后一句就回到了开头的主题上来。最后一句用了反问句，如果把这个反问句换成一个陈述句，该怎么说好呀？

生：人之立志有如蜀鄙之僧也。

师：噢，人之立志有如蜀鄙之僧也。这就改成了一个陈述句。好，还有什么改法？有没有？

生2：人之立志当如蜀鄙之僧。（师：当如蜀鄙之僧，可以）

生3：人之立志就像蜀鄙之僧。（师："就像"是现代汉语了）

生4：人之立志应如蜀鄙之僧。（师：可以）

生5：人之立志当效蜀鄙之僧哉。

师：当效，应当学习。很好。但是这改的都不如原句吧？原句是反问句。难道不如蜀鄙之僧哉。更有力量些，是不是？好，我们再分角色朗读一遍。

【评：以上是教学的第二个环节——品味语言，领悟语感，约三十分钟。】

生：（纷纷举手）

师：（环视）你当叙述人吧，你当穷和尚，你当富和尚。

生：（有感情地分角色朗读全文）

师：好，读得不错，坐下。现在，把它背会。放声读。

生：（大声朗读、背诵，约四分钟）

师：背会了吗？会了的举手。

生：纷纷举手。

师：都会背了。好，请你（指一举手的同学）背一下。要注意，因为是文言文，速度不能太快。另外背也要像朗诵一样表达感情。好不好？

生：（有感情的背诵。）

师：不仅背得很准确，而且感情表达得也很准确。好，再请个同学背一背。好请你（指一举手的同学）背。

生：（背诵）

师：很好，下面我们来一起背诵一下。慢一点。"为学"，预备起。

生：（齐声背诵）

【评：以上是教学的第三个环节——积累语言，积淀语感，约八分钟。】

师：好，这堂课就上到这，下课。

生：老师再见。

附：板书

点评

洪镇涛老师认为：抓住了语言，就抓住了语文教育的根本；教学生学习语言，培养学生的语感就是语文教学的灵魂。他这样说了，也这样实践着。《为学》篇的教学鲜明地体现了他的这一思想。

"读"是洪老师语感教学的主要方法，他曾在多种场合公开指出，语文课必须要读，如果语文课里听不到琅琅书声，那就不能叫语文课。在教授《为学》时，他采用了多种形式的读：范读，学生自由朗读，品读，诵读。洪老师的范读声情并茂，很容易调动学生的情感。而学生通过接下来的自由朗读，可以自主感悟全文。最能集中体现洪老师教学思想的则是他的课文品读。在本课的品读环节，洪老师采取了各种方式：调一调句子的顺序读，比如将开头两句顺序调换一下来读；改一改词语读，比如将"吾欲之南海，何如？"改成"吾欲之南海，汝信乎？"来读；品一品语句的语气与情感，比如揣摩"子何恃而往？"与"子何恃而往！"的不同读法；减一减句中的词语读，比如将"吾数年来欲买舟而下，犹未能也"里的"犹"字去掉来读；换一换句式读，比如将"人之立志，顾不如蜀鄙之僧哉？"换成陈述句来读。学生通过这样反复的品读，就能悟出语言运用的妙处。最后，通过诵读，学生能够积累语言、积淀语感。"读"贯穿了这节课的始终，通过读，学生品出了文章的寓意，培养了语感。这种以读代讲的教法，教出了语文的原汁原味，体现了语文课的本质特征。而这一点，又恰是我们许多老师在进行新课标理念指导下的语文课堂教学改革与探索时最容易迷失的。

如果只是读，学生就能很好地学习语言，那也许就不需要语文老师的教了。语文老师在语感教学当中应当充当什么样的角色呢？新课标提出，"教师是学习活动的组织者和引导者"。因此，只有转变教师角色，使教师变成真正的"引导者"，才能让学生从被动识记中解放出来，放声去读，放胆去想，放开去谈，通过自己的语言实践培养起语感。如何体现教师的"导"呢？《为学》这一课同样给了我们一个很好的范例。在这一课里，洪老师设置的问题由简单到复杂，层层深入，激活了学生的思维，激发了他的思考与参与的积极性。我们试将本课的第一个环节的师生问答简化了来看：（1）本文是讲道理还是讲故事？——讲道理。（2）讲什么道理？——为与不为，做与不做的道理。（3）为（wéi）什么？做什么？——为学，做事情，做学问。（4）既然讲的是为学的道理，为什么要讲两个和尚的故事？——以故事来说明道理。（5）和尚去南海与做学问有什么关系？——说明只要做了，就会成功。（6）由此看来，和尚的故事与求学有相通之处，相通之处在哪里？——强调一个事业的成功在于自己的努力。在这一环节，师生通过六轮问答完成了"感受语言，触发语感"的任务。而这一连串的问题设计，逐层深入，体现教师"导"的关键：导活学生的思维，激发他们自主感悟的灵气。在教学中，要真正实现教师角色的转变，关键就是要像洪老师那样，抓住"活"来进行。活了课堂，解放了学生；活了学生，解放了老师；解放了老师，方可实现"教是为了达到不需要教"的终极目标。

新课程标准明确提出"学生是学习和发展的主体"，学生是学习的主体，这已经是一个不争的事实，为了达成这个共识，语文界付出了极高的代价。但时至今日，这个理念仍在语文教学实践中没有得到很好的体现，学生们丰富多彩的个性依然淹没在老师的一言堂里。如何彻底改变现状，体现学生的主体地位呢？洪老师针对语文教学中存在的弊端，鲜明地指出要"变讲堂为学堂"，让学生在语文课堂上积极主动地学习。在《为学》这一课里，我们看到洪老师为了让学生主动地学，放弃了枯燥的肢解式的分析讲解，平等地参与学生的思维活动，让学生用自己的语言实践来品出文章的底蕴。比如故意说出自己的疑惑："我感觉作者好像不大承认事情有难易之分，他一会儿说难的可以变成容易的，一会儿又说易可以变难。作者是不是不承认事情有难易之分呢？"借以调动学生发现问题、解决问题的兴奋点；又如在要学生品读语言时，多采用"你能不能把这种语气读出来？"之类的协商语气，鼓励学生大胆尝试。树立师生平等的意识，还语文课堂以学生学习语文的本色，还学生以学习主体的地位，用各种手段调动学生大胆地进行语言实践，这也许是洪老师在这节课给我们的又一启示。

语言是思维的载体，语言训练必须与思维训练相结合，这也是洪老师在教学实践中摸索出来的真理。如何将语言训练与思维训练结合起来呢？我们看看洪老师是如何进行的吧。在本课第二环节，洪老师借助语言进行了不着痕迹的思维训练：首先尝试将开头的两句话交换次序，引导学生思考原文所采用顺序的理由，得出从一般（大范围）到特殊（小范围）的顺序不能更换，培养思维的逻辑性；接着从学生身边常用的例句说起，让学生体会到两句并列通常强调后句的一般规律，培养学生思维的严密性；再让学生认识到"难"与"易"之间由于存在"为"与"不为"而表现出的可逆性转化，培养学生辩证思维；同时，教师在整堂课里多次采用连续追问，锻炼了学生思维的敏锐性。将语言训练与思维训练相结合，无疑有助于学生语言能力和思维能力的并肩前进，达到双赢的目的。

总之，洪老师的这节课，鲜明地体现了他变"讲堂"为"学堂"，变

"研究语言"为"学习语言"的语文教学本体论思想，凝聚了他几十年如一日不倦探索的心血，与新课标倡导的理念不谋而合，让语文课堂显出了它独有的魅力，为我们探索语文改革的道路起到了一个很好的借鉴作用。

原载《洪镇涛语感教学实录》，开明出版社2005年版

第四编

教学艺术纵横

教学风格本质探微

教学风格是优秀教师的教学艺术创造，是"教师在长期的教学实践中逐步形成的，富有成效的一贯的教学观点、教学技巧和教学作风的独特结合的表现，是教学工作个性化的稳定状态之标志"[①]。教学风格一旦形成，往往具有以下特征。

一 个性化是教学风格的本质

教学风格是教师教学个性的独特表现。法国作家布封在《论风格》中提出了"风格即人"的精辟论断，深刻揭示出"风格"的本质内涵。清代沈德潜在《说诗晬语》里论及历代优秀诗人的风格时说："性情面目，人人各具。读太白诗，如见其脱屣千乘；读少陵诗，如见其忧国伤时。其世不我容，爱才若渴者，昌黎之诗也；其嬉笑怒骂，风流儒雅者，东坡之诗也。"作家的创作个性不同，其风格必然不同。文学风格如此，教学风格亦然。优秀的教师总是"在思想和形式密切融汇中按下自己的个性和精神独特的印记"（别林斯基语）而形成独特的风格。特级教师斯霞的教学风格是于"质朴中见其秀"，她在谈及自己的教学经验和体会时曾说过："我的个性也适合做教师。"这句含义深刻蕴含丰富的话道出了斯霞教学风格的根源。那么，斯霞具有什么样的个性呢？她说："我整天和学生们一起学习、游玩，学生们也喜欢我，愿意和我接近，我认为成天和天真活泼的孩子们生活在一起，自有乐趣。"[②] 这里透露出她具有"母爱"的温馨和童心长存的个性特点。斯霞这两个个性特点是她教学风格

[①] 李如密：《教学风格初探》，《教育研究》1986年第9期。
[②] 斯霞：《我的教学生涯》，上海教育出版社1982年版，第7页。

形成的基础和根源。个性的形成要受到客观环境的影响,不同的生活阅历使每个人在审美情趣、文化素养、知识结构、能力系统等方面都不尽相同。这种不同个性体现在他们对语文教育的理性思考和具体实践之中。换句话说,优秀的教师对教育的认识和做法,在很大程度上都有教师个性的融入。如年轻的教育改革家魏书生是一位自学成才的杰出代表,他性格坚毅,意志果决,具有良好的人格素质。他对培养学生的思想素质和自学能力有一种切己的深层思考,因此,他的教学理论的构建是从培养全面的人这一高度出发,以现代科学和心理学为理论指导,把德育心理过程与智育思维过程有机结合起来,使教书育人有机结合,并形成了以培养学生自我教育能力、自学能力以及提高差生、提高效率为宗旨等一整套崭新的教育方法,使他的教育活动达到一个新的境界,形成了自己的风格。教师的个性还表现在对教学内容的处理、教学过程的安排、教学方法的选择、教学语言的运用等方面。但最能表现教师个性特征、显示风格特色的往往是教学语言。这是由于教学语言是教师的内部语言及思维在口头表达上的综合反映,这种显性特点决定了它是教学风格中最直接、最外在、最易感知的物态化形式因素。如于漪的语言词句华美,诗情画意,情真意切;钱梦龙的语言循循善诱,机智幽默,富于启发;洪镇涛的语言简洁明快,线索清晰,切中肯綮。他们在言语的理与序、物与文、情与趣诸种辩证关系上,都有自己独到和纯熟的处理,并以此调节教学的基调与节奏,形成各不相同的教学语言特点。

由此可见,教学中缺乏个性,就难以形成风格。一味去模仿,因循守旧,不去发现,缺乏思考,只会磨灭自己的个性。而只有那些具有个性的教学,才有可能攀登教学艺术风格的高峰。

二 创造性是教学风格的精髓

教学风格是教学艺术特色的集中表现,是教学艺术高度成熟的标志。教学风格的形成一般来讲要经历模拟阶段、独立阶段、个性化阶段。在这一发展过程中,只有模仿性越来越少,独创性越来越多,才能"青出于蓝,而胜于蓝",逐渐形成自己的风格。教师的创造性概而言之,主要体现在能有机地将教学三要素——教师、教材和学生组合成生气勃勃的动态结构,创造出一种最佳的教学效果来。创造性在教学中还体现在"求异"

和"独创"两个相互关联的方面。教学需要"求异",常教常异,常教常新,才能放射出教学艺术的光辉。如于漪老师从不满足对教材的一般理解和一般化的答案,而是以炽热的感情刻苦钻研,认真研究学生特点,创造性地设计因材施教的最佳教学方案。她在上杨朔的《茶花赋》一课时,对于文中"童子面茶花"的讲解,就别具一格,为一般教师所不及。她问学生:"为什么说是'童子面茶花'?"学生回答:"因为少年儿童是祖国的花朵。"对于一般教师来说,想再继续挖掘下去,进一步表现课文的思想内容,往往苦于找不到有效的方法。而于漪抓住文中"看""仰""笑""叫"四个动词。让学生用自己的话描述少年儿童生气勃勃的情态。在这个过程中,学生逐渐感悟出:这不仅是写花,也不仅是写少年儿童,而是在写生气勃勃的祖国。[①] 这一教学设计是教师颇具匠心的独创,显示出不同于别人的高明之处,体现了教学风格中鲜活的个性特征。

三 稳定性是教学风格的前提

教学风格的形成有一个渐进的过程。它常常是由不成熟、不稳定到日趋成熟、较为稳定。只有稳定的特点,才能构成某种风格。特级教师洪镇涛在回忆自己的经历时说:"早在80年代初期,我就尝试过通过朗读来训练学生品味语言、加强语感的做法,但那时认识不够清晰,只有一种朦朦胧胧的想法。"经过十余年的不懈探索和实践,他提出了"感受—领悟—积累—运用"为内核的"学习语言"说,在全国语文教坛独树一帜。在教学实践中,他摸索出一套语感培养的相对稳定的课堂结构模式,即"感受语言,触发语感—品味语言,领悟语感—实践语言,习得语感—积累语言,积淀语感",从而形成了自己的特色。

当然,稳定并不排斥发展变化。严格地说,稳定性是相对的,而变异性是绝对的。教学风格的这种稳定性和变异性构成了教学风格充满一种活的矛盾运动内质,使教学风格不断发展、变化、完善,达到一种在新的认识高度上的稳定。

此外,教学风格还具有多样性的特点。教学过程的纷繁复杂、丰富多彩是形成风格的客观条件,教师的教学个性和执着追求是形成风格的主观

---

① 参见张武升《教学艺术论》,上海教育出版社1993年版,第87页。

条件。只要有合适的"温度""土壤""环境",就能绽开绚丽多姿的"花朵"。因此,我们不能生搬硬套某种教学艺术形式或某位特级教师的教学经验,搞"一花独尊",而是要鼓励教师,提高自身素质,进行创造性的教学,形成自己的特色,使"每一滴露水在太阳的照耀下都闪耀着无尽的色彩"[①],使教学艺苑呈现百花盛开、春色满园的美景。

原载《中学语文》1996年第11期

[①] 马克思:《评普鲁士最近的书报检查令》。

谈语文教学风格类型的把握

语文教学风格是语文教学艺术特色的集中体现，是教学艺术高度成熟的标志。丰富多彩的教学风格，使语文教苑充满了生机与活力，推动着语文教学改革的深入发展。所谓语文教学风格是指教学主体在长期的语文教学实践中逐渐形成的教育个性和特色，是在教学语言的运用、教学方法的选择、教学过程的安排及教学情趣、教学风度等方面所显示出的较为成熟、稳定的特点的综合。

大凡杰出的艺术家都有自己独特的风格。如京剧中的"四大名旦"：梅兰芳的雍容富丽，程砚秋的深沉委婉，荀慧生的俏丽清新，尚小云的刚劲洒脱，莫不自成一家，各有风韵。教学亦是如此。一名优秀教师也应有自己的教学风格，教学风格是教学艺术的最高境界。对教学风格类型的把握，能使我们全面地认识教学艺术的本质与规律，从而创造性地进行教学。

语文教学风格的基本类型有以下几种。

典雅型。这种风格以庄重典雅、严谨不苟、蕴含深远为特点。这一风格类型的教师能准确把握教材的重点、难点，教学娴熟；善于引导学生反复琢磨、体会；精讲多练，讲课严谨，有根有据；对学生态度严肃、和蔼；教学语言质朴；教学风度沉着从容。

情感型。这种风格以情真意切、联想广阔、引发共鸣为特点。这一风格类型的教师善于挖掘教材中的情感因素、形象因素，设置与教材相应的情景，指导学生乐学，教学语言富有形象性、鼓动性和感染力。语言音色优美、和谐，声情并茂，课堂气氛热烈；对学生态度热情、真挚；教师性格开朗，风度潇洒。

理智型（也叫思维型）。这种风格以思维缜密、结构严谨、精思巧授为特点。这一风格类型的教师善于挖掘教材中的知识因素，在讲解分析中归纳出知识要点；概括推理，讲究方法，思维的逻辑性强，重视教学的技能练习和能力训练；教学语言规范，层次清楚，具有很强的说服力；对学生态度平易可亲，能机敏地解答学生的疑难；教师风度庄重沉稳。

导学型。这种风格以善导勤诱、举一反三、点拨开窍为特点。这一风格类型的教师擅长灵活地处理教材，从学生实际出发，切中时机地提出富有启发性的问题，巧妙点拨学生的"悱""愤"之处；能循循善诱，启迪思维；尊重学生的意见，促进学生发现学习，使学生有疑而入，无疑而出；教学语言精练，谐趣；能画龙点睛，一语破的，使学生明规律，得方法；教学风度挥洒自如，宽容和谐。

品读型（也叫语感型）。这类风格以品味感受、积累领悟、加强体验为特点。这一风格类型的教师善于抓住教材中的关键处，从语体、语境、语情、语脉、语调、语势等方面去品味语言，培养学生语言的感受能力。注重反复朗读，涵泳品味，教学落实；教学语言形象、灵活；教学风度落落大方，和谐自然。

应该说各类语文教学风格本身并没有优劣高下之分，倒有各领风骚、异曲同工之妙。在教学实际中，大多数优秀教师的教学风格是混合型，只不过有所偏重而已。

对教学风格类型的把握需注意以下方面。

一　教学主体的语文教育观是教学风格形成的基础

优秀的语文教师在长期的语文教学实践中都有自己不懈的探索，他们往往吸取传统语文教学经验和现代教育理论的精华，并逐渐形成自己的教学思想。如果说教学思想是教学风格的内核，那么，教学方法的选择、教学过程的设计等就是教学风格较为稳定的外在表现形式，它是服从于教学思想。特级教师钱梦龙的"三主四式"导读法的整体构思体现了新时期语文教学改革的实绩，对推动全国语文教改起到了积极的作用。钱老师认为："学生为主体"是教学的前提，着眼于学生"善学"，"教师为主导"是强化学生主体地位的条件，着眼于教师的"善导"，而学生的"善学"与教师的"善导"都必须经过一个"善练"的科学序列才能实现，所以"训练为主线"是"主体"与"主导"的相互作用的必然归宿。而自读式、教读式、练习式、复读式是基本的结构模式和具体方法。

"情感型"教学风格的杰出代表于漪,对语文教学中的情感作用有她独特的见解和全面的认识。她主张语文课要"教出情趣来",要"声情并茂","体作者之情,察作者之意,文脉、情脉双理清","选准动情点,以情激情,满怀激情地启发、提问、讲述剖析……"她强调"教师的教学用语要规范、生动、流畅、悦耳,能在学生心中弹奏优美和谐的乐章。"又说:"语文不是蜜,但可以'粘'住学生。"为此,她设计了不少行之有效的方法。如"直观演示""开拓想象""抓点拎线""形成悬念""展现意境""激发感情""讨论答辩"等。纵观于漪的教学,课的起始总有一段充满艺术性的、感染力极强的导语设计,调动学生情感,确定教学基调;课的进行过程中常尽情地作一些精彩发挥,"声情并茂""跌宕起伏";课的结尾增添色彩,画龙点睛,使学生感到课虽尽而情味无穷。由此可见,"情感"是于漪教学风格的核心。

二 教学语言是语文教学风格的重要因素

教学语言是为完成一定的教学任务而使用的专业性口语。这种专业性口语要受学科性质、教学规律的制约。我们知道:语文是口头语言和书面语言的合称。培养学生正确理解语言和运用语言的能力是语文教学的主要目的,语言的教学在语文教学中占有举足轻重的地位。语文课的教学语言,不同于其他学科的教学语言。其他学科(尤其是自然学科)只需要讲清了内容就达到了目的,而语文学科的教学语言本身就是学生学习祖国语言的示范,是学生模仿教师正确表情达意的标尺,是培养学生听、说、读、写能力的媒介。因此,语文教师尤其要重视语言的艺术。形成了语文教学风格的教师在语言的表述上都有鲜明的个性特征。教学语言依据其功能性质划分,可分为描述的语言、解释的语言、论证的语言、感染的语言、答问的语言等。如按教学语言风格来分,大致可分为以下几种类型。华彩型:语脉流畅,语势雄健,富有激情;优美型:语言清新,秀丽温婉,情辞意浓;质朴型:质朴无华,不事雕琢,自然天成;理趣型:机智幽默,妙语连珠,趣味盎然;直陈型:简洁明快,要言不烦,切中肯綮。

有经验的教师其语言往往有多种表达方式。语言类型的选用要依据具体的课文和教学对象而定。但在长期教学实践中,有的教师习惯于使用某种语言表达方式来进行教学，从而形成了自己的语言特点。如于漪的语言艺术令许多语文教师钦佩。请看她教朱自清《春》的导语设计："一提到春，我们眼前就仿佛展现一幅幅阳光明媚、东风浩荡、绿满天下、花开遍地的美景；一提到春，我们就会感到有无限的生机，有无穷的力量，内心洋溢着无比的喜悦……"类似的导语设计于漪还有不少，她的语言善用排比、比喻，具有声韵美和形象美。词句华美、色彩斑斓、情真意切是其语言风格的特色，这是介于华彩型和优美型之间而以优美为主的语言风格。

三　语文教学风格的本质是个性化

布封的精辟之见"风格即人"可以说是慧眼独具，揭示出"风格"的本质内涵。人的个性和人的性格、气质有密切的联系。教师的性格按照机能分类有理智型、情绪型、意志型等，按心理学的研究成果人的气质有四种基本类型，即胆汁质、多血质、黏液质、抑郁质。这些性格、气质类型和教学风格的形成有着直接的关系。性质、气质的不同固然和先天因素以及内分泌有关，但主要还是取决于社会环境的影响以及人的高级神经活动的控制。每一种性格和气质类型有积极的一面，也有消极的一面。意志型为主的教师包含有理智的成分，当然更不排斥情绪方面的因素。在某种情况下，有时可以相互转化。又如胆汁质的人既可成为热情、积极主动、精力旺盛的人，也可成为性情急躁、粗暴鲁莽的人。抑郁质的人虽然耐受能力差，反应速度慢而不灵活，但情感细腻，做事谨慎小心，观察力敏锐。每一种性格、气质类型的人都可能取得很高的成就，这已为实践所证明。因此，我们学习优秀语文教师的教学风格时，需要考察这种风格所应具备的性格和气质。有些教师不根据自己的特点来选择教学方法及风格类型，而是一味模仿，其结果往往是"东施效颦"，效果不佳。教学方法不是一个单纯的方法问题。采用某种方法，必须研究他人的性格、气质及风格类型，研究采用这种方法的道理，并结合自身的实际情况，这样才能取得理想的效果。

一般来讲，各种风格类型必须以其结构因素为依据，但其结构因素也有交叉的现象，出现"你中有我，我中有你"的情况，这就需要从整体上去把握风格的类型，也就是说要看语文教学过程中整体呈现出来的有代表性的特点。教学风格一经形成，就具有一定的稳定性。教学风格相对稳定，体现了教师对教学艺术的执着追求和富有独立性的个性品质。一个优秀的教师，虽然说有一种稳定的、占主导地位的风格，但并不排斥他吸收和创造多种教学风格。教学风格的稳定性中显示多样性，多样性中又有稳定性，这正是教师的主观条件与客观环境所构成的辩证统一。

原载《中学语文教学》1996年第10期

论语文教学风格的辩证法则

教学艺术必然遵循一系列法则而进行创造，了解和掌握教学艺术的法则，是教学艺术创造者必备的条件或素养。列宁曾经指出："辩证法是一种学说，它研究对立面怎样才能够同一，是怎样（怎样成为）同一的——在什么条件下它们是同一的，是互相转化的——为什么人的头脑不应该把这些对立面当作僵死的、凝固的东西，而应该当作活生生的、有条件的、互相转化的东西。"所以，教学艺术辩证法基本范畴的提出及其相互关系的研究，将深化人们对教学艺术辩证法的认识。

一　内容与形式相统一的法则

内容与形式统一是一般艺术的基本法则，也是教学艺术的基本法则。这一法则在教学艺术上有特殊的含义和表现。教学艺术的内容既包括教材的教学内容，又包括教师在教学中渗透并表现出来的思想情感。前者是教学艺术的客观性内容，后者是教学艺术的主观性内容，这两种性质不同的内容常常是密切联系、融为一体的。教学艺术的形式是指教学艺术的内部组织结构和外部表现形态，也就是教学艺术内容的存在方式和客观外现。成功的教学艺术总是内容与形式的高度完美的统一体。就像恩格斯所要求一件好的艺术品那样，应做到"较大的思想深度和意识到的历史内容，同莎士比亚的剧作的情节的生动性和丰富性的完美的融合"（《致斐·拉萨尔》）。内容与形式的统一突出地表现在教学方法的运用与语文教学内容的关系上。追求内容与形式的统一，既不应脱离内容片面追求形式的美感，也不应只讲究内容的质量而忽视教学的形式。语文教学过程的内容与形式，应当是和谐统一的整体，好的教学犹如一首交响乐，尽管节奏、旋律不断变化，但与表达的内容却相互交融，浑然一体。如有位教师在教朱自清的散文《荷塘月色》时，选用了与该文意境近似的我国古典名曲《春江花月夜》作为该文的配乐，首先在课堂上播放这首乐曲，收到了相得益彰、异曲同工之功效。脍炙人口的古曲以其和谐的节奏和优美的旋律将学生带入一个美的意境之中。同时，教师用此曲做配乐，声情并茂、绘声绘色地朗读课文，进一步调动学生情感，初步沟通了作品情、教师情和学生情。而后，教师又分别请几位同学跟着音乐反复朗读课文，揣摩文脉，使学生的情感随着作品内容的起伏而变化，使学生仿佛跟着作者，踏上幽静的小路，漫游荷塘。好像沐浴着如水的月光，看见了那隐约的远山、婀娜的杨柳，闻到了微风吹送的缕缕荷香……教师抓住学生情绪高涨的时机，及时启发诱导，提纲挈领地概述课文的艺术构思、思想内容、语言特色、修辞手法等，在定向讨论的基础上引导学生吟诵咀嚼，探究文脉，把握精髓，使学生不仅汲取了知识，把握到作品的深层含义，而且获得了美的享受。

二 情感与理智统一的法则

教学艺术都是以情传理、赋理于情、情理交融的。著名心理学家皮亚杰就认为"没有一个行为模式（即使是理智的）不含有情感因素作为动机"[①]。可见，情感与理智应当互为补充、协调统一。

情感是构成教学艺术的重要因素，这是情感的功能和特点决定的。首先，情感具有感染性。在语文教学艺术过程中，无论是喜笑颜开、心旷神怡，还是伤心落泪、忧郁悲愤，都是一种融合着多种心理因素的情感状态。文章情、教师情、学生情达到高度融合，才能形成和谐共振的"最佳时机"，此时，学生的思维力、想象力才得以自由驰骋与充分的发挥，形成一种高激励的功能。其次，情感活动影响着认识活动。对此，教育家苏霍姆林斯基用了一种形象的描绘，他说："情感如同肥沃的土壤，知识的种子就播种在这个土壤上，种子会萌发出幼芽来。"可见，积极的情感对认识具有动力功能。

理智在教学艺术中有着不可替代的作用。教学理智首先主要表现为对

---

① ［瑞士］皮亚杰、英海尔德：《儿童心理学》，商务印书馆1980年版，第118页。

教学目标、内容、情境的自觉意识。教学艺术中理智对情感的控制和调节是直接和及时的，它能调节情感的方向，使情感向着适当或积极的方向发展。因为教师与学生的情感交流是双向的，只有协调一致，才会产生共鸣。其次，表现为教学过程整体上是由理智驾驭的。教学艺术的目的、内容、程序、步骤等，无不充满了科学理性和内在逻辑，教学艺术要达到既定目的，完成既定任务，就必须遵循既定程序、实施既定步骤。而如果任凭教学情感的随意发挥，就会使教学之舟偏离航线，从而难以达到理想的彼岸。

教学艺术中的情感与理智的统一充分表现在两者的相互影响和转化上。情感是动力因素，对理智有发动、激励、维持的作用。在许多情况下，理智受动于情感，但理智又是情感表现的基础，为教学提供操作过程，在某种情况下理智因素也可转化为情感因素。因此，情感与理智的相互转化往往能体现出教师教学艺术的创造性。

三　和谐与奇异统一的法则

和谐与奇异是美学中的一对辩证范畴，它也是教学艺术必须遵循的基本法则。所谓和谐，是指事物和现象的各个方面的配合与协调，多样化中的特殊的统一。自古以来，许多美学家、艺术家对它都有论述和研究。在古希腊，毕达哥拉斯学派论述了宇宙一体的和谐与数字的和谐，认为宇宙与数之所以美，是因为它们"杂多的统一""不协调因素"的和谐。亚里士多德认为形体之美在于和谐，美的形体在大小上是成比例的，在排列组合上是井然有序的。后来的建筑艺术家们把和谐解释为建筑物各部分之间的比例的适当、要素的平衡、对称等。而现代实验美学把和谐归于光影、明暗、色彩、线条、构图的科学配置。由此可见，和谐是一种多样化中特殊的统一。作为一条重要艺术法则，和谐指艺术品各种可感部分按照美的规律的有机构成。所谓奇异，则与和谐相对，是指事物和现象的各个方面的关系的某些不和谐、不一致的变化。而这些变化同样可以给人带来美感。奇异作为一个美学问题在我国古代就已提出。老子说："曲则全，枉则直，洼则盈，敝则新，少则得，多则惑。"（《老子》第22章）这就是一种对立统一的美学观。如在静谧的夜空，忽地出现一颗流星，短时打破这种自然和谐，转瞬即逝，这不也是一种美吗？

教学艺术中的和谐是指教学艺术各方面的配合和协调，多样化的统一。教学艺术过程是由教与学各种要素的复杂联系构成的，如果这些要素及其复杂联系达到了配合协调和多样统一，整个教学过程就表现出整体和谐美。教学艺术中的奇异是指教学艺术各方面关系的某些给人带来美感的不和谐、不协调、不一致的变化。必要的奇异可以有效地克服由单纯和谐造成的平淡乏味。和谐和奇异统一的教学艺术法则是符合教学心理学的。从知觉来看，知觉的整体性把握着教学艺术的和谐之美，而知觉的好奇性则把握着教学艺术的奇异之美。任何知觉，包括视觉的、听觉的、嗅觉的等，都对特殊的反常的感性对象特别敏感，易于感受。就注意而言，单纯的和谐容易使人倦怠或疲劳，而奇异往往刺激注意，使它兴奋。拿记忆来说，研究表明，人们对信息的记忆，往往是通过某一特殊的"点"而加强或唤起的。所谓特殊的"点"的记忆信息就是和谐中的奇异。如板书中，由于突出的一个字、词的印象深刻，记忆牢固，因而在回忆中容易联想起其他的记忆内容。例如，宁鸿彬先生在讲《皇帝的新装》这篇课文时，在分析皇帝、大臣、小孩等各种关系后，在黑板正中用红笔写了一个大大的"骗"字。这个字，犹如一盏明灯，一下子就把人物间各种关系及文章的思路照亮了，使学生豁然开朗，而且记得住、记得牢。

　　教学艺术的和谐与奇异的辩证统一，会使教学艺术更富有审美价值，使学生的审美能力在潜移默化中得到发展。

四　共性与个性的统一法则

　　教学艺术是共性和个性的统一。教学艺术的共性是指教学艺术的一般的、共同的性质或特征，它揭示了教学艺术所应遵循的共同规律和要求；教学艺术的个性是指教学艺术的个别的、特殊的性质或特征，它揭示了教学艺术所应遵循的特殊规律和要求。从哲学意义上看，共性与个性是不可能分割的，没有共性，就无所谓个性，没有个性，也就无所谓共性，两者相互依存。教学艺术的共性主要表现在：不同时代教学艺术所具有的共同性质或特征，同一时代不同流派或教育家的教学艺术所具有的共同性质或特征，同一流派内不同的教育家的教学艺术所具有的共同性质或特征。这三种表现在教育发展史上都可以找到强而有力的佐证。后一种表现，在当代语文教育中就显得尤为突出。"导读教学法"在语文教学界已形成一个流派，然后在具体引导学生学习方面所采用的方式方法就有差异。有的善于诱导，深入浅出；有的长于推理，清晰明了；有的语言典雅，富有感染力；有的逻辑严密，见解深邃，富有说服力；有的长于朗读；有的长于阐析；有的长于激疑，显示出不同的个性特征。然而，在引导学生自能读书、自能作文，培养学生的语文能力这一方面又是共同的。一般来讲，不同个性特点的教师培养出来的学生也具有不同的个性特征。教学是一种双边活动，个性与共性之间也会相互影响，甚至发生一些变化。同时，教学艺术的共性与个性还表现为两者之间的相互转化。如教学艺术的共性规律，一旦为某一教师所掌握并运用于教学艺术实践，往往就会打上自己的个性烙印而形成独特的教学风格；另外，个性也能转化为共性，如一位教育家创造出某种独特的教学艺术风格为许多教师所模仿、学习和追求，其个性特点就会转化为共同特征，从而形成教学艺术流派。

五　整体与部分的统一法则

教学艺术的整体和部分存在着和谐统一的辩证关系，整体包括部分，部分又构成了整体。在艺术的多种门类中，如建筑、绘画、雕塑、文学作品都把整体与部分的这种和谐看作美的一种标准。据说罗丹在听到他的学生连连赞美雕像巴尔扎克的那只手的出色塑造时，便操起斧头，一下子把它劈掉了，因为这是部分影响了整体。教学艺术中整体与部分的关系非常复杂，这主要表现在：教学艺术中整体是由部分构成的，它不是各部分的简单相加，而是有一定的层面与结构；教学艺术整体结构因素的各部分，在教学艺术整体中的地位和作用互不相同。语文教学是一个大的系统，其中又包括许多分系统，如语文目标系统、语文教材系统、阅读教学系统、作文教学系统、教学过程系统。就教学过程来说，就包括教材、教师、学生。就教材而言，又有范文系统、知识系统、能力系统、训练系统等。例如布鲁姆把教学目标就分为三大类别：认知领域、情感领域、动作领域。所谓分类，就是为了更深入认识与了解整体的本质与规律。又如阅读教学中作品结构的思路、主旨、立意都属文章的整体部分，而段落层次、重点、难点对于整体而言是属于文章的部分。朱光潜曾经说过："一个艺术作品必须为完整的有机体，必须是一件有生命的东西。有生命的东西第一须有头有尾有中段，第二头尾和中段各在必然的地位，第三有一股生气贯注于全体,某一部分受影响,其余部分不能麻木不仁。"[①] 因此在教学中既要化整为"零",各个击破,又要"化零为整",进行整体把握。教师在教学中一方面要致力于教学艺术整体内各部分组成优化结构,发挥出整体最佳功能;另一方面要将教学艺术各组成部分区别主次、抓住重点、以点带面,形成教学艺术结构的最优化。

六 有限与无限的统一法则

有限与无限也是教学艺术的一对辩证的基本范畴。任何教学艺术都要受到时间和空间的约束。所谓教学艺术过程,就是教学主体与教学客体相结合,在自身的矛盾运动中,使其发展在时间上前后相继,在空间上连续不断,形成一个相互作用的由低级到高级、由量变到质变、由外化到内化的过程。中国传统艺术非常讲究"象外之旨""弦外之音""言外之意"等,注重以有限追求无限,达到"咫尺之内,而瞻万里之遥;方寸之中,乃辨千寻之峻"的艺术之境。教学艺术也应当寓无限于有限,以有限体无限,既具有限之形,又得无限之神,将有限与无限辩证统一起来。

教学艺术的有限性,要求教师精心而巧妙地处理好教学的复杂关系,提取精要,区分主次,抓住重点,合理安排教学活动的时间及程序,使教育有限的时空条件得到充分利用,发挥最佳值。教学艺术的无限性,是指教师所创造的境界与艺术魅力具有超越时空的性质。叶圣陶认为:"教是为了达到不教。"这也就是说要教给学生方法,培养学生的能力。只有"教"向"不教"转化,才能进入教学艺术的境界。赞可夫认为,教学应"同时完成双重任务:既在掌握知识和技巧方法上达到高质量,又在学生的发展上取得重大的进步"(《教学与发展》)。所谓发展从目标来看,它包括了智力、情感、意志、道德、个性等"从事创造性劳动的基础"的总和,是高质量的知识掌握和最大程度的智力发展的协调统一和高效率。这样一种教学,既能使学生得到发展,为他们今后步入社会打好基础,做好准备,也能使教师在课堂有限的时空中,其教学艺术深入学生心灵,产生一种审美愉悦,使学生在有限时空之外,作无限延伸,甚至影响学生终生的思想和生活,这也是教学艺术的魅力对学生产生的巨大的影响力。

[①] 《朱光潜全集》第 4 卷,安徽教育出版社 1988 年版,第 207 页。

教学艺术中有限与无限的辩证统一，相倚相生，为教师进行教学艺术创造活动展示了广阔的领域，使他们在这块自由的天地里充分发挥自己的才华和智慧。

原载《语文教学通讯》1995 年第 11 期

孔子与苏格拉底谈话式教学同异

孔子（前551—前479年）与苏格拉底（前469—前399年）是世界上最伟大的思想家、教育家，他们生活在同一时代，一个是中国的圣者，一个是西方的智者，可谓双星闪耀。他们的思想影响了东西方文化、教育的走向，时至今日，还闪烁着智慧的光辉。

孔子与苏格拉底两位先哲的谈话式教学可以说是中西方启发教学的源头，并形成了启发式教学的典型范式。下面我们通过教例具体分析他们之间的相同之点与不同之处，这对于我们今天的语文教学改革也具有一定的启示意义。

孔子生于我国春秋末期，是儒家思想及学派的创始人。孔子的学说成为两千多年封建文化的正统，其教育思想在世界教育史上也占有重要地位。先看孔子的两个经典教例：

> 子夏问曰："巧笑倩兮！美目盼兮！素以为绚兮。何谓也？"子曰："绘事后素。"曰："礼后乎？"子曰："起予者商也，始可与言《诗》已矣。"（《论语》八佾）
>
> 子路问君子。子曰："修己以敬。"
>
> 曰："如斯而已乎？"曰："修己以安人。"曰："如斯而已乎？"曰："修己以安百姓。修己以安百姓，尧、舜其犹病诸！"（《论语·宪问》）

子夏对于《诗经》中一句"巧笑倩兮，美目盼兮，素以为绚兮"不能理解，问孔子。这句话大意是说人生有美丽的面颊，才能成为"巧笑"，先有两目黑白分明，才能成为"美目"，这是讲妇女的容姿美好。

"素以为绚"是以画作比，子夏认为色彩比素质更重要，因此，他对此句意义不大明白。孔子解答说："绘事后素。"意思是说绘画的事也一样，要先以粉底为质，而后着上五彩之色。子夏在孔子的点拨下，理解了这一诗句的含义，并由此联想到做人之礼应以忠信为先。孔子听了很高兴，说："起予者商也，始可与言《诗》已矣。"

孔子能从子夏对诗句心愤口悱之时提出"何谓也"，到针对疑问而答，经过打比方启发子夏，而后子夏能举一反三，从诗句的意义联想到忠信与礼的关系上来，最后，反过来启发了教师。这一过程较为完整地体现了孔子的启发式教学思想。

古希腊著名思想家、哲学家、教育家苏格拉底，以他独特的思想与实践、崇高的人格与精神光耀了古希腊和整个西方文明。他早在2400年以前就为我们确立了教学谈话的范型——"精神助产术"（又称"产婆术"）。苏格拉底的"精神助产术"基于其独特的哲学观和教育观。他认为，理想的教育方法不是把自己现成的、表面的知识教授给别人，而是凭借正确的提问，激发对方的思考，通过对方自身的思考，发现潜在于自己心中的真理。

色诺芬在《回忆苏格拉底》一书中记录了苏格拉底与青年尤苏戴莫斯有关"正义"问题的谈话。在那段精彩的对话里，苏格拉底首先认可尤苏戴莫斯关于"正义"问题的见解，然后基于尤苏戴莫斯的见解引出种种新的问题请他回答，最终使尤苏戴莫斯意识到最初关于"正义"的见解是不完善，甚至是错误的，从而愿意"收回已经说过的话"。

那么这两位伟大的先哲又有哪些相同与相异之处呢？下面就让我们作简要的分析。

第一，孔子与苏格拉底的谈话式教学都是以教师指导为特征，通过提问、激励与引导，让学生自由思考、自由表达自己的疑问和见解，从而获得知识、发展能力、陶冶情操、完善人格。

孔子认为人的本性中与生俱来的先天的东西是接近的、差不多的，但由于后天的习染的结果，而显出了很大的差别。孔子既看到人的生性、自然本性，也看到了人的习性、社会本性；既看到了先天因素在人性发展中的一定作用，也看到了后天因素（主要为环境与教育）对人性发展的重大影响。"性相近，习相远"就是一个具有唯物主义倾向的人性论命题。正因为如此，他主张"学而知之"，提倡"有教无类"，采用"因材施教""启发教学""教学相长"的原则,"不愤不启,不悱不发。举一隅不以三隅反,则不复也"(《论语·述而》)是孔子教学经验的高度概括。因此,孔子的谈话式教学十分重视教育对象的个性差异,注重点拨时机。如"绘事后素"就是根据对象理解的难点实施点拨。孔子认为"君子之教,喻也。道而弗牵,强而弗抑,开而弗达"。引导学生而不牵着鼻子走,鼓励学生而不强迫他们,启发学生思考而不把答案点破,让他们自己悟出。孔子更注重学生的伦理规范、道德修养,在教学方法上较为含蓄,谈话的内容大都涉及伦理、礼仪、学习等方面。

苏格拉底则认为,哲学的主要问题是"认识你自己",就是说,人的问题是哲学的主要问题,"自我""自我意识"在哲学上处于首要的地位。他认为,教育的根本目的是培养高尚的人——"有美德的人",而这种美德应是理性的、必然的、普遍的真理,即伦理道德的知识、善的知识、"自我"的知识。苏格拉底认为,人的有关正义、善德等知识以及事物的意义在人出生之前已存在于人的心中,但在人出生时,由于肉体受到干扰,已被忘记,教育就是要通过引导、启发,使人们顿悟早已存在于心中的知识。基于此,苏格拉底在依据这种方法进行谈话中,往往从对方所熟知的具体事物和现象开始,进行反讽、暗示、归谬、助产,进而求得结论。苏格拉底在谈话中更注重学生理性认识的深入、人格品质的完善,教学方法更为精密,谈话的内容大都与正义、善德、虚伪等有关。

第二,孔子与苏格拉底都重视创设谈话情境,追求一种和谐的谈话氛围,在这种情境中使教师与学生的心灵沟通起来,把学生的既有经验与要探究、解决的新问题联系起来,把学生的理智与情感结合起来。相比较而言,孔子更注重追求一种宽松、自由的谈话环境,给学生一定的思维空间。如《子路、曾皙、冉有、公西华侍坐》中,孔子让每一个学生自由发表自己的观点,并不加以限制,当曾皙感到犹豫时,孔子鼓励说:"何伤乎?亦各言其志也。"又如《论语·宪问》中,子路问怎样做一个君子。孔子说:"修己以敬。"子路还不能理解"敬"的含义。孔子点拨道:"修己以安人。"子路又问:"如斯而已乎?"孔子进一步启发:"修己以安百姓。修己以安百姓,尧、舜其犹病诸!"让子路深入领悟真义,其思维过程是一种发散性的。

苏格拉底追求一种带有理性色彩的情境,这种情境能使学生思维发展向预定的轨道进行。苏格拉底的"精神助产术"的运用一般包括两个阶段。第一阶段可称为"破的阶段",即在对方认识真理之前,首先清除干扰物——错误的观点。他通过独特而辛辣的讽刺式诘问等方法,使对方觉悟到自身观点的矛盾,激发对方追求真理的热忱,唤起"求知的强烈欲望",进入规定情境。对那种对方陷入目瞪口呆、无言以对的状态,苏格拉底称为"逻各斯窘态"。这是一种极佳的情境状态,在这种状态下,学生的思维被激活,思维的强度加大,思维的频率加快。第二阶段可称为"立的阶段",通过问答,定义的归纳,"精神助产",让对方叙述自己的见解,并最终达到对真理的认识。

第三,孔子与苏格拉底在谈话式教学中都讲究提问的技巧、智慧,充满了高超辩证的提问艺术。通过以上教例的比较,我们可以看到:孔子能针对不同的个性特征,循循善诱,点拨精妙,善于把握时机,给学生相当大的思维空间,具有启发性、灵活性。苏格拉底提问意旨明确,环环相扣,善于突破关键,充分挖掘对方思维潜能,具有很强的引导性与严密性。

孔子与苏格拉底在谈话式教学中存在的差别主要是东西方人文精神与语言不同所造成的。

人文精神是个发展概念,在不同的历史阶段,它有不同的内涵。发源于古希腊文明的西方人文精神是一种纯粹的理性精神。从本源上看有几个基本特征。首先,它是一个外在于宗教、与宗教无关的思想领域。当时它是指自由人的博雅气质与理性精神。由于尊重每一个自由人的自身的理性,因此孕育出了"真理至上"的观念,故有"吾爱吾师,吾更爱真理"的名言。其次,它提出了一种有关宇宙秩序的思想。宇宙秩序是建立在宇宙内在规律与分配的法则之上的。世界上万事万物都是按照一定的规律与关系组成的。不论是地理学、天文学还是教育,都由相互对称的可逆的关系组成。这一思想形成了一种科学的思维规范,即逻辑的思维,它是与纯粹理性相适应的思维方法。

我国文化传统中的人文精神同西方相比,则有自己的特点。第一,尊崇德性,追求智慧。智慧与知识的区别在于知识指向认识,而智慧指向实践;知识追求逻辑的严密性,智慧却追求主体的体验和证悟。第二,内圣修己、追求至善。儒家思想文化都是讲内圣功夫的,教育的关键是修己,通过践仁尽性达到人性的完善。第三,重视实践理性。原始儒学把原始文化纳入实践理性的统辖之下,并引导、贯彻到日常现实生活、伦理感情和政治观念中，而没有上升到理论形态。中国人重视的是情理的结合，是社会性、伦理性的心理感受和满足。

　　一个民族的语言，是一个民族文化的组成部分，反映着一个民族的哲学认识和文化心理。如果说西方语言是一种严格受形态规定制约的具有客观意义的语言，那么汉语则是一种带有主体意识的语言。西方语言在组词造句上，往往非此即彼，十分冷静客观，而汉语则在词语的形式与功能变化上显得灵活自如；西方语言学基本上是一种焦点透视的语言观，讲究语言结构在形式上的完整与逻辑上的严谨，而汉语则是一种散点透视的语言观；西方语言是分析型语言，其内部建构可以用一系列的符号和公式来精确地描写，并在数量上作出表述，而汉语具有重整体、重意合、重虚实、重具象等特征，其语义表达和理解策略以意合为主，形式不是决定性的因素。

　　我们能够从两位先哲的许多谈话式教例中体味、分辨出中西语言的这些差异。

　　孔子与苏格拉底有关教育的论述是一座丰富宝库，有许多理论观点值得我们去认识、去开掘，笔者在此仅仅是管中窥豹，不揣浅陋，权作引玉之砖。

原载《语文教学与研究》2003 年第 3 期

试论语文教学方法的整体性

近十年来，语文教学方法改革取得了可喜的成就，令人瞩目。各种教学方法不断涌现，呈现出流派纷呈的新局面，犹如百花争艳的春光美景。但是我们也必须看到，有些地区和学校对教学方法的整体性认识不足，在教学改革实践中往往只见树木，不见森林，只从形式上取某些流派之"长"，抓住一点，不虑其余，有的则热衷于形式上的花样翻新。尽管这些人积极性很高，但由于缺乏正确思想的指导，其效果必然是事倍功半。笔者认为，目前从语文教学方法的整体性去总结经验，提高思想认识，对于进一步深化语文教学改革是十分必要的。

教学方法是一个由多要素构成的整体系统。教学思想在教学方法整体运动中起着定向、调解和控制的作用，它是提高教学方法整体效应的关键因素。因此，教学方法的改革，必须以教学思想的更新为先导。钱梦龙老师在教学实践中总结出"学生为主体，教师为主导，训练为主线"的三主思想，并设计了自读、教读、作业、复读四种基本课式，形成了一个完整的教学体系。陆继椿老师认为，语文教学要从旧的积习中解脱出来，要实行"一课一得"。从这个基本观点出发，他强调教师要为学生服务，教材要为教学服务，实践要为培养能力服务。他的"分类集中分阶段进行语言训练"教学法体系、始终贯穿的"得"的教学思想是教学方法系统内部最活跃的因素，它贯穿于其他各要素之间，并将它们有机地联结成一个整体，调节着教学法系统，作有目的、有规律的整体运动。

教材对于教学方法起着一定的制约作用。有什么样的教材相应地就会有什么样的方法，教材内容的变化以及内容的编排、呈现方式的改变都对教学方法有直接的影响。我国中学语文教材建设是比较落后的，基本上是沿袭了传统教材编写体例，而且内容较为陈旧。语文教学方法改革要有所突破，就必须摆脱旧的语文教材体系的束缚。语文教材改革的实验从总体上看主要有两种形式：一是根据训练要求，自行编写教材；二是补充材料，重新组织单元。目前，人教社对通用教材重新进行了修订，推广使用分科型教材，并采取了一系列的措施鼓励编写教材，这都标志着教材的建设已进入一个新的阶段，这对教学方法的创新无疑起着巨大的推动作用。

教学是教师的教和学生的学组成的双边教育活动。教学方法本身就包括教法和学法。但长期以来，传统语文教学重知识，轻能力；重教师，轻学生；重讲授，轻实践；重课内，轻课外。语文教学方法的研究是把学法排斥在外的，而且对教法的研究也根本不从学生出发。因此，传统的语文教学方法基本上是以教师为中心，以课堂为中心。新时期的教学方法改革注重研究学法、研究学生学习的心理因素，从学法入手，指导教法的改革，这不能不说是一个很大的突破。如黎世法老师作了大量的调查研究，总结出中学生最优学习方法体系：制订计划—课前自学—专心上课—及时复习—独立作业—解决疑难—系统小结—课外学习；然后在此基础上归纳出相应的六种课型：自学课、启发课、复习课、作业课、改错课、小结课。这是从学法入手改革教法，力求将最优学习方式与最优课堂教学方式紧密结合起来的结构体系。

教法和学法的彼此结合是当前语文教学改革的发展趋势。教学是教师与学生互相联系着的一定活动方式的构成体，是受教与学相互依存的教学规律所制约的。教学改革，着眼点在学生，最终目的还是学生，因此不论是教法还是学法都必须把培养学生的自学能力放在首位，把学法的研究作为语文教学方法改革的突破口，探求教法和学法结合的最佳组合。所谓最优，就是指最好的、最适合于该具体条件的课堂教学和整个教学过程的安排方案。这种方案不只是满足于工作效率的提高，而且在现有条件下使工作效率得到最大的提高。而教法和学法的彼此结合则是实现教学方法整体优化的有效途径。

课型是教学的基本类型。好的课型能使教法和学法彼此沟通，相互联系，教中有学，寓学于教。单一死板的传统课型不可能培养出具有创新精神的新型人才。随着科学发展，技术的进步，幻灯、唱机、录音、录像、电影、电视等信息传递手段进入了教学领域，这为现代教学方法的建立提供了极为有利的条件。如音响课、影视课、信息课等新课型应运而生，它不仅丰富了语文课型的种类，也促进了教学方法的发展。例如，陆继椿老师就设计了示范答疑课、自学比照课、重点引导课、评点夹注课、直述练习课、问题讨论课、质疑择优课、对比体会课、趣味竞赛课、综合归纳课、听记说话课 11 种课型。它们之间既各有特点，又彼此相通，循环往复、灵活多变，构成一个完整的课型结构体系。课型不仅要尽可能包容语文教学的各个环节，而且每种课型也应有具体的训练步骤。钱梦龙老师的"自读式"课型就包括相应的疏通式、提要式、质疑式、评点式、评论式等几种自读方式。形成六个训练步骤：认读、审题、辨体、问答、质疑、评析。这既是教师的教学方法，又是学生的学习方法，学生能在教学过程中获得知识，发展智力，最大限度地掌握学习的方法。

研究学生的心理因素，把学生的智力因素与非智力因素结合起来，也是当前语文教学方法改革的一个十分重要的课题。提高学生的语文能力，需要非智力因素的参与，非智力因素对智力因素起着调节和促进作用。魏书生老师在这方面作出了显著的成绩。他认为"当前的语文教学尤其需要多研究学生"，"对'学'的方面研究不够，'教'的一方面就带着很大的盲目性"。他经常给学生讲一些心理学的基础知识，教给学生自我教育的方法。他重视自学，重视启迪，发展思维，重视课外，注意培养学生非智力因素，突破了陈旧的规程，实现了教学效果的优化。他的"六步课堂教学法"，即定向、自学、讨论、答疑、自测、自结，以及"四遍八步"读书法都具有鲜明的特点。赞可夫曾指出："教学法一旦触及学生的情绪的意志领域，触及学生的精神需要，这种教学法就能发挥高度有效的作用。"魏书生的成功经验证明了这一论点。

从单一平面型发展到综合立体型是语文教学方法改革的又一个特点。综合立体型就是从整体出发，来考虑教学方法。语文学习可以说是无数纵横交错的系统的综合体，从传授知识的角度看，有字、词、句、篇、语、修、逻、文；从培养能力的角度看，有听、说、读、写；从教学的角度看，有阅读教学、写作教学、第二课堂。语文教学的这一特点就决定了语文教学方法也必须带有综合立体的特点。在教学过程中，各个教学环节都有其独特的作用，对每一个环节都不可忽视。这就要求在教学过程中综合运用多种教学方法，使之形成一个立体网络结构。如潘凤湘老师的"教读法"就是以读为龙头，不同的学期，做不同的读书练习，从课内向课外迁移，培养学生的读书能力。这是对课堂教学结构的一种立体思考，教学方法上也呈现综合立体的特点。在教学过程中每一个教学环节都程度不同地包含着教养、教育和发展因素，充分发挥各种因素，才能实现教学方法的整体功能。

在教学方法改革实验中，还必须认识到以下几个问题。

第一，要树立整体观念。系统论告诉我们：整体的属性和功能，并不等于各个要素孤立状况下的属性和功能的简单相加。在系统诸要素结构组合优化的情况下，整体的属性和功能就会优于各要素的属性和功能的相加之和。教学方法各要素彼此之间是互为因果、互相渗透的。这种关系决定着各要素以一定的连接方式和运动层次结成一个统一体，各种因素只有在动态中协调组合，形成有机整体，才能更好发挥教学方法的整体功能。

第二，要注重基本教学方式的研究。事物的整体与部分是相互联系、相互制约的。我们既要重视整体系统的优化，同时也要重视局部元件的优化。教学方法由许多具体的方式组成，教学方式是构成教学方法系统的最基本的单位和要素。随着时代的发展，人们对教学过程认识的不断加深，教学方法的结构在不断地变化，教学方式也日臻细密。如阅读教学法就有精读、略读、跳读、速读、听读等，对具体方式的研究是实现整体效应的条件。微观研究只有在宏观指导下，才能更加深入。

第三，要加强教学理论的研究。理论的贫乏是目前教学方法改革中存在的最大弊端。一种教学法如果没有理论作指导，仅在方法上争奇弄巧，就会使改革流于形式，而这种方法也是不会有生命力的。我们既要学习、借鉴国外的先进教学理论，也要认真总结传统语文教学中的精华，从中汲取营养，努力提高自己的理论素质。学习教学理论，更新教学观念，要有一个自觉的认识过程，理论要联系实践。要在实践中不断地总结和发展理论。教学法体系的建立只有从实践中来，又回到实践中去检验，才能不断地充实和完善。

教学方法的运用还与师生的能力水平有着密切的关系。在语文教学中教学方法是最富有个性特征和创造性的部分。因此，我们在借鉴、学习他人的教学方法时，要结合实际，发挥自己的创造性，不能盲目照搬、照套或搞些形式上的翻新，要积极、慎重，要讲究实效。

综上所述，对语文教学方法的改革，我们要从全局着眼，明确教学法系统的各要素、结构功能和与之相联系的其他系统的内在关系,认清教学方法改革的特点和整体发展趋势。只有在动态中协调内外各种因素关系,使所有部分的功能都服从整体最优目标,才能获得最理想的整体效应。

原载《中学语文》1998 年第 6 期

语文教学方法的组合运用

在语文教学实践中，教学方法的组合运用是教师经常采用的一种形式，探讨和总结它的规律与特点，对丰富语文教学方法、深化语文教学改革有着积极的意义。

组合从信息论的角度来看，就是把不同的信息经过筛选、优化，然后重新进行编码和排列，发挥其整体功能。经过这样的整理和加工，往往会产生一种不同于原材料的特定含义。教学方法的组合是通过一定的任务、内容和学生实际，以某种教学方法为主导结合其他的方式方法，综合成为一个有机的整体，它不是各种方法的简单相加，而是各种方法互相渗透的一种特殊结构。教学方法由许多具体的方式组成，教学方式是构成教学方法系统的最基本的单位和要素。据统计，目前教学方式方法有百余种，这些都为教学方法的优化组合提供了可供选择的余地，也使得教学方法组合运用具有综合性、多样性和灵活性的特点。

教学方法的组合可分为以下三种形式。

第一种形式为基本组合式，这是最常用的一种组合方式。它把两种和两种以上的方法组合在一起，运用灵活，一般适宜于一堂课的教学或一篇课文的教学。如读写教学法、问题教学法、段落教学法等。读写教学法包括读法和写法结合的特点和运用规律，问题教学法主要是提问、讨论等方法的综合，而段落教学法则是把朗读、讲授、提问等方法组合在一起。它们都是方法与方法、方法与方式的组合。现代科学技术的发展，为生理学、心理学、思维科学的研究提供了物质基础，而生理学、心理学以及思维科学的研究成果又丰富了教育理论。如卢赞诺夫提出的暗示法就是强调通过作出各种暗示、联想，巧妙地利用无意心理活动，激发人们的心理潜力和生理潜力。这就不仅是方法之间如何组合的问题，它还要使方法和学生的情感意识达到高度的协调。像猜读法、发现法、情境教学法等现代教学方法都是这样产生的。对传统教学方法也应存优剔劣，进行改造，使组合具有新意。如串讲法是传统的讲解文言文的方法，这种方法对于学生准确掌握文言词语的含义和用法有帮助。但是，这种方法也有它的弊病。它偏重于教师的讲解，容易形成灌输式的教学，不利于调动学习的积极性。经过广大语文教师的实践和改造，现在的串讲法，是以串讲作为主要方法，并同时使用朗读、提问以及学生试讲等一系列方法的组合。

第二种形式为中级组合式。这种组合形式是从某个特定角度来考虑教学方法的安排，这种组合有明确的指向性，方法之间有内在的逻辑联系。如从单元教学来设计教学方法的整体安排、从读书方法来对学生进行系统指导、从课堂教学结构来考虑教学方法的优化组合等都属于这种组合形式。魏书生的"课堂教学六步法"就是把课堂教学分为"定向、自学、讨论、答疑、自测、自结"六步，这些步骤中包含了一系列的方式方法，构成了课堂教学完整的信息交流系统。许多教师在吸取他人长处的同时，进行了一些卓有成效的实验，并取得了可喜的突破。这是教学方法改革的新趋向，值得认真总结和研究。

第三种形式为高级组合式。这种组合教学法已经不同于原教学方法的含义，而是教学方法一种特殊结构与组合模式。这种组合是从宏观上来设计教学方法，它涉及语文教学过程的各个环节，它对教材的内容、课型设计、教学手段等各种因素作通盘考虑。如钱梦龙老师提出的"三主四式"教学法，即"学生为主体，教师为主导，训练为主线"，并设计了四种基本课型：自读式、教读式、作业式和复读式，每种课型都有中级组合式，如"自读式"分为六个训练步骤：认读、审题、辨体、问答、质疑、评析。构成了一个层层递进、循环往复、具有逻辑联系的结构系统，而教学思想则贯穿于其他要素之间，并调节着教学方法系统作有目的、有规律的整体运动。如陆继椿的"分类集中分阶段进行语言训练"的教学法体系，潘凤湘的"教读法"体系都属于这种组合形式。这些教学方法的组合都是在现代教育思想指导下，以系统的观点对教学方法诸要素，进行最佳调节、组合的结果，充分体现了现代教学方法的特点。这种组合教学法要求教师有很强的业务能力和丰富的教学经验。那种将一得之见代替整体，东拼西凑，名之为"××教学法"，是不能与之相提并论的。

教学方法的运用还具有灵活性的特点。中学生思维敏捷，感情丰富，尤其在课堂教学中各种刺激物的相互摩擦、碰撞，学生思维往往更为活跃，学生经常会提出一些教师始料未及的问题，这就需要教师根据学生思维的反馈信息，及时调整事先设计的教学方案，使教学方法的运用不至于成为教师信息的单向"输出"，而成为师生共同的多层次、全方位的信息传递。教师对教学方案的调整，使教学更符合学生的思想实际，使教和学更好地协调，是教学艺术的体现。

在教学方法的组合运用中，教师应做到以下几点。

首先要有辩证的观点，要能熟练地掌握和运用基本的教学方法，因为基本的教学方法是组合运用的基础。基本的教学方法包括讲授法、问答法、讨论法、读书指导法、编写提纲法、朗读法、观察法、练习法等，这些基本教学方法都是在长期的历史发展过程中逐渐产生和确定下来的，它们各有自身的特点和运用范围，各自都有长处和短处，所以，不能把某种教学方法绝对化，一定要有辩证的观点，要吸取它合理的内核，扬长避短，以此确定各要素间的最佳组合方式。

其次要有整体的观点。教学方法各要素彼此之间是互为因果、互相渗透的。这种关系决定各要素以一定的连接方式和运动层次结成一个统一体，各种因素只有在动态中协调组合，形成有机整体，才能更好地发挥教学方法的整体功能。教师要根据教育目的，因人施教，因文施教，因能施教。"因人施教"即教师在选用教学方法时，要"目中有人"，对学生的知识状况、学习习惯、心理特征、思维水平等必须做深入的研究，根据学生实际确定教学方法。所谓"因文施教"即要根据不同课文的特点，采取不同的教学方法。每篇文章内容、体裁、语言、风格、难度、长短都各不相同，每篇文章都有其区别于其他文章的"个性"特征，这就需要教师不拘一格，找出最能体现这篇文章的特点作为突破口，并以此精心构思最佳的教学方案。"因能施教"指的是教师要发挥自己的特长。如有的教师长于逻辑思维，有的长于形象思维；有的长于朗诵，有的长于板书；有的长于提问启发，有的长于分析讲解。教师在选择教学方法时要扬长避短，发挥自己的优势。每种教学方法，在一定条件下都可能产生最佳效果，倘若不顾主客观条件，机械地照搬运用，就可能方枘圆凿，行之无效。别人的经验好，却难得学到手，原因就在这里。

再次要有创新的观点。在语文教学中教学方法的运用是最富有个性特征和创造性的部分。只有创造性的教学，才能培养出创造性的人才。

（1）要更新教育思想，把学生真正作为学习的主人。（2）要敢于求新猎奇，大胆引进。面对古今中外百花齐放的教学方法，要能"运用脑髓，放长眼光，自己来拿"，为我所用。（3）要摆脱"一支粉笔一张嘴，一块黑板一本书"的状况，逐步改革现有的教学手段，利用图片、幻灯、电视、电影、录音、录像、磁带、唱机辅助教学。这些手段运用得好，对调节课堂节奏、改变课堂气氛、丰富教学方法将会起积极的作用。（4）要敢于进行实验，不断探求教学方法组合的最佳方案。

最后要有教育的观点。教学方法不仅是传授知识的手段，同时它还是发展智力的手段，是教育人、培养人的手段。所谓方法的科学性，就是要激发学生动用理智去吸取知识，动用情感去感受知识，动用智慧去发现知识。教学方法的运用，不仅要使学生知道这是什么，还要知道为什么，不仅知道教师如何教，还要知道如何学，这样才能使学生把知识转化为信念，感到内心的喜悦，对它采取积极的态度。那种视学生为储存知识的"容器"，那种以大量练习来代替教学方法的做法，都不利于增进学生的智力和创造能力的培养，是有悖于教学方法最优化原则的。

总之，探索语文教学方法组合运用的规律，对我们批判地继承传统教学方法、科学地研究现代教学方法、实现教学方法结构优化都是十分必要的。

原载《语文教学与研究》1990年第1期

速读法训练举隅

速读即快速阅读，是一种目的在于提高阅读效率的读书方法。在现代社会，文化科学在迅猛发展，人类的知识总量也在急剧增加。目前，世界上每一年的出版物几乎抵得上过去几千年出版物的总和。庄子说过："人之生也有涯，而知也无涯。"庄子的时代已经感觉到知识是没有穷尽的，而人可以用来求知的时间是有限的，这中间存在着矛盾。那么今天，这个矛盾显然尖锐得多。要克服这个矛盾，其中非常重要的办法就是提高阅读能力，特别是速读能力。联合国教科文组织，终身教育局局长保罗·郎格朗指出："未来的文盲，不再是不识字的人，而是没有学会怎样学习的人。"对学生速读能力的培养，这在许多发达国家已经受到很大的重视，并对此进行了深入的专题性研究，我们不能等闲视之，因此把阅读速度提高到语文阅读教学的应有高度，并给予足够的重视，是刻不容缓的问题。

读得快，并不是指看文字快速，一目十行，不求甚解，而是要求理解得要快，理解得要准确，思维敏捷，反应迅速。读得快，也要求记得快，在很短的时间内提取有用的知识信息输入大脑。信息化是现代社会的基本特征，快速是现代社会的基本节奏，快速阅读正是迅速、高效获取信息的主要手段。快速阅读是一种注重读书质量的创造性理解的过程，是发展学生智力的有效途径，也是培养创造性人才必须具备的一种基本能力。

提高阅读效率，不仅要提高阅读的速度，还要提高阅读的理解率。美国阅读学专家G.R.施道绅博士在他主编的《快速学习》中，提出这样的公式：阅读效率＝阅读速度×阅读理解率。阅读速度指每分钟所阅读的词数。阅读理解率，指阅读后答对的问题数与受试问题数之比。这个公式说明，阅读速度和阅读理解率是互相制约的。要得到较高的阅读效率，这两方面都必须提高。一般认为，对中学生来说，阅读理解率应在百分之七十到八十之间，低于百分之七十，表明读得太快，应该降低阅读速度；高于百分之九十，表明读得太慢，可以适当提高阅读的速度。中学生阅读速度，练习大致应该以每分钟200字为起点，经过训练，最快的学生可达到千字左右。速度要以一定的理解为指标，否则，在练习中会出现假读现象。

提高阅读速度的训练方法主要有下面几种：

1. 限时阅读法：在一定时间内限定读完一定数量的读物，不允许延长时间或减少读物的数量，然后根据文章难易程度和阅读要求，检查阅读效果。用这种方法训练学生可以逐步提高学生加快速度的自觉性，增强学生的时间观念和紧迫感，养成学生速读的习惯和准确、协调、熟练、灵活的阅读技巧。限时阅读法的具体做法是：（1）提供阅读材料和测试题；（2）要求学生尽快读完所选材料，并精确记下阅读所费时间；（3）根据要求，回答测试问题；（4）对照正确答案和评分标准计算出自己的理解率，阅读速度和阅读效率；（5）将训练数据作准确记载，作为以后阅读训练的参考资料，同时以备将来分析、总结之用。

由于这种训练形式，利用了学生的竞争心理，并有具体的指标要求，所以在训练过程中，学生精神集中，思维活跃。美国速读专家 E. 弗赖博士对它推崇备至，誉之为"已知的速读训练法中最好的一种"。

2. 程序阅读法：把阅读内容分为几项，通过强化形式阅读的固定程序，使学生在阅读过程中能迅速抓住要点，自觉抛开无关的内容，快速地理解和记忆有关的内容。北京铁二中的程汉杰老师设计的一套程序训练内容如下：在指导学生读任何一篇文章时，都要解决以下问题：标题，作者，出处及发表时间，基本内容（即整体印象），重要史实及资料，文章的特点以及有争议之处，文章的新观点及读后心得。让这七个问题在学生头脑中形成"定式"，养成习惯，久而久之就形成了速读的固定程序。经过十周的训练，学生的阅读速度平均提高了一倍。

运用这种方法进行训练，可事先把阅读程序写在卡片上。阅读时，放在面前，时时提醒自己注意。经过一段时间，逐渐形成了一种条件反射，自觉依照程序进行。这种训练方法，不单要有一般的记忆，还需要分析、思考，在读的过程中迅速捕捉有用的信息、资料，略去其他冗余信息或用处不大的材料。在阅读速度提高的同时，理解率、阅读效率也得到提高。

程序不是死板的模式，要能灵活掌握程序阅读法的实质。在熟悉了基本程序后，可根据阅读的内容和目的，根据各类材料不同特点，自行编制程序，并辅之以其他的阅读方法，加快阅读速度。

3. 意群阅读法：所谓意群阅读法就是指在阅读时不是一个词一个词地读，而是把词义有关的词连成一个较大的单位，进行认读，从而提高阅读速度。在阅读活动中，人的眼球并不是连续不断地向下移动的，而是时动时停地向下跳动。测试证明，阅读速度与眼停次数、回视次数成反比。眼停次数越多，速度越慢，回视次数越多，速度越慢。阅读速度取决于一次眼停认识字数的多少，如果一次眼停认识的字数多，视距大，回视少，那么阅读速度就快。

怎样对学生进行意群阅读练习呢？首先可以让学生把一篇文章用铅笔画出一个个词组，根据上下文义，组合成意群，然后以词组、意群为单位练习速读。其次还可以用遮盖法辅之以训练，用纸遮住读物上端，边读边往下拉，促使视觉反应一次完成，减少回视。训练学生视觉尽量在各行的中间部位，把每行的两端收于视觉的范围之内，减少眼球转动的幅度。

意群阅读法，减少了眼停、回视的次数，直接提高了阅读速度。把句子划分成为意群，便于理解词与词之间的语义联系，加深了对阅读材料的理解。

4. 整体阅读法：整体阅读法是在分项阅读训练的基础上进行的一种综合速读训练，这种方法运用了系统论的原理，整体大于部分之和。整体阅读对材料不是一字一字地读，也不是一行一行地读，而是一块一块地读。读时注意一个句群或层次的主要部分，抓住要旨，领悟大意。这种方法是从整体上去寻求效益，适宜篇幅较长的文章。对部分课外自读课文以及大量课外阅读材料，在阅读时，根据阅读要求，对主要内容、主要情节以外的大段景物描写、心理独白、细节描写，或者是与主要观点关系不大的材料、读者早已熟知的材料等，可以跳过去不读。整体阅读训练教师要围绕材料的重点，精心设计富有启发思考性的问题。问题与问题之间要有内在的逻辑联系，便于学生了解全篇内容，又要能把握住文章的重点。此外还可以设计一些形式多样、活泼新颖的测试题，以帮助学生在阅读过程中迅速抓住要点，掌握方法，加深理解。整体阅读法要处理好几组关系：（1）阅读速度与理解率的关系。如果单纯追求速度，没有一定的理解力做基础，就失去了快速阅读的意义。要认识到：追求速度，不是一味求快，而是在理解的基础上的速度。（2）"速读"与"精读"的关系。理想的阅读应是快慢结合，当快则快，当慢则慢，当精则精，当略则略。只有"精读"，才能对问题有深入的了解，在"精读"中积累知识，掌握方法，领悟要领，加快速度；只有快速阅读，才能扩大知识面，迅速摄取知识信息，为"精读"提供可靠的保证。(3) 分项训练与综合训练的关系。分项训练是手段，综合训练才是目的。分项训练是为了更好地综合，熟练地掌握了分项训练的技巧，再从整体上来快速阅读就能寻求到整体优化的最佳速读方法。

速读方法的训练要注意克服各种不良阅读习惯：出声阅读；回视和复视过多，视距过窄；只会逐字逐句进行阅读，不会跳读；阅读时头部随着目光移动；用千篇一律的方法读一切资料。

阅读心理测试表明，一般学生的阅读速度远低于他本身的思维速度，这主要是大多数人尚未经过严格的、科学的阅读训练，存在着各种各样的不良习惯，从而影响了阅读速度的正常发挥。经过训练，上述毛病一旦得到纠正，阅读速度就会直线上升。

原载《中学语文》1992 年第 7 期

听知能力说略

在语文能力中，听知能力是一种基本的能力。听知能力主要是指对口头语言的接受能力，它是人在听觉活动中顺利吸收各种信息、成功地获得意义的一种能力。听知活动是听话人借助听觉分析感官接收语言信息并通过思维加以理解、吸收的过程，是以理解语义内容为中心的复杂的生理和心理活动过程，也是听话人将说话人使用的外部语言（有声语言）转化为自己的内部语言（思维）的过程。听知能力大致包括以下几个方面的内容。

一　听知注意力

注意是听知能力的第一要素。听话活动比通过阅读或其他活动获得信息更需要集中注意力。说话转瞬即逝，听时稍不留心，其结果往往是"闻若未闻"，听而不解，影响信息的获得，给交际活动带来困难。《大纲》要求"听人说话，能集中注意力，听清楚意思"。这里指的是听知有意注意的训练。在学生学习过程中，集中注意力"听"不是随随便便就能做到的，而是要经过艰苦的训练，不能单凭兴趣，而需要主观的努力。要培养学生注意的稳定性，要求学生做到持久专注地听人说话，善于克服各种分散注意的消极因素，具有良好的心态。还要培养学生注意的分配，在同一时间内能把注意分配到几个不同的方面。如听报告、听录音、听广播、听讲课，需要把大部分注意力放在听上，小部分注意放在记上，或在复杂情况之下，能将注意专注于对象的讲话上，等等。说话因境而异，瞬时即逝，要听得清楚，听得准确，必须强调对听知有意注意的训练，培养注意力的专注性、稳定性和对注意力的协调分配的能力。

二 听音辨调的能力

听意辨调的能力这是指分辨说话人发出的语音、语调，并迅速感知所表达的语义内容的能力，听话活动是靠声音获得信息的，因此，听别人说话，首要的是听清对方话语的声音、语气，这样才能进而了解声音的信号所负载的信息，听懂对方说的是什么。对语言的辨识能力是听话活动中必须具备的一种能力。听音辨调就是要能准确辨析音近词、同音词、多义词，话语的重音语调。汉语里有许多发音相近的词，只是声母、韵母或声调略有不同，还有一些词发音完全相同，但意思却完全不同，听话时都要注意加以区别。如"上午"和"晌午"发音相近，意思不同；"娇气"和"骄气"，"抱病"与"暴病"是发音相同，意思各异。如不注意听话，很容易混淆，产生歧义。分辨音近词和同音词要联系话语上下句和语言环境。此外，还有些音高，音长，音强，音质不同，即使是同一语言形式所表达的内容，其意义也不一样。如"大意"（疏忽，不注意）和"大意"（主要的意思），"是非"（口舌）和"是非"（事理的正确和错误）等，听话人要联系具体的语言环境，仔细辨别。

辨别话语的重音、语气、语调，能帮助正确领会话语的意义、情感。说话时重音不同，意思的侧重点也就不同，感情也有差异。如"雪真大，房子都盖住了"，若重音落在"房子"上，意思就是雪把个别房子盖住了；若重音落在"都"上，意思就是雪把所有房子全盖住了。听话时要善于根据重音体察话语的意义。要注意重音的落点，联系上下句和语境了解它的确切意思。

人们说话时要用声调的高低快慢造成不同的语气，以表达丰富的感情。内容相同的话，由于语气不同表达的情感也是不一样的。如：①他会说英语。②他会说英语？③他会说英语！①是陈述句，表明他能说英语。②是疑问句，表示怀疑。③是感叹句，含有肯定、赞许的语气。听话时要认真注意说话人的语气变化，这样才能正确领会话语里包含的情感。

三　理解语意的能力

理解是对知识的掌握，或将知识系统化、内在化的过程。这里主要是指对说话人的语词、语句、句群以至整个话语意义的理解。它主要表现在听知时所涉及的撮要、概括、悟意等方面，即听人讲话，要能把握其要点，概括其内容，领悟其本意。要能理解说话人用含蓄、委婉的语言形式表达的真实意思，不仅能辨识语流中单个的语音形式所表达的语意，而且能理清语脉，合成语义，将语流形式正确无误地还原为思想内容。例如《背影》中作者引用父亲的两句话："我走了，到那边来信！""进去吧，里边没人。"前一句话"父亲"以含蓄的方式，表达了当时的思想感情，言外之意是说祝你一路平安，希望早日收到你的平安信，免得我牵挂。后一句话则以委婉的方式告诫"当心行李丢失"。正因为作者透过话语的表面，领悟到话语中蕴含的"话"和"情"，所以难以忘怀，诉诸笔端，亦令人动情。理解语义的能力是听知能力的核心，没有这种能力听知能力的培养就只是一句空话。

四　听知组合力

听知组合力指对听到的话语进行准确的归类和逻辑的理序，理清说话的脉络，归纳要点，把握语意中心的能力。由于口语应对性强，说话中又受到时间的限制，话语中常有许多杂质，如口头语、不必要的重复、与话题无关的杂言、插说等现象。因此，在听话时，就要在脑子里对所听的话语进行加工、筛选、区分、梳理、组合，这样才能更好地理解别人的话。听话中对说话人的话语加工、组合可以从以下几个方面入手：（1）摒弃话语中的杂质，集中精力吸收那些最有价值的语言信息。（2）抓住话语中的重要信息，根据话语内容的相似点或相近点予以归类合并，从而形成对事理的整体性认识。（3）理清话语的头绪。经过听话人对说话人的话语进行筛选、加工，就能使语言信息条理化，变杂乱为清晰，变不连贯为一体，变粗糙为严密。组合能力要求听话人具有很强的逻辑思维能力，如听辩论，就要能归纳双方的论点、论据和论证过程，且能作归类合并，并在此基础上提出自己的看法和意见。《大纲》要求："参加讨论，能听出不同的意见和分歧所在。听议论性讲话，能把握对方的论点和论据。"这不仅是对话语的理解力，也是对话语的一种组合力。学生组合能力的提高，必将促进学生的逻辑思维的发展，对学生创造思维能力的提高也是极为有益的。

五　听知品评的能力

听知品评能力是指在理解说话人话语的基础上，对话语进行理智上的评判的能力。这种能力可鉴别语义内容的是非、品评语言表现技巧的高下、讲话效果的好坏、讲话人风度的美丑、性格特点的优劣等，从而决定自己对语言信息的取舍，或摄取储存，或排除淘汰。在进行听知训练时，需要加强对语言信息的"知情""识趣""体味""审美"的品评力。听知品评能力和学生的思想水平、生活经验、语言修养等有关。

六　听知想象力

在听话活动中，人们并不是仅仅消极地接受对方所说的话语。听话时，在理解和评价的基础上，还常常通过联想，想象涉及所听话语之外的事物，通过思考，由所听的话语中引出新认识、新思想。听知想象力的培养可以拓宽学生思维的灵敏度，发展联想能力，培养创造意识。美国总统林肯曾做过律师，有一次法庭审理一个案件，原告人一口咬定说："10月18日夜11点钟，自己借助月光看见被告开枪杀了人。"林肯听了他的证词，通过分析、思考，当即指出："原告人的话完全是诬陷，因为10月18日是下弦月，11点钟月亮早已落下地平线，证人根本无法借助月光看清被告的面容。这种虚假的证词，只能说明证人是诬陷。"林肯认真听取对方的证词，通过分析推理、想象，得出了正确的结论，为被告人洗清了冤情。听知想象力的培养有多种途径：（1）听音响作文。（2）受所听话语的启发，对所听话语中的不足之处，进行修正和补充。（3）从所听话语中联想到其他同类事物，从而产生新思想。（4）从说话人的语态、语调、语气、轻重、缓急中推测说话人可能要说出的话来。

在听知能力的培养中，上述几个方面的内容，在实际教学中，不可能是孤立的，往往是交叉进行的。听和说是一个整体系统，它们常常是结合起来对学生进行综合训练。听话训练的方法多种多样，主要有：听讲训练、听述训练、听记训练、听问训练、听写训练、听辨训练、听赏训练、听测训练等。只要我们对学生听知能力的培养予以重视，目标明确，严于要求，指导得法，持之以恒，那么学生的听知能力是可以逐步提高的。

原载《中学语文》1992年第11期

浅谈语文课堂教学节奏的把握

节奏本是音乐术语。"文采节奏,声之饰也。"其本义是:"或作或止,作者奏之,止者节之。"(《礼记》)这是指音乐中交替出现的有规律的强弱、长短的声音现象。课堂教学节奏,指课堂教学进程中的速度及其规律性的变化。

课堂教学节奏应有张有弛,张弛得法;有疏有密,疏密得当;有高有低,错落有致;新颖多变,起伏和谐。这种恰到好处的课堂教学节奏,可以撩拨学生学习的兴趣,让学生在课堂上保持思维活泼、精神振奋的良好状态,提高课堂教学效率。它是教学艺术的一种表现。

确定教学语言的节奏,必须以教材为基础。教材内容丰富多彩,体现出的感情基调各不相同。一般来说,欢乐幽默时用明快的节奏,明丽活泼时用轻柔的节奏,热烈豪迈时用高昂的节奏,怀念悲伤时用低沉的节奏,哀怜同情时用凝缓的节奏,压抑愤懑时用急骤的节奏。如《荷塘月色》和《最后一次讲演》,前者要突出一个"淡"字;淡淡的喜悦,淡淡的哀愁,朦胧素淡,韵味淡雅;而后者则要突出一个"愤"字;悲愤的基调,悲愤的语言,感情极为强烈。教学中,语言要显示不同的节奏感。每篇课文其节奏也有起有伏,有快有慢。语言的变化是教学节奏感的一个重要因素,什么时候用记叙的语言,什么时候用说明和议论的语言,都要随课文的内容而有所变化。如讲《变色龙》中的警官时,应用陈述性的语言;讲"认狗"的情节时,应用说明性的语言;而讲到"善变"的情节,则应用讽刺性的语言,等等。语言的节奏应是由课文的基调决定的。

教材的重点和难点是确定教学内容节奏的重要依据。对重点、难点不宜过于集中,讲课时节奏宜缓,缓而不松,疏而不虚,让学生有充分的时间去动脑筋思考,理解消化;教材中浅显的内容,教师可以简略地讲,节奏宜快，让学生不觉得拖沓，不感到厌烦。各类文体的教学，都有相应的重点、难点和不同的要求，教师对教材要反复咀嚼，细细品味，根据教材的实际灵活变通，做到长文短讲，短文深教，有张有弛，张弛相间。例如《荷花淀》重点写了夫妻话别、敌我遭遇、助夫杀敌三个片段，前者通过景物、语言、神态、心理、细节多种手段表现作为妇女代表的水生妻子的性格，虽未提"水生女人"的外貌，但我们可以感受到她的美。三个片段中，后者是高潮，而中间片段则可处理为两个波峰之间的跌宕之笔是波谷。对中间片段可以略讲，一带而过，而对前后片段则可以重锤敲打，放慢节奏，重点分析。这样依据情节的发展来确定讲课的节奏，可以使教学波澜起伏，摇曳生姿。

　　课堂教学节奏的安排，要考虑到学生的年龄特点。初中学生喜欢形象生动，不宜长时间地处在紧张状态下，教学节奏应时缓时急，跳跃变化；高中学生追求深刻新颖，可以较长时间保持紧张状态，教学节奏应紧凑、稳定。教师还必须根据学生在课堂上的反应来调节教学节奏。如果不少学生因熟悉正在讲析的教学内容而表现出松懈情绪，教师就要加速节奏，让学生振奋精神，集中注意力，绷紧思维的弦，动脑筋思考问题，紧张起来；如果不少学生因听不懂教学内容而忧心忡忡、愁眉苦脸，教师就要放慢教学节奏，甚至回头重讲那些难以理解的内容，让学生听懂理解。一般说来，课堂教学节奏以紧张一些为好，比较紧张的节奏，有利于学生集中注意力，让学生处于兴趣盎然、情绪高涨、思维活跃的状态，可以提高课堂教学的效果。

　　教学也像写文章一样要讲究结构布局，讲课要有起始、发展、高潮、结束阶段，并要注意做到中心突出，节奏鲜明。开端要激越，引人入胜的导语可以引起学生学习的兴趣；发展舒缓，像山泉的流水，娓娓道来，要逐渐将学生引入求知的新境界；高潮迅疾，它是通过铺垫、烘托、推理从而形成教学的波峰，要浓墨重彩，言简意赅；结尾要紧凑，留有余味，引人思索。教师要注意教学方法的优化选择，灵活地使用多种教学方法，或讲授，或启发，或讨论，或疏导，或质疑，或提问，或使用教具，或出示图片，交替进行。有位老师教《最后一次演讲》，她先向学生介绍闻一多先生的《红烛》序诗——"请将你的眼睛，不息地流入人间。培出慰藉底花儿，结成快乐的种子。"接着出示《闻一多传》，将该书封面原图案——黑色大理石花纹，正中上方一支醒目的红烛，与《红烛》序诗对照讲解。最后，引用毛泽东同志在《别了，司徒雷登》中对闻一多的评价。方法多变、节奏和谐，这就创设了一种独特的情境，启发了学生的艺术想象，使他们能尽快地自觉领会作品内容。

上课是一门艺术，作为"人类灵魂工程师"的教师，也应把握好课堂教学的节奏，在四十五分钟的课堂里弹奏一曲起伏跌宕、优美和谐的乐章。

原载《读写月报》1991年第9期

第五编

语文名师评介

语文学科教学论建设的开拓者与实践者
——缅怀罗大同先生

光阴转瞬即逝，算起来罗大同先生已经逝去16个年头了。早就想写点纪念性的文字，但每次拿起笔，又不知从何写起。今年是全国语文教育专业委员会成立30周年，从语文学科建设的角度来写是受此启示，我想这也最能体现先生的毕生追求。繁花满园，撷其一枝，以此纪念先生的在天之灵。

我上大学时正值改革开放肇始的1978年，当时先生已经60岁了，给我们讲语文教学论这门课程。那一段时间，他非常忙，经常外出开会、讲学，课堂上经常讲一些教改的讯息和一些生动的中学教学案例。先生身体魁梧，举止文雅，虽已过花甲，但每次上课都是西装革履，精神矍铄。记得有一次，他与校长外出考察，接待人看到他的派头，误认他就是校长，弄得场面有些尴尬，却又有趣。1982年，我毕业留校任教，即随先生教中学语文教学论这门课长达十余年，直至先生去世。

罗大同先生是我国语文学科教学论建设的开拓者。早在20世纪50年代，他就公开出版了国内唯一的一部语文教学法教材——《初中文学教学讲话》（湖北人民出版社1958年6月出版），全书共八章：第一章，总论，分4节，依次为初中文学教学任务，教学内容，教材编排体系，教学特点；第二章，初中文学教学的基本方法，分5节，依次为词句的解释与练习，朗读、默写和背诵，编写提纲，叙述，提问；第三章，文学作品教学过程，分3节，依次为起始阶段，阅读和分析阶段，结束和复习阶段；第四章，各类作品教学的特点，分6节，依次为诗歌，小说，戏剧教学，寓言、童话、民间故事教学，论文教学，古典文学作品教学；第五章，文学基本知识教学；第六章，作文教学，分5节，依次为作文教学的任务和具体要求，作文练习的方式，命题及课堂指导，作文批改，作文讲评；第七章，课外阅读指导，分4节，依次为关于读物的选择，指导阅读的计划，指导方式，课外阅读的考查；第八章，课前准备工作。这里具体开列该书目录，意在说明，早在新中国成立初期罗大同先生对于语文学科教学法的建设就有了一种整体性的思考，当时全国从事语文教学论有如此看法的没有几人。该书无论是从总、分论体系，还是具体的章节内容，都可称得上是新中国成立后语文教学法学科开先河的教材，也是目前所见第一部新中国成立后公开出版的语文学科教学法教材。"文化大革命"期间，罗先生被打成资产阶级"反动学术权威"，所有图书资料都被红卫兵抄走。后来还是一位读者，把自己保存的一本返赠给先生。当我看到该书时，该书已经出版了35个年头，我从那泛黄的书页中真切地品味出一种历史的厚重感。

粉碎"四人帮"以后，各行各业百废待兴，当时中学语文教学法这一门学科尚未建立自己的理论体系，迫切需要出版一本教材。教育部于1978年6月在武汉召开了文科教学座谈会，会上确定由武汉师院、西南师院、天津师院、南京师院、陕西师大、河北师大、华南师院、上海师院、北京师院等12所院校中文系编写高师汉语言文学专业《中学语文教学法》教材，并商定由武汉师院任主编，西南师院为副主编。罗大同先生就是四位统稿人之一。该教材于1980年4月由人民教育出版社出版。它是中国第一本由教育部直接确定专供高师院校中文系中学语文教学法使用的教材。这本教科书在结构体系、理论原则和内容表达上尽管还有不够完善之处，但在新时期语文教学法这一科研领域具有开创性的意义。"它的出版，不仅解决了当时高师院校中文系教材教法课教学的急需，更重要的是标志着中学语文教学论的理论研究进入了一个新的阶段，对促进这一学科的建设，产生了深远的影响。"①

罗大同先生是语文学科教学论学科建设的实践者。先生早在1945年就在重庆中正中学教国文，1946年回襄樊南漳创办第一所中学——临沮中学，任校长，新中国成立初期在襄樊五中教国文，1954年调入湖北师专（后改为武汉师院、湖北大学），致力于中学语文教学法的教学与研究工作长达四十余年。正因为罗大同先生有多年在中学从教的经历，因此，他在从事语文学科教学论理论建构时，不钻"象牙塔"，不搞空中楼阁，

---

① 顾黄初主编：《中国现代语文教育百年事典》，上海教育出版社2000年版，第514页。

注重理论联系实际，想中学老师之所想、急中学老师之所急，从教学实际来构建学科体系。

为解决语文教师资料匮乏的问题，也为满足学科建设的需要，他组织湖北省中学语文教学的同仁，于1989年编写出我国第一部《实用语文教学辞典》（天津教育出版社出版）。该书从收集词条到成书，历时三年，撰写了3600多词条，计110余万字。该书内容涉及语文教学的各个层面。条目内容共分为11类：语文教学概论、语文听读教学、语文说写教学、语修逻文教学、小学语文教学、语文教学纵横、语文知识纵横、语文教学图书、语文教学人物、语文名篇导读、语文教学图表。实现了教学理论、方法、知识、资料、示例等方面的相对集中，便于检索，注重实用的特点。[①] 此后，我国又出版了几本有影响、有价值的语文教学辞典。

为了语文教学论学科的发展，罗大同先生在1985—1986年，与湖北省电教馆联合录制了《中学语文教学法电视系列片》，稍后又出版了配套的文字资料《中学语文教学法讲座及课堂教学实录》（武汉大学出版社出版）。这部电视系列片分9讲，每讲首先是教学法理论讲座，其次是配合理论学习的语文课堂教学。该系列片聘请了多位湖北语文名师上专题课。这部电视系列片是国内第一部语文教学法学科的音像教材，对于学科的建设与发展来讲，具有探索与开发的积极意义。

1988年，罗先生前往乌鲁木齐讲学，他讲的专题是作文训练，入会者反响强烈，教师一致要求将讲话提纲在《新疆教育》上发表。提纲发表后，罗先生又收到新疆和全国许多读者的来信，要求把提纲上所列举的项目具体化。罗先生欣然应允，并于1990年，撰写了《中学常用写作训练台阶》（经济日报出版社出版）一书，以满足广大语文教师的教学之需。

罗先生经常深入教学第一线，了解教改信息，与中学教师交朋友，并向出版社、杂志社推荐优秀教师的教改成果。如襄樊五中的吴鸿基、武汉六中的洪镇涛、华师一附中的刘友三、江汉大学的韦志成、湖北孝感师院的汪伯嗣后来都成为全国著名特级教师、专家学者。从他的专著、编著以及学术论文中，共引用了十余名中学名师的完整案例，片断引用的案例材料更不胜枚举。由此可见，罗先生是语文教学法理论研究队伍中与教育实

---

① 参见顾黄初主编《中国现代语文教育百年事典》，上海教育出版社2000年版，第679页。

践联系得最为紧密的学者。

　　罗大同先生是《中学语文》杂志的创始人之一。1958年湖北师专、武汉师专组建武汉师范学院。为了适应教育改革形势的发展,加强与中学语文教学的联系,培养合格的中学语文教师,学院根据中文科主任朱祖延的建议,决定刊办一份面向中学语文教学的刊物,经讨论,刊物定名为《中学语文》(双月刊)。由罗大同先生主持并成立了编辑室,主编创刊号。刊物栏目设有教学改革、教材分析、经验介绍等。创刊号由武汉师院中文科教师以及湖北知名学校的优秀教师撰写。后因经费不足,刊物办了两年后即停刊。1978年,《中学语文》复刊,我国现代文学先驱茅盾为刊物题写刊名,一代宗师叶圣陶先生"教是为了达到不需要教"的教育箴言就是在复刊的题词中提出的。《中学语文》经过几代人的共同努力,已成为我国最有影响的语文刊物之一。[①] 罗大同先生在不同时期,在《中学语文》上发表论文多篇,如1980年,《中学语文》第1、2、4、5期上曾连续发表过他的长篇论文《中学语文教学三十年回顾——试论中学语文教学的几种关系》,产生了极为广泛的影响。论文从"语文训练与思想政治教育的关系""阅读训练与写作训练的关系""讲和练的关系""课内和课外语文训练的关系""教和学的关系"等几个方面切入,从哲学的高度对语文教育的诸多问题进行了梳理、概括,奠定了那一个时期语文教学论原理的基本框架。即使用现在的视角来看,也颇有认识的价值与理论的价值。记得1985年,时任《中学语文》杂志的主编徐涛先生要我写篇文章,当时考虑到杂志的影响,他希望我能署上罗先生的大名,征得先生的认可与同意,我的第一篇习作就是与先生共同发表的。当时先生已是全国知名的专家,而我则是一个刚留校不久的年轻教师。这种不计名利、提携后学的精神,令我感动不已,至今难忘。

　　罗先生矢志不渝,孜孜以求,把毕生精力都奉献给了他所热爱的语文教育事业,为中学语文教学论的学科建设与发展作出了开拓性的贡献。他丰厚的学术思想、严谨的治学态度、敢为人先的精神将永远光照后人,启迪来者。

原载《中学语文》2011年第6期

[①] 参见顾黄初主编《中国现代语文教育百年事典》,上海教育出版社2000年版,第391页。

老而弥坚　风范长存
——深切缅怀朱绍禹先生

逝者如斯，弹指挥间，朱先生已仙逝四个年头了。其间，光龙兄多次邀约写一篇纪念文章，我总以"言不逮义"、工作太忙而推辞。话虽如此，心中的重压非但没有减轻，反而愈加沉重，难以释怀。朱先生那爽朗的笑声、和蔼的面容、笔直的身姿在头脑中挥之不去。记得2008年5月9日下午，先后接到松泉、光龙的短信，告知先生仙逝的消息，心中的震惊，无以言表。之后，多次与松泉联系撰写纪念文章之事，最早在《中学语文》第七、第八期合刊开辟了纪念朱先生的专栏。专栏刊登了王松泉、曹洪顺的两篇纪念文章，并配发朱先生的遗作《与书结伴慰平生》一文。我也写了一首小诗忝列专栏，以表达对朱先生的缅怀之情，"驾鹤西游魂梦牵，杏坛执教六十年。辛勤栽培育桃李，笃志求真耕砚田。语文宏业中流柱，伟绩丰功越前贤。学风师德高标举，望云遥祭诵遗篇"。然而一首小诗又怎能表达我对先生的绵绵思念。

记得最早认识朱先生是读他编写的书。1981年，我当时在大学读三年级，用的教材就是我国第一部统编中学语文教学法教材，只知朱先生是四位统稿人之一，是语文教学法这门学科的权威。第一次见到朱先生是在1983年烟台语文教学法培训班上。朱先生讲的内容已记不太清，但先生那声若洪钟、略带东北口音的普通话给我留下了很深的印象。1984年，我在拜读了朱先生的《中学语文教育概论》后，对朱先生有了进一步的认识。之前，所用教材大都是集体编撰，包括叶苍岑先生编写的《中学语文教学通论》。这类教材内容形式、语言风格因多人参与很难做到统一，尤其是对相关概念的表述不够简洁、严谨。而朱先生这部专著的体例结构严谨，语言表达精练，对语文中许多有争议的问题，都能鲜明地表达自己的独到见解，给人以启发。1985年，我因工作需要，从教研室调到中学语文杂志社，这一时期，朱先生受邀担任《中学语文》的顾问，我则几进几出，有时以教学为主，有时又以编辑杂志为主，与先生联系较少。1997年10月，《中学语文》召开语文素质教育教学艺术演示报告会，朱先生发来了贺电以示祝贺。记得有一次，因教学上的问题我电话求教先生，谈了我对建立语文学科体系的一些看法，他说："语文学科有许多问题争论不休，很重要的一个原因就是缺乏科学的概念系统，而科学的概念系统是建立一门学科首先应考虑的问题。"听了先生的宏论，我顺便说了一句，您能否就这一问题写篇文章。话虽这样一说，但我没有指望能获得先生的大作，因为先生毕竟是近八旬的年纪了。谁知不到一个月的时间，就收到先生惠赐的大作《语文学科概念辨析》一文。这篇文章虽然不长，但高屋建瓴、剥茧抽丝，对语文学科的几组概念辨析相当精准、到位。这也成为我教学必用的材料之一，并在以后编写教材、撰写论著中多次引用。

世纪之交，《中学语文》举办了多次大型语文名师教学演示会。1998年大连会议上，我介绍了《中学语文》组织活动的情况，并谈到了我的一些想法，大意是语文教学论的教师要争得基础教育的发言权就不能脱离教学实践之类老生常谈的话。不料，发言受到朱先生的肯定，他说："教学理论不能脱离实践，教学理论还要能够指导实践，这是辩证的关系。这个问题说起来容易，做起来很困难。"他还亲切询问了《中学语文》许多相关问题，并告诫我说，编辑杂志可以掌握第一手材料，但最好能承担部分教学工作，两者可以相辅相成、相得益彰。朱先生的一番语重心长的话给我以极大的鼓励并对今后的教学与研究产生了深远的影响。二十余年来，我一直担任教学与编辑工作，工作虽然忙一些，但我并没有看成是负担，而是一种责任。从这以后，我经常通过电话与先生联系，汇报思想、邀约稿件。1999年7月，我有幸参加了在长春举行的朱绍禹语文教育思想研讨会。那些来自天南海北的朱先生的朋友、同事、学生聚集在一起，无论是"黄埔"一期的，还是"黄埔"三期的；无论是古稀之年的教授，还是刚刚步入讲台的新兵，他们那种发自肺腑的尊敬和热爱使我感动。这次会议上，我对朱先生人格魅力有了更加深入的认识，尤其是朱先生充满了感情的发言更使我震撼。后来，朱先生在发言的基础上，整理成《与书结伴慰平生》一文。这也是前面小诗里所指的"遗篇"。这篇用散文笔调写成自传性的感言，内容深邃、严谨，语言朴实、洗练，既是先生人生旅程的写照，也是对人生旅程的总结与反思。先生豁达的人生态度、执着的科研精神、开放的学术视野、辩证的哲学思维、谦和的待人原则，在这些概括性的表述中都生动鲜活起来。这次会议还有一个收获就是先生接受了邀请，参加中学语文杂志社举办的语文教改实验名师演示报告会。之后，先生寄来了用蝇头小楷写满的三张稿纸，每一张稿纸均为一个专题讲课提纲，让我们挑选、决定哪一个专题更为适合。一位名声显赫、德高望重的学界泰斗，这种虚怀若谷、严谨认真的态度令编辑部同仁感动不已。金秋十月，朱先生如期而至。在坐得满满的礼堂里，先生的演讲赢得近三千名教师的满堂喝彩。记得当时先生坚持站着讲课，先生声音洪亮、语调铿锵、逻辑严密、思路敏捷，即使坐在礼堂后排也能听得清清楚楚，很难相信这样的演讲出自一位年近八旬的老人。会议结束后，我陪同朱先生以及夫人吴老师游览了东湖磨山，一同前往的还有北京的顾德希、武汉的胡明道、荆州的余映潮等名师。在东湖磨山与朱先生及诸位名师的合影，至今我还保存着，因为这里有我对先生的美好回忆。最令我感动的是在送别朱先生返回长春之时，先生从皮箱里拿出一盒红景天保健胶囊、一只墨绿的玉器手镯给我。他笑着说："这红景天有益智养心、增阳补肾的功效，你这个年纪特别要注意身体健康了。这个手镯送你夫人，这次没见到她，你代我交给她。"当时，我激动得不知说什么好，有一种诚惶诚恐之感。晚辈何德何能，竟得到先生如此关爱。后来，才听人说起，先生一生中最怕"麻烦"别人，可能他觉得这段时间给我添了"麻烦"。我想这也许是先生的为人之道吧。从这以后，我与先生的联系更多了，好像有一种默契。每次开会时、电话联系时，一听到先生睿智、诙谐的北方语调就有一种亲切感、愉悦感。此后，又收到先生寄来的多部专著，这些专著大都是他70岁以后写成的，这也印证了先生在古稀之年曾写下的一首自勉小诗："岁月蹉跎，来日无多；何以自慰？读书写作。"这些专著中许多精辟的论述，都成为我教学与研究的重要参考文献与精神食粮。

2000年伊始，《中学语文》复刊20周年，先生应邀寄来了"具有知识性、实效性、前瞻性特色的《中学语文》，当会受到更多读者的喜爱"的题词。看着先生构架均衡、笔力雄健、筋骨挺拔的题词，我内心充满了一种敬佩与感激之情。2002年，我撰写了《语文教育新论》一书，想请先生作序。怀着一种不安的心情，我打电话征询先生的意见。"大编辑也写书啦，好啊！"我还没有回过神来，电话那头传来一阵朗朗的笑声。不到一个月，先生就寄来了热情洋溢的序言，让我心中充满了暖意。先生在序言中说："本书作者走上工作岗位之初，即在湖北大学任教，后又在从教的同时，编辑语文教育刊物十余年。这期间，他审读了无以数计的语文教育论文和资料，这就为他积累了异常丰富的信息，提供了取之不竭的思考之源。本书之成，盖有自焉。涓涓细流，来日正长，我们看到的只是他初步阶段的结晶，我们期待着他更多的成果问世。"这里有激励，有鞭策，更有期许。2005年，我的另一部专著《语文审美教育概论》出版，同年，由我主持的一个教研项目获湖北省政府颁发的高等教学成果一等奖。我想这与朱先生的鼓励与支持是分不开的。

2004年初春，朱先生邀我参入由他主编的《中学语文课程论》一书的撰写，并寄来了详细的编写计划。在7月连云港召开的编审会议上，先生又广泛征求编写者的意见，还在会议上读了外聘专家对编写体例的审读意见，并再次提出自己对体例修改的看法。先生这种对工作精益求精、一丝不苟的态度深深感染了每一位参加会议的人。会后，大家游览了连云港的花果山。花果山虽不算陡峭，但路途曲折绵长，就连年轻人攀登上去也不是件轻松的事情，而朱先生谈笑风生，一鼓作气登上山顶，令许多气喘吁吁爬上山顶的年轻人汗颜。站在云雾缭绕的山顶，眺望远处的大海，微风拂过，精神特爽，使人产生"恍疑身世出尘寰"之感。

最后一次与先生联系是2007年11月。为纪念《中学语文》创刊50周年，我再次邀请先生，惠赐墨宝，先生爽快地答应了。过了不久，即寄来了"满足读者，创新刊物"充满希冀的题词。怎么也想不到，不过半年的时间，先生就驾鹤西行，飘然而去。

"人生苦短"是人们对生命的一种敬畏，对人生短暂的一种慨叹。不同的人对生命有不同的理解并有着不同的价值取向。朱先生用他充实、丰富、多彩的生命历程诠释了他对生命价值的理解。在朱先生的漫漫人生旅程中，他把生命的价值发挥到了极致，活出了精彩，活出了品位，活出了质量，体现了他积极向上的人生态度。朱先生从1948年开始教书，直到去世前两个月还在上课，执教生涯长达六十余载。他在学科建设、人才培养、教学科研等方面为语文教育作出了杰出的、超出了前人的贡献。尤其是他在70岁离职以后，更是老当益壮，成果不断，显示了坚韧的意志力和超强的生命力。正如他在《与书结伴慰平生》一文中所言："有人一旦提上高级职称，科研的生命也就结束了，而有些人即使是退休了却仍然锲而不舍，一部部地写下去。这中间的区别，就在于自身有无坚持研究的意志。不管是谁，有了科研的意志，也就有了科研的目标。而有科研的目标，就会朝着这个目标走去。"他用自己的行动履行了自己的诺言，为后学树立了标杆。"有的人活着，他已经死了；有的人死了，他还活着。"朱先生虽然离开了我们，但他的精神永远活在我们心中。

原载《中学语文》2012 年第 12 期

继承创新　与时俱进
——顾黄初语文与生活观评析

一

顾黄初先生曾指出："我想用一句话来概括我的语文教学方法的基本观点，那就是，语文教学要贴近生活。"这话说起来简单，但其内容却十分的丰蕴。应该说这一问题切中了语文教学的肯綮，抓住了语文教育一个带有方向性的问题。

我们知道，教育与生活的关系是20世纪备受关注的教育理论问题之一。美国著名教育家杜威早在20世纪初就提出"教育即生活"的观点，并对此作了深入独到的研究。杜威认为：教育即生活，而不是生活的准备；教育即生长；教育即经验的不断改组或改造。这三个命题紧密相连，构成了杜威教育哲学的核心，产生了具有世界性的影响。陶行知先生创造性地把杜威的教育哲学与中国的教育实际相结合，提出了"生活即教育""社会即学校""教学做合一"的教育理论，这在教学方法的发展史上具有突破性的意义，其思想闪烁着智慧的光辉。

尽管杜威、陶行知对教育与生活关系的认识都还存有某些缺陷，但它对20世纪的语文教育具有重要的意义，为我们从全新的视角观察教育与生活的关系提供了有益的启示。

叶圣陶先生是最早从语文的角度来认识语文与生活关系问题的。1922年，叶圣陶就针对当时国文教授"限于教室以内""限于书本以内"的弊端，明确指出："趣味的生活里，才可找到一切的泉源。"他强烈反对旧教育的利禄主义，指出："读书作文的目标在取得功名，起码要能得'食廪'，飞黄腾达起来做官做府，当然更好；至于发展个人生活上必要的知能，使个人终身受用不尽，旧教育根本不管。"他认为造成这种观念的根本原因在于旧教育脱离生活。旧教育"不以生活为本位，而以知识为本位是个毛病。由于不以生活为本位，所以不讲当前受用"，"由于不以生活为本位，所以受教育成了一件奢侈事情，譬如穿一件绣花衣服，穿了固然体面，可是不穿又没有关系"。在1935年，叶圣陶就提出了"教育的目标，不外乎给予学生处理生活的一般知识，养成学生处理生活的一般能力，使他能够做一个健全的公民"。叶氏认为："一个学生在学校里受教育，他的成绩好或是不好，要看他的智能发展到什么程度，要看他能否随时利用了学练的东西去应付现实生活，方可断言。"在百年语文教育发展的历史中，著名语文教育家吕叔湘、张志公、朱绍禹、刘国正先生都对这一问题提出过精辟的见解。作为语文教育著名史学家顾黄初先生对于前辈或同仁的这些意见，都了然于胸，十分熟悉，他的语文与生活观，可以说是继承了近百年来语文教育理论的精髓，并在此基础上有了发展与创新。

1988年初，顾先生发表了《语文教学要贴近生活》这篇论文，比较系统地表述了他对语文与生活关系问题的看法。顾先生认为："语文教学工作者如果不去悉心研究人们在实际生活中运用语文工具的情况，并由此领悟过去教学因脱离实际生活而产生的种种弊端，任何改革设想都难免要落空，即使有时仿佛已经开花，这花也终将因无根而很快枯萎。所以我说，语文教学的改革，关键在贴近生活。这是'根'。"从寻"根"——实际生活中语文运用的情况出发，他进一步从三个方面阐述他的这一观点：第一，根据实际生活中运用语文工具的规律来探求语文教学的规律；第二，根据实际生活中运用语文工具的众多场合来开拓语文教学的空间领域；第三，根据现代生活的发展前景来规划语文教学的未来。可以说，这篇文章是百年语文教育理论涉及语文与生活关系问题论述最为全面、最为扎实、最为深刻的扛鼎之作。

二

突破即有发展，发展必须创新。顾黄初的语文与生活观，笔者以为主要是在以下几个方面取得了突破。

（一）本体切入——立论的突破

顾黄初认为："探讨语文教学的规律，首先就要研究在实际生活中人们运用语文工具的规律。换句话说，要懂得怎样'教语文'，似乎就该先懂得在生活中人们怎样'用语文'。"为了弄清人们在生活中怎样"用语文"这一复杂现象，黄初先生从"生理机制、操作方法、时间频率的制约""思想、知识、智力的制约"和"目的、对象、场合的制约"三个方面作了详尽的分析，并且认为，上述三个方面的制约关系是我们探索实际生活中运用语文教育规律的切入点。黄初先生对语文学习规律的认识是深刻而独到的。他认为汉语文的规律有几点值得关注：（1）汉语文以单音节词为基础；（2）汉语词语的组合比较灵活，不同组合表达不同的含义；（3）汉语中多义现象和同义现象比较突出；（4）汉语的虚词，表义、表情的功能往往特别强；（5）汉语中有些词法蕴含着一定的文化内涵。他围绕语文与语言学、语文与文章学、语文与文艺学等方面撰写多篇探索语文教学教育规律的论文，在文中他十分注重语文学习规律与生活之间的密切联系。如在1980年撰写的《略论造句训练》一文中，他认为"应该从习见语言现象出发，找出我们汉民族语言在实际运用中的某些带有规律性的东西，以此作为造句训练的内容。大体说来，这些带规律性的东西，主要体现在语式、语序、语感、语调等几个方面"。他解释"立意造句"是"由教师规定一种情境，或指定一个范围，或确定一个中心，让学生写一段话"，"这是一种联系特定的语言环境来训练造句能力的方法，重在实用，比较有效"。黄初先生在这里不是在一般意义上去谈听、说、读、写的经验，而是把语文教学与生活实际运用联系起来，并上升到规律的层面来认识。不仅如此，他还把探索语文规律置于现代语言学、现代心理学、现代文章学和现代思维学的宏阔背景之下，使之对语文规律的探索视野更为开阔，立论更为深厚。

（二）层面拓展——内容的突破

黄初先生对语文与生活的关系从教学目的、任务、课程、教材、教法等众多层面切入，丰富了学科的内涵，并扩展了它的外延，显示了学科具有的理论性与学术性。黄初先生指出："长期以来，我们都习惯于用'文道统一'来解释语文教学目的任务，其中的'道'，被规定为'政治思想教育'，应该说，这样的解释，原则上是正确的。但从现代生活中语文工具实际所发挥的作用来看，它已经不仅是交流政治思想的工具和传播政治信息的工具。因此'文道统一'中的'道'，也不仅仅是政治思想教育，它的内涵应该更广泛，应该包括伦理道德教育、人生哲理教育、科学思维教育、审美情感教育、治学精神教育、人际关系教育等等。""而且，语文作为一种重要的信息载体，几乎与社会生活的一切领域紧密联系着，它涉及的内容也必然延伸到所有学科的历史和现状，概念和方法等等，这些被语文承载和传播的信息，都应该置于'道'的范围。"这种认识，显然超越了前人对"道"的理解与诠释。对于语文课程及教材编制，顾黄初更是殚精竭虑，花费了大量的心血，在艰难的跋涉中留下了坚实的足迹。他认为，语文教育的革新，是以语文本身的革新为前提、为先导，同时以新的教育观念、教育思想为核心、为灵魂，而这两者又以课程教材的革新为载体、为渠道。语文教材必须把眼光投向"语文与生活的广泛联系"则是他的一个基本视点。他认为教材要有价值、有竞争力，应当具备三个特点：一是有利于指导学生自学；二是有利于培养能力；三是有利于学生的发展。既要注重"有趣"和"有味"，还要注重"有益"和"有用"，这些观点与九年义务教育课程标准在某些方面不谋而合。

黄初先生认为：要摆脱语文教学"封闭性"的桎梏，必须把眼光投向实际生活中运用语文工具的众多场合，从中开拓语文教学的空间领域。这些空间，包括学生的"各科学习生活""学校课余生活""校外组织生活"和"家庭日常生活"，是一个以学生语文课堂学习为轴心的全方位的生活空间，形成语文教学的"辐射型"的整体网络结构。这些空间的开拓，一方面可引导学生懂得"到处都可以学习语文"的道理；另一方面可以"使学生的听说读写，在内容上不断获得'源头活水'，而不致流于空疏"。

（三）与时俱进——视点的突破

与时俱进体现黄初先生语文联系生活的发展观。他总是站在时代发展前沿，用理性的目光去审视语文教学。他认为："要谋求语文教学效率的提高，老是把思想封闭在四壁合围的教室里，把眼光死盯在篇幅有限的课本上，恐怕很难求得突破性的进展。语文是在生活的广阔天地里频繁运用的重要工具，要教学生掌握好语文工具，我们的思想要向广阔的生活开放，我们的眼光要向广阔的生活审视。"正因为如此，黄初先生在论述语文与生活关系问题时，也是多光源聚焦，他既借鉴优秀的传统的语文学习经验，同时又用现代先进的教育理论进行透视，凸显语文与生活之间的关系。如他主张在语文教学中引进语体学的某些理论建树，就是因为："要问怎样'教语文'，前提是要正确理解并回答生活中怎样'用语文'。当前语体学之所以被人们重视，正是'生活'提醒的结果。"对于阅读教学中存在的弊端，他辩证地指出："现代社会的一个越来越显著的特点是生活节奏的加快，过去我们的阅读教学，大半专注于锻炼'咬文嚼字'、'字斟句酌'的功夫，读书不求快而求精，这方面的功夫，当然是需要重视的；但今后必须引起我们的注意的新课题将是'快速阅读'。"他认为，在现代社会，一切都讲究速度和效率，人们没有多少余裕时间来读不得要领的长文章，而要求用最经济的时间和精力来获得最新的、最精要的信息。因此，在作文教学中，缩写训练、概括训练、摘要训练、综述训练以及所谓的跳跃式表达训练等，将成为人们所重视的新课题。他还结合世界各国的一些具体做法，提出要从现代社会的实际出发，从生产和科研需要出发，注重培养学生写研究报告、调查报告、考察报告、市场信息评析、情报资料综述、科技说明文和科技议论文这一类实用文的能力。

　　黄初先生认为，继承的目的不是袭旧而是创新，而真正意义上的创新又必须以继承为基础和前提。创新者的头可以高昂在云天之外，而他的双脚却必须牢牢地站在大地之上。这不仅是对语文教育民族化、科学化、现代化之间关系的辩证思考，同时也是黄初先生自身语文教育实践与教育研究的真实写照。

原载《顾黄初语文教育思想研究》，社会科学文献出版社 2003 年版

爬梳剔抉　探微求新
——王松泉语文教育观试析

王松泉先生是我国语文教育研究涉足领域最为广泛、成果最为丰硕的一员宿将。在几十年来的教学科研生涯中，独著、主编和参编论著五十余部，撰文达千余万字。其中论著《阅读教育学》《阅读教材论》获中国教育学会论著一等奖、全国语文教学法研究会论著一等奖。2007年，年逾六旬的他又编著了《中国语文教育史简编》《语文课程新理念导读》以及《语文教学心理学基础》丛书六本，为语文教育的改革与发展作出了突出的贡献。笔者深为他忘我奉献、不知疲倦的精神所感佩，下面从四个方面来谈学习王松泉先生的语文教育观的体会，以求方家指正。

一　辩证深刻的性质观

所谓性质即特性，是甲事物区别于乙事物的特点。语文课程的性质，长期以来争论激烈，莫衷一是。近半个世纪，在不同的时期均有不同的表述。如在1961年12月3日的《文汇报》就发表过著名的社论《试论语文教学的目的任务》，社论明确指出："根据语文教学的要求，教师指导学生学习课文，不仅要使学生知道所学的课文表达了什么意思，更重要的是要学生懂得作者是如何运用语文这个工具来表达思想的，并通过基本训练，使学生学会如何运用语文来表达自己的思想。"根据这样的认识，社论还提出了语文教学的目标任务应该是："使学生正确、熟练地掌握与运用祖国的语言文字，培养与提高学生的阅读和表达能力，并通过教学内容的教育和感染，培养学生具有正确的观点，健康的思想感情和高尚的品德。"这些对语文学科性质的概括，后来写进了1963年颁布的语文教学大纲。1980年由12所院校编写的《中学语文教学法》中明确了语文学科的性质就是"工具性与思想性的统一"。虽然大纲以法规的形式对语文课程的性质加以界定，然而关于学科性质的争辩从未停息，甚至有愈演愈烈的趋势。至2001年《全日制义务教育语文课程标准（实验稿）》再次对课程性质作了界定："语文是最重要的交际工具，是人类文化的重要组成部分。工具性与人文性的统一是语文课程的基本特点。"至此，关于学科性质的争论尘埃落定。在这里反复引用，意在说明，如果剔除"思想性"的相关政治性因素与时代认识上的局限，那么这几十年来关于性质问题的讨论从根本上讲并没有太大的变化。那么，问题究竟出在哪里呢？我以为主要是对相关概念的内涵与外延没有去作认真的辨析与深入的反思，从而在不同的时期，由于各种因素的干扰而迷失了方向。王松泉正是从这样一个角度去辨析、阐述语文课程的性质观，使得他对于这方面论述显得深刻而又适度。

首先，对语文的概念进行准确辨析。他认为："语文就是口头和书面的'语言'和'言语'。"语言和言语是一个既有联系又有区别的概念，在语文教育中正确区分有助于对于语文学科性质的理解，有助于把握基础教育与高等教育不同阶段学习语文的重点，有助于理解语文是一门具有实践性学科的属性。"语言是规则，言语是行为，行为离不开规则，规则又是为行为服务的；语言侧重于知识，言语侧重于能力，能力离不开知识作基础，知识又要以能力为目标。"[1] 这些表述，言简意赅，画龙点睛。

其次，阐释了语文课程性质的客观依据。语言具有符号性、工具性和社会性的特征，而言语则具有技能性、人文性和个体性的特征。就主要倾向而言，"语言的基本特征是工具性，言语的基本特征是人文性，语文正是语言工具性和言语人文性的统一"[2]。他认为广义的"人文"也包括"工具"在内，即使是狭义的"人文"概念，也不是与"工具"对立，而是互相融合。

最后，辩证理解语文课程性质。针对目前教育中存在的问题，他认为"如果说，片面强调工具性会将语文课上成工具课、语言课、思维训练课；那么，单纯强调人文性，是否会将语文课上成人文课、政治课、历史

---

[1] 王松泉等：《语文课程新理念导读》，社会科学文献出版社2006年版，第25页。
[2] 同上书，第7页。

课呢?"① 究其原因均因为这些文章都只论及语文课程的"属概念",而全然忽视了它的"种差"。它的属概念是人文学科课程,它的种差则是"语文素养"。工具和人文两者都是人文素养不可或缺的重要组成部分,是辩证统一关系。对语文学科性质的阐述笔者所见不下几十种,而王松泉是把这一问题阐述得最为透彻、最为辩证的为数不多的论者之一。

二 求真务实的内容观

语文课程内容与教学内容是既有密切的联系,也有一定的区别的两个概念。课程内容是课程层面上的概念,是为了有效达成课程标准所设定的素养目标;而语文教学内容则是语文教学层面的概念,是如何落实素养目标而采用的内容和形式。王松泉认为:"语文素养,是语文因素和文化因素的统一,它指的是热爱祖国的语言文字,正确使用祖国的语言文字,自觉维护祖国语言文字的纯洁和健康,热爱中华民族的优秀文化,具有正确的观念、高尚的道德情操和爱国主义精神、纯正的审美情趣、正确的语文学习方法,相应的文化修养和文艺鉴赏能力等等。"②

语文课程内容主要是通过语文教科书来呈现的。语文课程内容要解决的是"教什么"与"学什么"的问题,而教科书要解决的则是"用什么教"的问题。教科书是以文本形式存在的课程内容的载体,它以特定的编排方式与线索将提示语、选文、注释、练习、综合性学习活动等一些材料要素即教科书的内容组织在一起,它体现了编写者对"教什么"与"学什么"的建议或设想。课程内容预设性与教学过程生成性使教科书的使用充满极大的创造空间。王松泉认为语文教学的一个重要原则就是要把握文本内容与形式的关系。"言语形式,就是人的言语声音系统和形态结构;言语内容,简言之,就是言语的人文内涵,即言语所包含的德育、智育、美育的内容、人的思想情感、精神品质、文化修养。"③ 在语文教育中,这两者是相互交织、有机统一、不可分割的。作为教科书而言,一般来说包括知识系统、能力系统、作业系统、导学系统几个不同的部分所构

---

① 王松泉等:《语文课程新理念导读》,社会科学文献出版社 2006 年版,第 11 页。
② 同上书,第 12 页。
③ 同上书,第 29 页。

成。如知识系统的构成,王松泉就有自己的卓见:"语文知识更应强调的是动态的程序性的'活'知识,尤其是听说读写的知识,生活言语实践等语文学习途径和方法的知识,自动吸取人文素养和科学素养的知识,养成语文学习习惯的知识等等。"① 对于能力系统,王松泉认为:"语文教育的基本目的是提高学生的语文能力,而语感正是语文能力的一个重要标志。"至于如何培养语感能力,他认为,语感训练要与思维训练相结合。这主要是表现在语言与思维的不可分割性。语言如果不与思维相联系,就谈不上交流思想,也就无法担负起交际的任务。读、写、听、说等言语能力的提高离不开语感训练,缺乏语感训练就很难形成言语能力;但言语能力的形成又离不开思维活动的参与,思维迟钝则很难提高言语的能力。基于对语文课程内容的关注,他还撰写了三十余万字的《阅读教材论》,从宏观和微观、认识与实践、纵向和横向等不同角度,多层次、全方位地论述了阅读教材的历史和现状、本质与现象、内涵与外延,反映了王松泉对语文课程内容与教学内容的全方位思考,该书填补了语文阅读课程内容研究的空白。

三 全面系统的实践观

语文是口头语言与书面语言的合称,它包括语言与言语,而语言的运用又是语文最重要的属性。这也就决定了语文是一门具有实践性特征的学科课程。语文是与社会历史文化紧密相关的,是与人的具体生命活动相联系的。语文正是在历史与逻辑、理想与现实、个体与种属相互关系的基础上形成的。因此,语文教育必须通过语言文字与生活、生存、生命进行多元对话。这种具有实践性特征的对话,反映了人们观念的转变,同时也反映了人们对语文教育实践性的认识。

语文能力主要由主体的言语实践转化而来,语文素养的形成主要在主体的言语实践中积淀而成。所谓言语实践,就是听、说、读、写的实践,对话的实践。语感其实就是一种感悟和体验,是学习者自身心理活动的产物,是言语行为方式的内化,事实证明:"只有在言语实践中获得了言语感受体验,才能很好地理解言语和运用言语。"

---

① 王松泉等:《语文课程新理念导读》,社会科学文献出版社2006年版,第22页。

王松泉认为："学习语文，就得遵循母语的习得规律，在生活中学习，在实践中提高，而不能仅限课堂之内。"只有将课堂语文学习同社会生活言语实践结合起来，言语能力的培养才能真正落到实处。生活言语实践既是课堂言语学习的源泉，又是课堂言语学习的延伸和补充，是课堂获得的言语活动规律得以广泛应用的天地。

新课程标准强调语文教学要联系生活，强调开放，提倡跨学科，开设"综合实践活动"，王松泉格外推崇这些理念。他认为，应该从多方面进行"引导学生开展研究性学习、生活言语实践、社区活动、社会实践，帮助学生最大限度地提高语文素养"。

王松泉对语文实践性问题的认识，既有课内，又有课外，还论述了两者之间的辩证关系，全面深刻，见解独到。

四　教学相融的方法观

从现代科学意义上理解，方法是指人们在有关的活动领域，把握事物规律，完成某种任务而采用的途径、手段、工具和方式的总和。语文教学方法既包括教的方法，也包括学的方法。但在很长的一个时期，我们对教的方法研究比较深入，而对学的方法重视不够。对于这种关系，王松泉有着异常清醒的认识。他认为："教学是由教师的教和学生的学所组成的双边活动，因此，教法和学法就成为教学中的两个重要环节。教法是学法的导向，学法则是教法的目标。""教法重要，但如果不注重学法的指导，那么，再好的教学也将枉然。"[1] 王松泉不仅对方法的问题有着辩证的思考，而且还躬亲实践，他亲自编著过《中学语文板书图示全集》，尝试为教师提供板书方法上的指导，他还编辑过《简明学习方法词典》，书里列举了各种常规的学习法和读书法、作文法、听说法、记忆法、思维法等两千余种。他认为在处理教法与学法的关系时，必须以学法指导为重点。要以研究学法即学习规律为突破口，按学法要求改进教法，最终让学生更好地掌握学法。由此可见，王松泉对于学法问题的认识具有独创性与深刻性。他认为学法指导的根本宗旨是教给学生自能读书、自能作文的能力；要加强学法指导，必须明确师生的关系，明确自主性学习和被动式学习的

---

[1] 王松泉等：《语文课程新理念导读》，社会科学文献出版社2006年版，第37页。

关系；学法指导要合乎学生认识活动的规律；学法指导要合乎学习语言的基本规律。他编著的《语文课程新理念导读》专设一个《读法探微》的板块，书中收集了十余篇他撰写的读法指导的小论文，如《人生有书就有赢》《边动笔墨金不换》《读书赏画两相通》《记忆背诵有诀窍》《自主合作共探究》等，针对学生在读书中的问题进行学法指导，既实用又实在，文字深入浅出，引人入胜。

王松泉学术视野开阔，理论功底深厚，是我国语文教育研究领域的杰出代表，尤其是他对于语文教育研究的理论建构及探索创新，更是语文教育理论的宝贵财富。他的语文教育观，在课程教材改革日益深入的今天，更显出特殊的价值与意义。

原载《中学语文》2010年第6期；后收录于《王松泉语文教育思想研究》，社会科学文献出版社2012年版

思维敏锐　高瞻远瞩
——记邹贤敏先生与《中学语文》

邹贤敏先生从教45周年的后十余年，一直担任《中学语文》的主编、顾问，与《中学语文》结下了不解之缘。他以强烈的忧患意识、现代意识为中学语文的教学改革呐喊，为《中学语文》的建设与发展作出了巨大的贡献。由于工作的原因，我有幸与邹贤敏先生共事，我们既是师生关系，又是同事关系，对先生在《中学语文》的所虑所忧、所思所感、所作所为较为了解。下面不揣浅陋，试从邹贤敏的几种教育意识这一切口来谈他为《中学语文》所作的贡献。

一是忧患意识。邹贤敏先生是1992年底接任《中学语文》主编之职的。虽不能说是"受命于危难之际"，但的确是顶着极大的压力，冒了很大的风险。在高等师院中文系，语文教育是不太受重视的学科，这其中原因比较复杂。时值《中学语文》原主编调任系里工作，编辑部人数由原来七人，骤减到四人，刊物质量、订数都受到了极大的影响。此时接手，情势的确严峻。邹贤敏早年就读于北京师范大学中文系，而后又在中国人民大学文艺理论研究生班毕业。他专攻文艺美学理论，尤其对马克思主义美学理论有着深入的研究，不仅如此，他还密切关注现实，注重对当代文学艺术发展考察，在文学理论方面多有建树，他的睿智、锋芒已为许多同行所称道。以他的资历与影响，在人过半百的年龄参与到一个并不熟悉的领域，这的确需要胆识与勇气。这种胆识与勇气来源于他强烈的忧患意识。世纪之交，有许多著名学者加入到语文教育研究的行列中来，但在20世纪90年代初，是少有如文艺学、美学、现当代文学研究的学者参与语文教育研究的，而邹贤敏先生就是这极少的学者之一。刚接任《中学语文》主编之职，他就重新组阁，将现代文学硕士刘川鄂、古代文学硕士邓长青招入麾下。1993年元旦，他就教改形势以及语文刊物如何提高教师素质、培养学生能力等问题采访时任国家教委主任柳斌，整理后发表在《中学语文》上。他亲自撰写"改版第一炮"的编者按。在编者按中，他十分动情地写道："面对成千上万中学生企盼的眼神，各级教育部门的领导，广大的教师、家长，还有出版界、中语界的同仁，能够心安理得，无动于衷吗？！"他还非常客观地谈到对应试教育的看法。"高考竞争是客观存在，只是这个竞争不能老停留在拼时间、拼汗水的恶性循环的低层次上，而应把复习备考与提高教师素质，培养学生能力有机结合起来，逐步进入高层次的良性循环轨道。"一针见血，眼光独到，抓住教学改革的本质问题。我们从这些字里行间，不难透视到他内心的焦灼与忧虑以及他强烈的责任感与使命感。在这一时期，邹贤敏先生对基础教育进行了深入调研、虚心求教、广交朋友、发现新人，这为他成为语文教育专家奠定了坚实的基础。

二是本体意识。所谓本体，就是指事物的本质属性、核心内容。对事物本体的认识是我们正确认识和理解对象的逻辑前提。经过几年的不断思索，邹贤敏先生对语文教育的本体有了自己的独到见解。1997年，他发表了《回归本体，走出困境——谈深化语文教学改革》的论文。他认为：语文教学要走出恶性循环的困境，必须深化教改，回归本体——坚定不移地确立语文作为"基础工具"学科的地位，坚定不移地把提高学生的语文表达能力作为语文教学的主要任务。怎样才能正确认识与把握语文教学的本体，他认为必须处理好五种关系，即科学性与人文性，语言系统与言语活动，语文知识与语文能力，语言训练与思维训练，"语"与"文"。他在每一种关系的具体论述中充满了辩证观与深刻性。"弘扬人文，首先就要认识到语文教育是母语教育。""在主张加强人文性的时候，不要忘了语文教学的科学性。""单词既具有公共语言活动所赋予的那种固定的普遍意义，又具有因说话人的个人化使用、解释而作为言语的特定意义。所以，意义是流动的，只存在于语言的应用之中，必须通过'对话'才能唤醒人对语言的意识，这就决定了不能静止地学习语言，要在运动中，在听说读写的语言实践、语言训练中学习语言。把言语作为语文教学的主要内容，把实践、训练作为学习语言的基本方法。""工具性是语文教育的底线，丧失这条底线，一切都将缺乏根基。"像这样的论述还有许多，从这些精辟的见解中，可见邹贤敏先生对语文教育的本体问题有了相当深刻的认识。基于这种思考，他创设了"学习语言""语文与生活"等相关栏目，邀约著名的语言学家、作家、特级教师撰稿，提升了刊物的质量与品位，得到了语文界的高度评价。依笔者所见，这些见解与提法，有的与课程标准的观点不谋而合，有的则比课程标准的提法更切实、更实际、更深刻一些。

三是改革意识。如果说从1993年到1995年这一时期，邹贤敏先生的改革意识主要表现为一种理性的反思，具有批判的意义，那么从1995年开始，他对语文教育改革问题的思考就进入一个新的时期，主要考虑的是语文刊物如何服务于语文课程改革。在他的主持下，《中学语文》编辑部与武汉市中语会共同编辑《单元教案》一书，此书共六册，主要是配合九年义务教育语文教材的解读与教学设计，洪镇涛先生与我担任主编，参加撰写者均为武汉市的知名教师。这本书前后加印多次，印数多达20余万册，对教师素质的提升起到了积极作用，在湖北省语文界产生了极大的影响。此外，还与武汉市教研室合作编写了《活动课教材》这在全国也是编辑得最早的活动课教材之一。

邹贤敏先生以敏锐的眼光聚焦于特级教师这一群体。他认为：优秀的特级教师身上体现了教改的方向，对他们经验的梳理与总结，可以提高广大教师的素质。为此，他精心策划了《中学语文素质教育名家丛书》系列。在此之前，已有相关书籍的编写。如何找到切入点，并有所突破，能给广大教师更大的启示，是编辑这套丛书的关键。邹贤敏先生设计颇具创意，内容包括主编手记、教改春秋、夫子自道、答客问难、论著自选、课例评点、评论荟萃、弟子说师、附录几个部分。这套丛书以其编排新颖、可读性强受到了语文界的高度评价。由他执笔的主编手记更是锦上添花，画龙点睛。如"有容乃大"（蔡澄清）、"洗尽铅华"（欧阳代娜）、"生命之春"（洪镇涛）、"京味儿"（宁鸿彬）、"智慧之光"（钱梦龙）、"挑战自我"（张富）、"路在脚下"（洪宗礼）这几篇散文式的评介，从不同的层面、不同的角度，抓住了这些特级教师的主要特征，要言不烦、概括精当、极具功力。如在《生命之春》中写道："如果说80年代的语文教改主要集中在教学内容、教学过程和教材体系的革新层面，那么'学习语言'论则把语文教改的重心自觉地直接推进本体层面，基本形成了本体论的语文教学新体系的框架。"这既是对洪镇涛先生教学实践的理论提升，同时也熔铸着邹先生对语文教改的深度思考。

为推广特级教师的教改经验，他策划了1995年"特级教师教学艺术演示报告会"、1996年"世纪之交高效语文教学演示报告会"和1997年"语文素质教育教学艺术演示报告会"，在报告会上，特级教师谈理念、谈追求、谈困惑、谈奋斗，并亲自讲课示范，一时间，引起了语文教师极大兴趣，许多农村教师自费前来听课，不少地市教研室组织教师前往观摩。《湖北日报》《长江日报》《楚天都市报》《武汉晚报》以及各电视台纷纷前来采访，报道大会盛况，这在当时全国语文界也是不多见的。他多次谈到举办报告会的一些想法：现在到处是"歌星"走穴，这不是一个好现象，我们就是要推出一批在全国有影响的"教星"来，这些默默无闻的教师应受到社会的尊重。

2004年，他又编辑了一套《新课标·语文教育理论与实践丛书》共六本。在丛书主编视角中，他撰写三篇长文：《忧患意识　本体视角——重谈吕叔湘》《科学精神　人文情怀——重谈叶圣陶》《现代思维　超前眼光——重谈张志公》。他认为："《语文课程标准》它不仅充分吸取了国外母语教育的先进理念和经验，而且与国内的语文教育理念与实践有着深刻血缘关系。特别是我国老一辈语文教育家和二十多年的语文教改，为《语文课程标准》的研制提供了宝贵的理论资源和丰富的经验积累，是研制工作的起点和基础。可以说，《语文课程标准》的研制、修订、完善和实验、实施的过程，就是对本国优秀的语文教育理论与实践不断进行反思与整合从而实现超越的过程。"这些认识，将传统、现代、未来作了整体的辩证思考。目前，我们在实施新课程中出现的这样或那样的问题，就是没有处理好各种关系，这些难道不足以引起语文教育工作者的高度关注与深刻反思吗？

四是现代意识。邹贤敏先生为人洒脱大度、耿直率性、思维敏锐、眼光超前，又由于他所学专业是文艺美学，对于现实的关注是长期以来所形成的一种职业本能。因此他在充满激情地关注现实、拥抱时代之时，能够以全方位的心态，收纳新潮，从现代哲学、美学、文艺学、教育学中汲取营养，能在扑朔迷离的应试教育背景下，紧跟改革的步伐，脱离旧套，勇于创新。他所策划的相关活动以及编辑的各类丛书都是教育所关注的焦点、热点，对许多问题的看法都具有超前性。他坚信，未来的教育必须适应人的全面发展，这是语文教育改革的逻辑前提与终极目标。因此，当刊物面临猛烈的市场冲击之时，他能在求生存、求发展和守护传统、守护人文精神中寻求一种平衡，不向世俗低头，坚持正确的方向，保持刊物的品位。他的这种现代意识是在对传统的清醒认识基础之上，对未来的展望。邹贤敏先生对洪镇涛先生的"学习语言"论是情有独钟、极为推崇的，但他还客观地指出"学习语言"论在理论上存在的不足。他认为：如何批判吸取现代语言学精华，摆脱传统语言学的束缚，使"学习语言"论富有现代内涵，更符合语言在现代社会发展的趋势，更有利于生活在现代社会的中小学生学习和运用祖国的语言文字，是一个需要解决的问题。无论是观念还是方法，一定要找到传统与现代的契合点，仅仅回到传统是行不通的。

他的这种现代意识还表现为对新生事物的特有敏感。洪镇涛"学习语言"论的理论突破价值，余映湘"教例品评"的教学实践价值，吴泓老师"精神与言语共生"的专题研究的未来发展价值，都是他率先发现并大力予以举荐的。张志公先生去世后，由他的学生王本华整理出版了张先生的遗著《汉语辞章学》一书。该书一出版就引起了他极大的关注。他认为：辞章学所要建构的知识系统是实际运用语言的知识系统，是对语言知识、语言理论和逻辑、修辞等知识、理论中的相关要素的有机综合，虽然展现在我们眼前的这门"桥梁性学科"还只是勾画了主要轮廓，但堪称当代语文教育理论研究中最富学术含量、最具实践意义的重大成果之一。它对语言学特别是中学语文教学的深刻影响必将日益清晰地显现出来。这些认识，是他对语文教育发展的深层次思考，洞悉敏锐，思维超前，很能引起我们的共鸣。

邹贤敏先生在《中学语文》的十余年中，为刊物的发展殚精竭虑，用尽心思，贡献是多方面的，而且有不少是具有开创性的。由于编辑工作十分繁杂，他这一时期撰写的语文教研论文并不是太多，但质量极高。他对问题的敏感及把握，令人诧异，给我们印象最深的，"或许还不是那些对于具体问题的真知灼见，也不是那些对教改方案的设计设想，而是深埋在它们背后发生支撑作用的那个'认识框架'——立足现实、高瞻未来，勇于创新的科学的辩证思维方式"（邹贤敏评张志公先生语）。这也是我们在解读邹贤敏先生这十余年来所发表的语文教研论文以及策划组织的相关活动中所深切感受到的。

原载《问学求真传道》，湖北人民出版社2008年版

在整合优化中突出重围

语文实施新课改以来，笔者一直参与语文教师培训工作，每当有老师问及高考与素质教育相关问题时，总觉有些尴尬，底气不足。因为高中阶段既能不怕考试，超越考试，又能大面积提高学生语文素质的改革试验少之又少。高中语文深改，由于受到应试以及各方面的压力，犹如"戴着镣铐跳舞"，举足维艰，甚至成为阻碍语文课程改革的"瓶颈"。吴泓老师十年磨一剑，从专题性学习为突破口，通过多层面的整合优化，实现了战略突围，为破解21世纪语文教育难题，交出了一份令人满意的答卷，下面着重从三个方面解读吴泓改革实验的整合。

一是传统与现代的整合。多读多写、读写结合是传统语文的宝贵经验，熟读、精思、博览是传统语文教育的基本方法。然而，这些宝贵经验在应试教育的冲击下已七零八落。许多教师认为：高中阶段，学生学科门类多，应试压力大，强调多读多写怎么可能完成呢？吴泓以其超凡的勇气和毅力，完成了这种看似不可能完成的任务。十年间，学生的专题学习每年均在12个以上，每个专题学习学生阅读的文字都在10万以上，两年时期，每一位学生阅读量不少于150万字，学生的写作平均不少于2.5万字。学生语文素养得到大面积提高，考试成绩也在同类学校中名列前茅。

现代教育认为：过多强调学科的逻辑体系而忽视学生的经验，违反了学生认知规律，不利于学生的发展。因此，现代教育注重依据学生已有的生活经验、学习经验，加强综合性学习、研究性学习。从吴泓的专题材料来看，有历史的、有文化的、有文学的，涉及多方面的学科知识，用他自己的话来说就是"为我所用"，他不局限于教材，而是把那些与教材密切关联的、有思想、文化内涵的经典作品"拿来"开阔学生的视野，扩大学生的阅读面，培训学生思辨能力、阅读能力与写作能力。其次，吴泓还借助现代教育网络资源，通过网络平台，实现教学效益的最大化。有一句话颇含哲理：你有一个苹果，我有一个苹果，两相交换，还是两个苹果；你有一种观点，我有一种观点，两相交流，就会碰撞出思想的火花，产生巨大的能量。而网络的最便捷、最快速的特点为思想交流提供最好的方式。媒介语言进入语文教育领域，是信息社会发展的必然。借助现代电子信息的传媒技术可以实现读、写、听、说更有机地整合。吴泓的教学改革试验也正是在这方面作了大胆而有意义的尝试。

　　二是理念与实践的整合。语文课程改革体现了"以人为本"的教育理念，着眼于学生的终身学习和发展，提出了全面提高学生语文素养的目标。这些理念都具有突破性与前瞻性，受到了教育工作者的广泛欢迎。然而，理念与实践总有一段距离，尽管课程标准也从不同层面提到语文学习实践的问题，但如何去实践，高中老师们感到很困惑。吴泓找到了一个很好的切入点，以专题性研究性学习为突破口，经典阅读是内容，专题研究是形式，读写一体是原则，言意互转是过程，实现"精神和言语共生"的教育目标。实践性的活动在专题研究中占有很大的比重，用吴泓的话来说："我的课不是'听'的，而是'看'的。""看"什么呢？"看"的就是学生的实践活动。实践活动就是在过程的进程中依次展现，过程是联结理论与实践的桥梁。

　　三是聚焦与发散的整合。经典是历史长河中经大浪淘沙流传下来的具有不朽精神内涵和艺术价值的典范之作，是对宇宙、社会、自然、人生的深刻感悟与思考，其思维的包容量大，具有延展性。通过聚焦专题，让学生反复阅读，多次体悟，用心去感受经典作品的语言文字之美、思维深邃之美、哲理思辨之美和逻辑论证之美。在此基础上，教师提供不同视角的材料，多光源聚焦，激活学生的思维风暴，培养学生的发散思维与创造性思维的能力。吴泓认为："当一个学生聚焦某个'专题'，材料不断积累，认识逐步加深，体验点点汇聚，思想层层积淀，分解化合，发酵蒸馏，就会凝结成一种对社会、人生独一无二的个体认识，即精神、思想层面的东西。"这种认识相当深刻，前面说的是聚焦，后面谈的是发散，聚焦是为了更好地发散，发散是聚焦的目标，也是结果。

　　吴泓的成功经验，笔者认为还有两点值得关注：一是板凳甘坐十年冷的埋头苦干精神，二是教育的智慧。他对语文本质的认识、对高中学生学情的分析都十分到位、深刻。吴泓的改革实验要走的路还很长，还充满着荆棘与挑战，但我们从这里的的确确看到了希望，也看到了新时期语文名师的教育智慧与风采。

原载《中学语文》2010 年第 10 期

刘永康《简笔与繁笔》课例评介

刘永康　执教；潘纪平　评点

师：同学们在作文里常常用到简笔，例如在公园看到蝴蝶、燕子、老鹰，回来写观察日记怎么写的呢？"蝴蝶在飞，燕子在飞，老鹰也在飞"，这样的简笔可谓"简"矣，但是淡而无味。因为没有把老鹰、蝴蝶、燕子飞的姿态和空间位置描绘出来。如果写蝴蝶在花丛中翩翩起舞，燕子在柳条中往来穿梭，老鹰在天空中低回盘旋，这就好了。同学们在作文里面也常常用到繁笔，比如说，写开学典礼。一提笔就是，听了校长慷慨激昂、动人心弦、感人肺腑、发人深省的报告以后，大家都摩拳擦掌、争先恐后、跃跃欲试、你追我赶地投入学习雷锋的热潮中。这样的繁笔确实"繁"，却烦死人。因为它堆砌辞藻，烦冗拖沓。还有的繁笔是，一味在题外盘旋，兜圈子，结果是钉子钉在马腿上——离蹄太远。那么作文究竟需要怎样的简笔和繁笔？又该怎样做到合理地使用简笔与繁笔？这两个问题应该去哪里找答案？今天我给大家介绍一篇周先慎先生的《简笔与繁笔》，可以很好地帮助我们解决这个问题。

（师板书：《简笔与繁笔》）

师：那么作文需要怎样的简笔与繁笔呢？请大家带着这个问题默读这篇课文的第一自然段，把有关简笔与繁笔妙用的关键词语勾画出来。

（一分钟）

师：刚才，我们看完第一自然段，现在大家来说一说，我们需要的"简笔"（展示课件）应该是什么样的"简笔"？言简意赅还是言简意少？

生：言简意赅！

师：是凝练厚重还是平淡单薄？

生：凝练厚重！

师：言简意赅、凝练厚重。言简意赅的"赅"就是完备的意思。言简意赅的意思就是语言虽然简洁，但意思完备。凝练厚重，凝练不只是精练，还包括内容紧凑！厚重是指内容丰富，意义深远。这种简笔在文学大师的文章里有何特点？

生：惜墨如金。

师：对了，"惜墨如金""力求数字乃一字传神"。（展示课件）墨，大家都知道，墨水，这里指代的是文字。惜墨如金就是说，珍惜文字就像珍惜金子一样。我们需要的简笔就是这样的，言简意赅、凝练厚重，总之要达到以少胜多、以约博总，驭万里于尺幅（板书）的效果，这就是我们需要的简笔。那么作文需要什么样的"繁笔"呢？对描摹物态的要求是什么？

生：穷形尽相。

师：对刻画心理的要求又是什么？

生：细致入微。

师：好了，"穷形尽相"这个四字短语出自陆机的《文赋》。原话是"虽离方而遁圆，期穷形而尽相"（板书）。虽，虽然；方和圆是同义语，方圆就是规矩、形式；离和遁是同义语，都是逃离、脱离的意思。那么离方和遁圆就是指我们写文章要不拘一格，虽然要突破一定的形式。但是，要"期穷形而尽相"，"期"，当"务必"讲；"形"和"相"是同义语，就是"形象"；"穷"和"尽"也是同义语。"穷形尽相"就是"穷尽形象"，就是说描绘得十分细腻，形容得十分生动，就好像我们画水墨画，把墨泼在宣纸上，用笔来点染，用浓墨重彩来渲染它。我们对繁笔的要求就是：描摹物态要"穷形尽相"；刻画心理要"细致入微"。（展示课件）那么，何以见得文学大师们的简笔都是言简意赅、凝练厚重、惜墨如金的？何以见得文学大师们的繁笔都是穷形尽相、细致入微的？我们以书为证。现在请大家默读课文的第二自然段和第三自然段。把说明妙用简笔与繁笔的事例找出来。

（两分半钟）

师：好了，刚才同学们默读了课文的第二段、第三段，那么请大家说，说明简笔的妙用用了几个例子？

生：两个。

师：哪两个？

生：一个是景阳冈上的山神庙作"破落"二字，便点染出大虫出没的险境。另一个是林教头风雪山神庙的"那雪下得正紧"的"紧"字。

师：说明繁笔的妙用又用了哪些例子？

生：鲁智深拳打镇关西和鲁迅先生《社戏》里面的"我"等待名角盖叫天出场的焦急心态这两个例子。

师：（展示课件）请大家注意，"那雪下得正紧"的"紧"字，很普通，也很不起眼，但是金圣叹和鲁迅怎么评价这个"紧"字？

生：金圣叹说："一个'紧'字境界全出"；鲁迅说："一个'紧'字富有神韵"。

师：什么叫神韵？神韵就是风格流韵，这里是指高度含蓄的意思。那么，为什么一个普普通通的"紧"字会得到名家如此高的评价？为什么周先慎先生把它作为言简意赅、凝练厚重、惜墨如金、一字传神的典范？请大家联系林教头风雪山神庙的整个故事情节，甚至要联系林冲由东京八十万禁军教头最后被逼上梁山的全过程来体会这个"紧"字的神韵。

生1：我觉得这个"紧"字，一方面是指雪下得很大；另一方面是渲染气氛，表示林冲的内心有一种急迫的感觉。

生2：这样写的效果是让读者都为林冲着急起来了。

师：你们都分析得很对，请想一想，这和故事情节的发展有没有联系？

生：为写下面的内容作铺垫。

师：好的，这位同学的看法基本正确。一是渲染气氛，烘托心情；一是为故事情节埋下伏笔，做好铺垫。可以说：这个"紧"字，既是指雪下得越来越大，越来越猛，越来越狠，下得不松劲，下得紧；又是指故事情节发展很吃紧。它暗示在一场大风雪的背后，迫害林冲的阴谋活动正进行得紧，使读者不得不为林冲当时的处境感到心紧！因为雪下得大，草料场才坍塌！正因为草料场坍塌，林冲才会到山神庙避风雪；正因为林冲到山神庙去避风雪，才有机会从陆虞候、福安的口中得知高俅要制他于死地而后快的狠毒，从而怒火中烧，演出了一场报仇雪恨的好戏，终于在风雪中上了梁山。因此，一个"紧"字先是在蓄势，最后是势不可挡，喷薄而出。所以说，一个"紧"字境界全出，一个"紧"字富有神韵，一个"紧"字言简意赅、凝练厚重、惜墨如金，真是当之无愧！好了，我们作文需要的简笔就是言简意赅、凝练厚重、惜墨如金。这样的简笔，言语不多道理却深，有如食盐、味精、生葱、熟蒜，虽则那么一丁点，但是味道却十分鲜美。我们需要的繁笔就是穷形尽相、细致入微、用墨如泼。这样的繁笔言语虽多，却不啰唆，如珍珠宝玉越多越好，如韩信点兵多多益善。庄子在《骈拇》篇中，有这样一句至理名言："凫颈虽短，续之则忧；鹤颈虽长，断之则悲。"凫，是野鸭子；颈，腿。"凫颈虽短"就是野鸭子的腿很短，但如果你嫌它短，加它一截，那就令人堪忧了。"鹤颈虽长，断之则悲"。鹤，白鹤；颈，腿。大家都知道，白鹤的腿本来就应该这样长，如果你嫌它长，砍它一截，那就叫"断之则悲"，这句话颇富哲理。它说的是事物讲究自然的和谐，不可随意地增，也不可随意地减。如果我们使用简笔，认为文字少随便加一点，就会像凫颈一样"续之则忧"；如果我们使用繁笔，认为文字长，随便砍它一点，就会像鹤颈一样"断之则悲"。可见简笔有简笔的好处，繁笔有繁笔的妙用，那么，我们对待简笔和繁笔应该抱什么态度？

生：各得其宜，各尽其妙。

师：好，大家注意到了这句话。各得其宜，各尽其妙。这个"宜"字有两个意义我们都已经接触过。我们来回顾一下，初中学过的诸葛亮的《出师表》，其中的"不宜异同""宜付有司""不宜偏私"三个短语中的"宜"字当什么讲？

生：当"应该"讲。

师：好，这是"宜"字的第一个意义。"宜"字还有一个意义出现在一个成语中，请同学们找出来。

生：因地制宜。

师：对了，这个成语中的"宜"当什么讲？

生：适当、恰当。

师：对了，"宜"一作"应该"讲，二作"适当"讲。那么"各得其宜"中这个"宜"是这两种意义中的哪一种？

生：第二种。

师：第二种，好的。各得其宜，是说简笔与繁笔要各自得到适合它们的用场；各尽其妙，是说简笔与繁笔要各自发挥它们的妙处。写文章，有时要用简笔，有时要用繁笔，该简就简，不要该简却繁而不简；该繁则繁，不要该繁却简而不繁，这就是各得其宜、各尽其妙。那么，怎样才能够做到恰当地使用简笔与繁笔，做到各得其宜、各尽其妙？

请大家带着这个问题默读课文第四自然段。这里边有一个标准问题，还有一个手段问题。请大家在看书的时候注意，要合理地使用简笔与繁笔，手段和标准是什么？请把说明手段和标准的词语勾画出来。（展示课件）

师：好了，现在我们来看一看，要合理地使用简笔与繁笔，各得其宜、各尽其妙，需要什么样的标准？

生："无可削、不得减"。

师：（展示课件）这句话出自刘勰的《文心雕龙》（卷七）中的《熔裁》。原话是"句有可削，足见其疏；字不得减，乃知其密"。大家都知道，刘勰是南朝著名的文艺理论家，他的《文心雕龙》总结了我们文学创作中一些比较重要的规律，到现今仍有很大的现实意义。如果我们的文章做到了"无可削、不得减"，就足知文辞的简练，挤干了水分。那么用什么方法来提炼呢？

生：字斟句酌、反复推敲；来自生活、发诸真情。

师：请注意，课文里面在"字斟句酌"的前面有几个什么字？

生："又并不全在"。

师：请大家思考一下，在"字斟句酌"的前面为什么要加上"又并不全在"这几个字？有什么意图？

（生小声讨论，然后作答）

生1：我觉得他这样写会使语言非常的周密谨慎。

师：周密！好，周密表现在哪里？

生2：表现在这几个字：既管了"字斟句酌"，又管了"来自生活，发诸真情"。

师：对了，因为平常谈到提炼的功夫，往往只想到"字斟句酌"，而最容易忽视"来自生活，发诸真情"。文章是用来反映生活、表达感情的，写文章是该使用简笔还是繁笔，完全要从反映生活、表达感情的需要出发。因此，在"字斟句酌"的前面加上"并不全在"，既肯定了字斟句酌的重要性，又否定了字斟句酌的唯一性。从而强调了"来自生活，发诸真情"的必要性！同学们，书要读得精细！不要在表面上跑。要透过字里行间，把语言背后隐含的信息捕捉出来。好了，通过以上的阅读思考研究，我们已经很清楚：作文需要什么样的简笔，需要什么样的繁笔，对简笔与繁笔应该抱有什么样的态度，标准是什么，手段是什么。请大家共同来阅读课文的最后两个自然段。

（生齐声朗读）

师：好了，这两个自然段，主要是联系实际，来批评繁简不当的弊端，使文章更加有的放矢。通过以上的阅读和思考，大家明白了，我们需要什么样的简笔与繁笔，怎样合理地使用简笔与繁笔。现在我们的研究由内容转为形式，大家说这篇文章是记叙文还是说明文，或是议论文？

生（齐答）：议论文。

师："破落"和"紧"这两个例子是用来说明什么的？

生（齐答）：简笔的特征。

师：简笔的特征是什么？

生（齐答）：言简意赅、凝练厚重、惜墨如金。

师："拳打镇关西"和"等名角出场"这两个例子又是用来说明什么的？

生（齐答）：繁笔的特征。

师：繁笔的特征又是什么？

生（齐答）：穷形尽相、细致入微、用墨如泼。

师：那么简笔的妙用和繁笔的好处最终归结到什么？

生（齐答）：各得其宜、各尽其妙。

师：好了，请大家说这篇文章的中心论点是什么？分论点是什么？论据是什么？

生1：我觉得中心论点是繁简"各尽其宜、各尽其妙"。

生2：两个分论点就是简笔的特点"言简意赅、凝练厚重、惜墨如金"以及与繁笔的特点"穷形尽相、细致入微、用墨如泼"。论据就是四个例子。

师：既然论据是四个例子，那么论证方法是什么？

生（齐答）：事例论证。

师：事例论证，好了，现在我们就来探究一下这篇文章事例论证有什么特点？教材无非是例子，我们通过研究，要明白议论文事例论证的基本原则，以后才好运用这个原则去读议论文、写议论文。现在来看一下，说明简笔的妙用和繁笔的妙用都分别用了几个例子？

生（齐答）：两个。

师：为什么说明简笔的妙用和繁笔的妙用都分别用两个例子？我们从

中去掉一个行不行？

生1：举两个例子，能使文章表达得更全面，使它更具说服力。

生2：如果只用一个例子，那么这个例子就有偶然性，并不严密。

（学生回答不中肯，老师开始点拨）

师：同学们看一看，课文第一自然段在"惜墨如金"的后面有一句什么话？它与说明简笔妙用的两个例子是什么关系？

生1："力求数字乃至一字传神"。"破落"这个例子是说明"数字传神"的，"紧"这个例子是说明"一字传神"的。

生2：所以，砍掉"破落"，"数字传神"就没有依据。

生3：所以，砍掉"紧"字，"一字传神"就没有着落。

师：对了，这就好像人应该有两只手，砍掉任何一只，都会残疾。同学们刚才答得不够全面，那是因为你们是孤立地思考这两个例子；后来答得够全面，那是因为你们发现了这两个例子与"力求数字乃至一字传神"的关系。由此，我们要明白读书的一个方法：无论是解词释句，还是分析文章的内容和表现手法，都要把它放在文章的整体网络之中，考虑整体对局部的制约关系，要字不离词，词不离句，句不离篇，要学会联系前后文瞻前顾后、整体把握。好了，那么说明繁笔的妙用为什么也要用两个例子？砍掉其中一个行不行？

生1："拳打镇关西"这个例子是用来说明描摹物态，"穷形尽相"的，砍掉它，"穷形尽相"就没有依据。

生2："等待名角盖叫天出场的焦急心态"这个例子是用来说明"刻画心理，细致入微"的，砍掉它，"细致入微"就没有着落。

师：所以这两个例子中的任何一个都是不能砍的。从以上的回答可以看出，同学们已经掌握了瞻前顾后的读书之法，收获不小。说明简笔与繁笔的妙用，分别用了两个例子，都不能砍，那么能不能增加例子？

生1：太多了就会显得拖沓。

生2：说明简笔和繁笔的妙用分别用上两个例子，已经够用了，如果再加一些例子，就像在一件新衣服上加补丁，没有必要。

师：根据以上分析，议论文使用事例论证应该遵循的第一条原则是什么？

生1：事例不能砍，说明它的必要性。

生2：事例不能增，说明它已经够用了。

生3：因此，议论文使用事例论证，其事例就应该既是必要的，又是充分的。

师：对了，请大家记住，我们议论文使用事例论证的第一个原则就是：事例是必要的，而且是充分的，要达到"不可削，不得减"。现在我们继续研究。说明简笔妙用的两个例子是"破落"和"紧"，这两个例子能不能颠倒顺序？

生1：如果颠倒顺序，论据比较混乱。

生2：如果颠倒顺序，前面的论点"力求数字乃至一字传神"和后面举的两个事例就不相照应了。

师：说得非常好，说明大家读书注意到了瞻前顾后，整体把握。你看，为什么"破落"和"紧"这两个例子是不能颠倒的，因为它们跟"惜墨如金，力求数字乃至一字传神"这句话相呼应。"数字乃至一字传神"，"数字传神"说在前面，而"破落"是与"数字传神"相对应的，当然应该说在前面；"一字传神"说在后面，而"紧"是与"一字传神"相对应的，应该放在后面。如果颠倒顺序，论点和事例论据就会发生错位，对不对？

生（齐答）：对。

师：说明繁笔妙用的"拳打镇关西""等名角出场的焦急心态"这两例能不能颠倒顺序？

生：也不能。因为课文谈到"描摹物态穷形尽相""刻画心理细致入微"，"描摹物态穷形尽相"是说在前面的，"拳打镇关西"这一例子是说明"描摹物态穷形尽相"的，当然要与之对应，说在前面。"刻画心理细致入微"是说在后面的，"等名角盖叫天出场"的焦急心态正是用来说明"刻画心理""细致入微"的，当然要放在后面。

师：由此，我们要得出议论文事例论证应用事例的第二项基本原则，大家来概括。事例和论点之间应该怎么样？

生（齐答）：相互对应。

师：对了，议论文使用事例论证要遵循的第二项基本原则是：观点与事例要丝丝入扣，不能发生错位现象。观点要统率事例，事例要证明观点。

请大家看，全文所用的四个例子从时代看，看出什么？

生1："破落""紧""拳打镇关西"三例都出自古代作品《水浒传》。

生2："等名角盖叫天出场的焦急心态"这个例子出自现代文学作品鲁迅先生的《社戏》。

师：例子既有古代的，又有现代的，这说明什么？

生：说明这样来使用简笔与繁笔可以说从古至今历来如此。

师：这就突出了论点的历史性和规律性。好了，请继续思考，你看，说明简笔的妙用，用的例子偏偏是洋洋洒洒数十万言的《水浒传》，这是为什么？

生：说明简笔的妙用偏偏用长文章的例子，这就说明，不要因为文章长我们就滥用笔墨。

师：说明繁笔的妙用除了用到长文章例子以外，偏偏还用到了一向惜墨如金的鲁迅先生的短文章的例子。这又是为什么？

生：这就说明，不要因为文章短我们就脱离表达的需要而追求形式上的简，导致短而空。

师：好的，这个问题刚好照应了课文第一自然的这句话，"文章的繁简又不能单以文字的多寡论，要做到各得其宜，各尽其妙"。刚才我们探讨了这篇文章事例论证的第三个特点。从用例的时代来看，有古代的，有现代的，这说明使用事例要注意什么？

生：事例要有代表性。

师：说明简笔的妙用用长文章的例子，说明繁笔的妙用用短文章的例子。这又是为什么？

生：事例要典型。

师：这就是议论文使用事例论证要遵循的第三项基本原则：事例要有代表性，要典型。因为从逻辑的角度来讲，事例论证不是演绎至归纳，而是不完全归纳法的简单枚举法，由个别性的前提推出一般性的结论，结论带有或然性。如果事例不典型，没有代表性，它的结论就不可靠，正确性就不能够显示出来。

请同学们继续思考：这篇文章的事例还有什么特点，看谁能发现？

（接连几个同学被抽答都未答对，这时，老师开始点拨）

师：请同学们注意，说明简笔妙用的第一个例子："景阳冈上的山神庙，着'破落'二字"的后面有什么话？

生：有"点染出大虫出没、人迹罕至景象"。

师：对了，这个例子后面有这句话，这句话对这个例子起什么作用？

生1：修饰。

生2：解释。

生3：我说是点评。

师：这个同学谈到了点评，这就对了。又如说明简笔妙用的第二个例子"那雪下得正紧"，针对这个"紧"字引用金圣叹说的话"一个'紧'字境界全出"，又引用鲁迅说的话"一个'紧'字富有神韵"，这是不是对"紧"这个例子进行点评呢？还有说明繁笔妙用的两个例子也不例外。

由此，我们可以得出第四项基本原则，大家说，是什么？

生（异口同声）：对事例论证所使用的事例要作适当点评。

师：同学们作文里最大的弊端就是只有观点加事例，而缺乏对所用事例的必要点评。为什么要点评？点评就是理性分析，就是说理的成分，就是演绎，就是体现事例和论点的内在的逻辑关联。我们今后写议论文用事例论证，可不能再像过去那样简单的观点加事例，要对事例进行点评。好了，通过学习这篇课文，研究这篇文章的事例论证，大家已经悟出了议论文使用事例论证要遵循的四项基本原则，哪四项？我们再来归纳一下。第一项——

生：事例的列举要充足和必要。

师：第二项——

生：观点与所举的事例要一一对应。

师：第三项——

生：事例要具有代表性，典型性。

师：第四项——

生：对事例要有适当的点评。

师：今后我们在议论文的阅读和写作中，对事例论证一定要坚持四项基本原则。我们现在只完成了一个任务：知。现在我们要再深入一点，由知该到什么？

生：行。

师：行，就是学以致用。现在我们来思考几个问题。我首先给大家提供两篇文章，都很短，请大家来评判一下，哪篇短而精，哪篇短而空？判断的依据就是课文里面谈到的简繁得当的标准——什么标准？

生："无可削，不得减"。

师："无可削，不得减"。好了，我们要掌握好武器。这两篇文章是这样的，第一篇《二郎庙碑记》，给二郎这个人树碑立传，原文是：

> 劝人莫如劝人行善，劝人行善莫如劝人修庙宇，劝人修庙宇莫如劝人修二郎庙，二郎者，大郎之弟，三郎之兄，老郎之子也。庙前有古树二株，人皆以为树在庙之前，我独以为庙在树之后。庙内有钟、鼓二楼焉，钟声嗡嗡，鼓声咚咚，视为之记。

第二篇是《庄子·列御寇》的：

> 朱泙漫学龙于支离益，单（殚）千金之家，三年技成，而无所用其巧。

我们来判断一下，哪篇短而精，哪篇短而空？就用课文提供的"无可削，不得减"这一繁简得当的标准来衡量。

生：我认为《二郎庙碑记》短而空。

师：为什么？

生：因为《二郎庙碑记》中"二郎者，大郎之弟，三郎之兄，老郎之子也"。他所要阐述的最终目的是想说排行，我觉得这句话没用，完全可以浓缩！

（其余的同学再也说不出别的理由来，课堂一片寂静，这时，老师开始点拨）

师：同学们，标题是《二郎庙碑记》，那也就是为二郎树碑立传的，我们学过的课文中也不乏树碑立传的文章，通常树碑立传的文章该写些什么？

生1：要写出二郎的姓名。

生2：要写出二郎的生平事迹。

生3：要写出为什么要给二郎树碑立传。

师：对了，以上才是该写的内容，可是这些内容一句都未写。通篇写的是二郎的排行，庙前的树、庙内的钟，是不是？如果我们用"无可削，不得减"的标准来衡量，你们说该怎么办？

生：真是废话连篇，全部都该砍掉！

师：第二篇《庄子·列御寇》只有二十四个字，你们都认为是短而精，为什么？

（几个学生回答都未讲透道理，老师开始启发）

师：是谁在学艺？

生（齐）：朱澎漫。

师：向谁学艺？

生（齐）：支离益。

师：花了好多学费？

生（齐）：殚千金之家。

师：学了多长时间？

生（齐）：三年。

师：学的效果怎么样？

生（齐）：已完成学业（技成）。

师：学会了派上用场了没有？

生（齐）：没有！文中说，无所用其巧。

师：你们看就是二十四个字。把谁学艺，向谁学艺，花了多少学费，学了多少时间，学习的成绩怎么样，学习以后派上用场没有，交代得清清楚楚、明明白白、真真切切。没有一句废话！真正做到了"无可削，不得减"。

师：好了，第二个问题。请看下面一首制鼓歌诀，在不失原意的前提下，对它删繁就简。

紧紧蒙张皮，密密钉上钉。
天晴和下雨，打起一样音。

生1：我写的是，紧蒙皮，密钉钉，晴和雨，一样音。

师：请大家对照原文，看是不是有删减？

生（齐）：是。

师：失原意没有？

生（齐）：没有。

师：是不是已经达到"无可削，不得减"了？

生2：我写的是"皮紧密钉，晴雨同音"。

师：皮紧、密钉、晴雨、同音。怎么样？

生（齐）：好！

师：是不是已经做到"无可削，不得减"了？而且是不是就没有失原意？

（这时，学生语塞，不知该怎么回答，老师又作启发）

师：我们这个歌诀的标题是什么？

生（齐）：制鼓歌诀。

师：既然是制鼓歌诀，什么可以省？

生："皮"字可以从"制鼓歌诀"这一标题中意会出来，所以可省。

师：这就对了。"皮"字可省，什么字不能省？

生1："蒙"字不能省。

生2：如果省去"蒙"字，就会失掉原意。

师：对了，现在请大家说，该怎么删繁就简？

生（齐）：紧蒙细钉，晴雨同音。

师：这就真正是既不失原意，又"无可削，不得减"了。

最后一个问题：指出下面证明论点的事例是否典型？这个事例有两种叙述，看哪一种繁简得当？

论点：从事科学研究，要有献出自己生命的准备。

事例：

第一种表述：意大利科学家布鲁诺，坚持宣传哥白尼"日心说"，这大大触怒了当时的教会。残暴的教会对其进行了疯狂的迫害，用火活活把他烧死，面对熊熊烈火，布鲁诺斩钉截铁地说道："我不能够，我不愿意放弃，我没有可以放弃的是我。"他临死前的这几句铿锵有力的遗言，是对残暴的教会有力的打击，曾引起世界的震惊。

第二种表述：布鲁诺不是为了捍卫哥白尼的"日心说"，被残忍的教会活活用火烧死的吗？

生1：选用布鲁诺为捍卫哥白尼的"日心说"而光荣牺牲的事例来论证"从事科学研究，要有献出生命的准备"这一论点，说服力强，非常典型。

生2：第一种表述较之第二种文字虽然多一点，但叙述更具体生动，更有说服力。

生3：第一种表述与论点的关系好像不大，也许有点文不对题。

生4：第一种表述未能突出论点所需要的部分。

生5：第二种表述言简意赅，繁简搭配得当。事例紧扣论点，有力地阐明了论点。

师：是的，第二种表述语言精练，是专门为阐明论点服务的。论点和事例结合为一体，逻辑严密。如能在布鲁诺的名字前写明意大利科学家的身份则更明确。第一种表述具体写出了布鲁诺为宣传哥白尼的"日心说"而遭到教会谋杀的经过，表达了布鲁诺为捍卫真理临死不屈的无畏精神，说明了他牺牲的重大意义。但这些叙述的语言并不能论证提出的论点，这里繁笔的运用就不恰当。

评点

刘永康老师系原四川师范大学文学院党委书记、教授、国家级精品课程"语文学科教学论"负责人，四川中语会常务副理事长兼学术委员会主任。这两节课是他应邀在河南省语文教育学专业委员会第13次年会上所作的交流演示课。听完了这两堂课，感慨颇多，下面不揣浅陋，谈谈自己的几点感受。

一是教学内容凝练厚重。教学内容与教材内容是两个既有区别又有联系的概念。一般而言，教学内容应根据教材内容的特点，即以课文内容与形式的关系及意义而定，当然还要考虑到学情。语文学科与其他学科教学的不同之处，就在于语文学科不仅要求学生学习课文的内容，而且要求他们学它的形式。只注重课文的内容，容易上成政治课、历史课、泛人文课；只注重课文的形式，又容易上成技术课、技能课、纯工具课。这两节课，针对高中学生的写作实际，教师把教材的知识内容讲得清晰透彻、生动具体，而且还引导学生依据课文的事例及材料，概括出写作议论文使用事例论证的四项基本要求，在教学过程中，为了帮助学生更深入地理解课文内容，教师还补充相关材料，这些材料与课文的内容谐调一致，联系紧密。教师还对关键性的字词，以及学生的讨论进行准确释义及精要的点评，这些都使得教学内容显得十分厚重、充实。

二是剥茧抽丝、层层递进。这两节课逻辑线条清晰、流畅。围绕主问题的设计，层层深入，对教材内容的分析就先后提出系列问题，如"作文需要怎样的简笔与繁笔"，"找出说明简笔与繁笔妙用的事例"，"对待简笔与繁笔应抱有什么态度"，"怎样合理地使用简笔与繁笔"，问题与问题丝丝入扣，前后照应，层递推进。其间又有许多启发、点拨、评点等多种方法的综合运用。在讨论问题过程中，老师不是停留在问题表面，而是把学生的思维向深处引领，帮助学生去发现问题、思考问题、解决问题。例如对"紧"字所作的讨论，对"又并不全在下笔时的字斟句酌"一句分析，就是培养学生全面思考、辩证思考的能力，培养学生认真读书的习惯。

　　三是从知到行，强化实践。学习语文知识的根本目的不在"知"而在"行"，不在于了解知识本身，而在于掌握这些知识去指导实践，有效地提高读、写、听、说的能力。语文知识是语文课程的重要内容之一。很长一段时间，我们对"传授知识"产生过一些误解，好像学生语文能力的下降全由传授知识造成的，这实际是没有去认真辨别"知识"的类型、"知识"的呈现方式以及如何去掌握知识的方法。值得注意的是，这篇课文谈的是写作知识，这本身就是教材的内容，这里的知识不是通过概念加以阐释，而是通过事例加以演绎。它不是一种静态的陈述性知识，而是一种动态的程序性知识。理解和运用这种知识必须有实践性活动，要在活动中加以认识和理解。教师用近15分钟时间，对"简笔"与"繁笔"的知识点，"事例论证"的知识点进行反复训练，从而完成了"认识—实践—再认识—再实践"的全过程。

原载《中学语文》2010年第6—7期